COLLECTION MICHEL LÉVY

LE

PAUVRE DIABLE

MICHEL LÉVY FRÈRES, ÉDITEURS

OUVRAGES

DE

ROGER DE BEAUVOIR

Publiés dans la collection Michel Lévy

AVENTURIÈRES ET COURTISANES............	1 vol.
LE CABARET DES MORTS.................	1 —
LE CHEVALIER DE CHARNY..............	1 —
LE CHEVALIER DE SAINT-GEORGES..........	1 —
COLOMBES ET COULEUVRES..............	1 —
DUELS ET DUELLISTES.................	1 —
L'ÉCOLIER DE CLUNY.................	1 —
HISTOIRES CAVALIÈRES................	1 —
LA LESCOMBAT....................	1 —
MADEMOISELLE DE CHOISY..............	1 —
LES MEILLEURS FRUITS DE MON PANIER........	1 —
LE MOULIN D'HEILLY.................	1 —
LES MYSTÈRES DE L'ILE SAINT-LOUIS.........	2 —
LE PAUVRE DIABLE..................	1 —
LES SOIRÉES DU LIDO.................	1 —
LES TROIS ROHAN...................	1 —
LES ŒUFS DE PAQUES.................	1 —

F. AUREAU. — Imprimerie de LAGNY.

PAUVRE DIABLE

ROGER DE BEAUVOIR

NOUVELLE ÉDITION

PARIS
MICHEL LÉVY FRÈRES, ÉDITEURS
RUE AUBER, 3, PLACE DE L'OPÉRA

LIBRAIRIE NOUVELLE
BOULEVARD DES ITALIENS, 15, AU COIN DE LA RUE DE GRAMMONT

1871

Droits de reproduction et de traduction réservés

LE PAUVRE DIABLE

I — LA VISITE

Je ne sais pourquoi le flot de la réaction littéraire nous fait remonter jusqu'à Louis XIV, mais toujours est-il que la silhouette damnable et souffrée de la Voisin vient de passer presque inaperçue dans un drame éclatant du boulevard (1), où mesdames Henriette d'Angleterre, de Montalais, de Mouchi-d'Hocquincourt et autres, *les pieds entortillés dans leurs queues,* comme dit madame de Sévigné, font feu sur nous de tous leurs diamants faux et de toutes leurs aigrettes de *similor* (chrysocale du temps). Pour peu que le progrès continue, Racine et Pascal alimenteront le pasti-

(1) Le drame de la *Chambre ardente.*

che, Bossuet et le grand Arnauld danseront une *courante* en vrais comparses.

Quoi qu'il en soit, je prends acte de ce nom de la dame Catherine Voisin, l'exhumant à mes risques et périls, afin de lui rendre, au moyen d'une *simple histoire*, les devoirs qui lui sont dus. Ce n'est pas que je prétende à la réhabiliter! Catherine Deshayes-Monvoisin, autrement dite *la Voisin*, n'a pas de tombe à Saint-Médard; sa mémoire sent le roussi : tirons le voile là-dessus. Ce que messieurs de la chambre ardente ont fait à l'Arsenal est bien fait! Il n'était pas juste que le supplice de la Voisin n'eût pas lieu, nous y aurions perdu deux lettres de madame de Sévigné.

En revanche, dans ce siècle d'illustrations et de hautes intelligences, en regard de Port-Royal et de Corneille, des Molinistes et de la Bastille, l'influence de la sorcière Voisin ne m'a pas semblé une des exceptions les moins piquantes du *grand siècle*.

Le dix-septième siècle, en dédommagement de la Brinvilliers, semblerait s'être donné la Voisin. La Brinvilliers, sorte d'empoisonneuse en *cornettes montées*, avait sa place au banc d'œuvre de la paroisse, et ses laquais avaient des livrées *petit-vert*, ainsi qu'il appert des pièces judiciaires. Catherine Voisin, simple accoucheuse, demeurait dans un taudis. Il est vrai que son grenier devint un hôtel, et que la magicienne, comme Médée, abaissa son char au premier; mais toujours est-il qu'elle partit des rangs du peuple, et que sa mort, après tout, fut des plus *bourgeoises*. Autant le tombereau s'illustrait de la marquise de Brinvilliers, autant la Grève était peu flattée du bûcher de la Voisin. Tout ce qui nous en reste comme épitaphe est la chanson du *bon* Coulanges :

> N'allons jamais chez *la Voisin*,
> Allons chez *la voisine*.

Refrain final répété depuis par tous les abbés du vaudeville, y compris ceux de M. Ancelot.

Quant au génie de cette devineresse, d'après une conversation assez longue que je confesse avoir eue l'autre jour avec mademoiselle Lenormant, il faudrait douter d'abord que la Voisin fût très-experte et qu'elle ait bien entendu ce qui s'appelle le *grand jeu ;* sa partie se bornait, ajoute mademoiselle Lenormant, aux *petits moyens*, c'est-à-dire aux poudres de succession, poisons, miroirs véridiques, apparitions, horoscopes et secrets *pour la gorge*, toutes choses que mademoiselle Lenormant regarde comme l'ABC de la magie. Mademoiselle Lenormant, je dois vous le dire, a pourtant chez elle un fort beau portrait de la Voisin, gravé par Coypel (à l'eau forte). La même demoiselle Lenormant, par suite de sa prescience *divinatoire*, pourra, du reste, vous entretenir plus au long de sa *devancière*, la Voisin. Je vous ai dit qu'elle professait une assez grande indifférence pour sa mémoire ; reste à savoir maintenant si le dix-septième siècle était du même avis que mademoiselle Lenormant.

> Marée haute et pleine lune,
> Signe de grande fortune ;
> Rouge aurore et ciel de feu ;
> Signe de mort en haut lieu.

J'ignore si l'ambiguité de ces rimes à la Laensberg faisait, dans le temps, le succès de madame Voisin ; mais, ce qu'il y a d'irrécusable, c'est que les brouettes, les lanternes et les carrosses encombraient tous les soirs la rue du Cœur-Volant, qui était la sienne, et que La Fontaine était assez distrait pour visiter cette sybille. C'était peut-être en ce temps qu'il écrivait sa *Mandragore*...

Ce qui n'est pas moins avéré, c'est que le 12 mars 1678, sur les sept heures du matin, par un horrible temps de giboulée, où les mules avaient grand'peine à tenir pied, vu les *miroiteries* du verglas, un homme en manteau long se laissa glisser du dos d'une de ces montures, en remerciant son compagnon qui lui en avait cédé la croupe. Il levait le marteau de la porte d'un vieux hôtel :

— Madame Voisin ?

Une espèce de suisse, qui avait un large baudrier neuf et une épée à la dragone, lui ayant fait répéter ce nom par deux fois, au préalable et sans lui demander le sien, l'introduisit dans un cabinet à tapisserie fanée, *semée de France* et de grands soleils jaune d'ocre, au-dessous desquels on voyait encore la devise NEC PLURIBUS IMPAR. Ce qui prouvait assez que leur origine provenait de quelque larcin commis au préjudice du garde-meuble de la couronne. L'obscurité de son vestibule préparait merveilleusement à son entrée.

Celui qui posait alors le pied dans cette salle à reflets sombres ne fit pas même attention à son décor. Il se jeta sur un fauteuil de cuir à reliefs dorés, comme aurait fait le propriétaire de ce vieux meuble, et, prenant son temps avec majesté, bâillant et croisant les jambes devant le suisse ébahi, jusqu'à ce que celui-ci reculât en entendant cette injonction : *Faites venir ma sœur.* La figure du suisse éclata d'un joyeux rire :

— Monsié serait frère de matame? dit-il en frappant son gant contre la pomme de sa canne. Tertaf! foilà-t-il bas un frère joliment cossu! murmura-t-il entre ses dents. Il y àvre sans doute longtemps que matame n'àvre vu monsié. Che vais pien me garder de dire à matame que c'est monsié son frère ; monsié il aura pris, che crois, cette mauvaise robe d'afocat pour lui faire un surprise...

Au lieu de répondre, le visiteur devint en ce moment la proie d'une quinte de toux des plus tenaces, toussant à s'arracher le foie, frappant du pied, maugréant et s'éloignant d'un réchaud sur lequel il venait de se pencher. La chimie l'avait pris à la gorge..... Il était cramoisi quand une grosse femme entra dans la chambre.

Autant qu'on peut en juger, d'après le burin de Coypel, madame Voisin avait le nez épaté, les pommettes fort éminentes, des lèvres de négresse et deux petits yeux comme un chat gris. Ajoutez qu'il était à peine huit heures, et qu'éveillée comme Junie, elle arrivait dans l'*appareil le plus simple*. La sybille avait apposé à la hâte un toquet amaranthe sur une perruque blonde à la Ninon, qui jurait avec ses sourcils teints de noir. Elle avait eu seulement la précaution de mettre un gant de buffle à sa main droite (celle des opérations cabalistiques). Dans ce costume, elle avançait majestueusement vers le demandeur en question, pensant peut-être avoir affaire à quelque seigneur ou marquis moucheté de perles.

Aussi, quand, après avoir tiré les anneaux d'une portière pour l'envisager au jour, elle le reconnut, il n'y eut, je vous jure, aucune effusion fraternelle dans sa démarche, car elle balança ses hanches d'un air de mécontentement visible en s'écriant :

— Quoi donc! c'est vous que voilà, M. Deshayes-Georgeot?

Et cependant M. Georgeot (car c'était lui) ouvrait ses deux bras longs et maigres, comme les membranes d'une chauve-souris, pour serrer sa *bonne sœur* contre sa poitrine.

Mais la Voisin restait insensible ; la Voisin avait bien autre chose à faire que de constater la présence d'un *frère* dans cet homme habillé de noir, qui tombait chez elle comme un exploit.

Elle accorda pourtant une sorte d'accolade au frère que la Providence ou le démon lui envoyait. Très-évidemment dans cet homme de robe elle reconnaissait maître Deshayes-Georgeot, son frère, avocat au siége seigneurial de l'abbaye de Saint-Germain-des-Prés-lez-Paris.

— Je vous crois voir venir, monsieur mon frère, c'est-à-dire que c'est encore quelque monnaie que vous venez pour me soutirer. Cette fois, du moins, vous ne vous êtes pas contenté d'écrire, et vous voilà venir en personne. C'est bien de l'honneur pour moi... Parlez donc !

Maître Georgeot, si ferré qu'il fût sur les exordes, n'en put d'abord trouver aucun. Seulement, convaincu, d'après le précepte démosthénien, que le geste est beaucoup dans le succès de l'orateur, il prit stoïquement de sa main le pan de sa robe et en étala les cicatrices devant la sybille.

— N'avez-vous point honte?... reprit celle-ci, et, à voir votre accoutrement, ne dirait-on pas, monsieur Georgeot, que vous jouez à la bassette et au lansquenet, au lieu de mettre ordre aux archives de Saint-Germain ? En vérité, mon frère, cela devient non pardonnable ! Je vous ai fait bailler tout récemment sept aunes de soie, à moins que mademoiselle Deshayes-Georgeot, ma très-honorée belle-sœur, ne l'emploie à se faire monter des robes à plis, pour aller voir passer les noces de mademoiselle de Louvois...

— Hélas ! ma très-bonne sœur, je ne vous saurais dire à quoi rêve à cette heure mademoiselle Georgeot, et n'en prends nul souci ; mais mon existence est bien affreuse : *iniqua paupertas !* comme dit l'avocat des Rostres: Figurez-vous que mes souliers prennent l'eau de partout!... L'abbaye de Saint-Germain-des-Prés me rémunère si peu des sacrifices que je lui ai faits! Cet hiver j'ai quitté le palais, comme bien savez, avec l'estime de mes confrères, et une pension de cent écus, renonçant à tout; à l'encontre des remontrances et prières de M. l'enquesteur-général, à la table de marbre, mon protecteur et bon ami, lequel me trouvait fort *divertissant* à l'audience... c'est la parole dont il usait. Vous ignorez peut-être bien que j'avais en outre un motif préjudiciel et personnel : imaginez donc que la seule cause que j'aie gagnée dans ma vie me vaut encore, à cette heure-ci, des persécutions et palpitations d'effroi!... Un certain marquis, contre lequel je plaidais et contre lequel aussi le premier tribunal a rendu jugement, a trouvé agréable de m'écrire à ce sujet, pour me prévenir charitablement que si le Ciel m'offrait à lui quelque jour, il me couperait les oreilles. Soyez donc rhétoricial et disert après cela! Ce maudit homme affirme que j'ai détourné du greffe certaines pièces, desquelles il espérait tout le triomphe de sa cause : c'est pure calomnie. J'ai bien encore sur moi, dans mon portefeuille, deux ou trois lettres du gentilhomme en question, que je garde sans trop de motifs. Mais c'est pour la curiosité de l'écriture d'un grand seigneur, et voilà tout. Ces gens de qualité ont une orthographe si drôle! Force m'a donc été de me soustraire aux poursuites de cet enragé de marquis. Je me suis voué à messieurs les Bénédictins. Eh bien, maintenant, me voici plus rapé, plus mal reguêtré qu'un plaideur de Caudebec; les yeux enfoncés, et la souquenille en morceaux, à tel point que les savants religieux proposaient l'autre jour à leur abbé de me faire monter sur le grand pommier du jardin afin de servir d'épouvantail aux moineaux qui rapinent les fruits : *deprædatores,* ainsi que dit encore Cicéron, lequel n'entend parler des avocats...

Pendant ce long préambule d'afflictions, la Voisin bâillait en distribuant quelques darioles à son singe...

— Ce que vous avez compris, reprit alors M. Deshayes avec beaucoup de finesse, c'est que ma femme, chère sœur, me ruine et nous abîme en de folles dépenses, achetant chaque semaine des robes de soie gaufrée, des fanfreluches et des onguents pour la peau, sans compter tout ce qu'elle absorbe de livres à la mode, disant à cela qu'elle voudrait coucher avec le grand Alcamène, avec Cyrus, Benserade et autres; ce qui, après tout, fait naître dans son esprit mille comparaisons désordonnées et désavantageuses pour moi... On va jusqu'à dire, dans notre rue du Colombier, qu'à force de lire des princes, elle aurait trouvé, l'autre semaine, un gentilhomme des plus muguets et des mieux emperruqués; enfin l'on dit qu'ils sont en commerce, et c'est pour en devenir fou, ou pour se faire bénédictin, si l'on n'était...

— Quoi donc? procureur?

— Eh non, ma sœur, si l'on n'était marié; c'est encore pis!

— Mais votre charge, mon frère? Par votre charge à

l'abbaye vous faites affaire avec des saints bien pourvus et bien vivants...

— C'est cela, parce qu'ils m'inviteront pour dîner en maigre de temps à autre, et que je parlerai latin avec eux, je devrais être aussi arrondi que leur *tréfoncier* peut-être? Mais songez donc qu'il n'y a pas un petit procès, ma bonne sœur, pas une petite contestation!... Ne me parlez pas de la paix du cloître, grand Dieu! la paix du cloître, c'est la mort de l'avocat! Ces gens-là sont tranquilles à m'en donner les fièvres! N'avaient-ils pas l'autre jour encore le plus magnifique sujet de procédure dans le vol de leurs fruits? Des poires superbes, sur des espaliers greffés de la main d'un roi!... Car ce n'est pas moins que le roi Casimir qui les attire! le roi Casimir, c'est-à-dire l'ancien monarque de Pologne, grand-duc de Lithuanie, Samogitie... que vous dirais-je? On s'y perdrait dans la titulature obligée pour les actes de ce prince-abbé!

Vous devez savoir qu'il s'est retiré chez eux et s'est fait moine de cœur et d'esprit. Le voilà leur abbé commandataire, *solutus omni fœnore*, je cite Horace. Concevez-vous après cela qu'on ose lui voler ses poires et son raisin? Et dire que ce sont des oiseaux! Je soupçonne plutôt quelque voisin désireux des poires royales... Je ne demandais que ce procès-là pour me faire connaître au siége de l'abbaye! Eh bien, pas du tout, le procès s'est envolé comme les oiseaux! (Madame Voisin s'endormait.)

Vous, du moins, bonne sœur, s'écria l'imperturbable

M. Georgeot, précipitant ainsi sa péroraison et rompant les chiens par une manœuvre adroite; or sus, ma bonne sœur, dit-il en voulant sourire à la Voisin, je vois que le sort vous traite bien mieux. Si je n'ai pas chez moi des courtines de Flandre et des meubles de damas, je vois que vous avez, Dieu merci, un bon hôtel, un carrosse, et, de plus, une manière de suisse. Vertudieu! ce que c'est que d'avoir une sœur devineresse! Nous savons que vous en faites voir de belles à ces beaux messieurs de la cour, messieurs de Villeroy, de Luxembourg et autres! Mademoiselle Georgeot rit toujours en parlant de vos secrets à l'usage des dames. D'autres disent que vous étudiez la métallurgie et les poisons. Les poisons, bon Dieu! mais à quoi cela vous mènerait-il? D'abord vous n'hériteriez pas de moi...

Un petit nègre dont M. Georgeot n'avait pas même entendu le pas sur le vieux tapis de la Savonnerie, qui recouvrait le plancher de la salle, un petit nègre remit alors à madame Voisin une large lettre dont la main de la devineresse brisa le cachet; mais, pour la première fois de sa vie, la Voisin semblait contrainte et irrésolue...

— Maîtresse, le porteur du billet est en bas et il attend votre réponse. C'est un piqueux qui arrive de Marly.

— Fils d'Agar, n'introduisez qui que ce soit dans mon élo-hélim ; qu'on attende et laissez-nous.

Ne voulant pas, même en présence de son frère, déroger à ses procédés magiques, la Voisin s'assit devant une table d'ébène incrustée d'argent, les yeux fixés sur un manuscrit triangulaire qui reposait sur un coussin de brocard de Smyrne, et dont elle n'osait retourner les feuilles de vélin qu'avec une spatule de composition métallique. Son visage était immobile, elle regardait tour à tour le livre et la lettre en question. Très-sûrement l'abbaye de Saint-Germain, les pêches du roi Casimir, et la misère de M. Georgeot étaient bien loin de sa pensée. Pour un œil plus subtil que celui de l'avocat, la devineresse était à la gêne, et cette lettre l'intriguait visiblement.

— *Papiers perdus ; conjuration ; cent pistoles !* Ces monosyllabes hâtés fendaient le coin de sa bouche plutôt qu'elle ne les prononçait devant son livre. Son bandeau de faux cheveux était baigné de sueur. Durant ce temps, M. Georgeot se répétait à lui-même le quatrième livre de Virgile ; la sybille et le *bacchatur in antro.*

Il crut un instant que sa sœur allait se trouver mal...

La devineresse le repoussa du regard et du geste... Elle écrivit quelques lignes en toute hâte, ensuite elle siffla son nègre et fit remettre sa réponse au piqueux de Marly.

Celui-ci, au bout de quelques instants, ne tarda pas à revenir avec un sac d'espèces qu'il posa diligemment au pied d'une *mandrugove* accrochée au mur, et que l'avocat Georgeot avait prise innocemment pour une petite figure en ceps de vigne, informe et difforme.

— Oui dà, ma sœur, voilà comme on fait des affaires, dit maître Georgeot, et vous n'êtes pas longue à contenter vos pratiques. Combien avez-vous dans la sacoche?

— Cent pistoles pour moi, mon frère ; en outre, cent autres pour vous, sans compter ce qui vous reviendra ce soir, dit-elle à voix basse, si vous voulez remplir une sorte d'emploi que je vous vais assigner.

— Quel emploi, ma sœur? dit l'avocat alléché. Serait-ce une défensive, une production, une enquête!

— Ecoutez, mon frère. Vous avez cinquante-deux ans. Il ne faut pas être sorcière pour voir que vous n'avez pas grand esprit, et que vous feriez difficilement un rôle de Cicéron...

— Merci, continuez.

— Avec vous donc, qui vous *laireriez* piper comme tant d'autres, je veux bien mettre de côté la nécromancie, la rabdomancie, la cabale et l'astrologie judiciaire ; il me faut un assistant, et j'aime autant que ce soit vous.

— Vous aider! mais qu'entendez-vous par là, ma sœur? est-ce à dire que je m'en vais pratiquer comme vous des sortiléges et des évocations *ab inferiore?* grand merci, ma chère sœur, je n'ai pas la moindre vocation pour le bûcher... D'ailleurs, un homme d'église, un avocat d'abbaye royale !...

— Il me semblait, monsieur mon frère, que vous

m'aviez discouru d'argent à gagner; mais si celui-ci ne vous révient pas et ne vous chaut point, prenez que je ne vous ai rien dit. Voici un sac que je m'en vas envoyer tout à l'heure à la veuve Jacob, la revendeuse, ajouta sèchement madame Voisin. Quant aux cent pistoles et au pot-de-vin de ce soir..?

— Mais disposez toujours de moi, chère sœur, et je suis votre valet, par Dieu! Comment dites-vous donc? cent pistoles! un pot-de-vin! mais qui donc vous promet ceci?

— La lettre que je tiens en main, lettre non signée, il est vrai, mais qui ne peut être que d'un seigneur très-bien en cour, puisque son piqueur arrive de Marly... La *personne* en question me demande de faire une *conjuration* pour des *papiers perdus*. Ce ne peut être que des lettres d'amour, et des lettres de dame, sans doute. La Vigoureux et M. Le Sage n'étant point ici, je ne saurais prétendre à nul renseignement... La *personne* m'annonce encore devoir arriver ce soir avec une dame, et repartir dans la nuit même pour s'en retourner à Versailles. Je veux bien vous avouer que ce qu'il me demande me paraît difficile. Retrouver des papiers dont je ne sais pas même le contenu! Le diable seul pourrait m'en tirer, par ma foi! Le diable, voyez-vous, c'est dans notre état, le secret du jeu; il souffle à lui seul toutes les chandelles. Si je n'effraie pas ce soir le seigneur et la dame, à l'aide de la magie noire, et si je ne prends ainsi du temps, je suis une pauvre femme abîmée!

— Mais si le hasard allait faire que ce soit deux esprits forts?

— Esprits forts ou non, mon frère, je vous dis qu'ils auront grand'peur. Des plus vaillants de la cour encore ont échoué devant mes rubriques.

— Mais cet emploi dont vous parlez?

— L'emploi, mon frère? il n'est autre que celui du... c'est une bonne place que je vous tiens en réserve, et voici comme. Nous manquons de diable en ce moment-ci, et comme c'est un personnage indispensable, un article de fond, voyez-vous, je vous engage et vous arrête, et vous comprenez qu'avec vous, qui êtes mon frère et mon ami vrai, je ne regarde point au coût des émoluments. Demeurez donc avec moi, et dès aujourd'hui. Mieux je vous regarde, et plus je suis assurée que ce soir, étant bien équipé en diable...

— En diable! reprit maître Georgeot en reculant sa chaise, mais y pensez-vous bien, ma sœur? En diable, en diable! un avocat d'abbaye!

— Ce n'est peut-être pas trop changer de peau.

— Et que diraient mes confrères?...

— Vos confrères! ne le tirent-ils point par la queue? Allons, décidez-vous, il nous faut ce soir un diable incarné!

— Et vous pensez que je puis faire votre affaire?

— Je vous prédis que vous serez merveilleusement effroyable!

— Mais c'est une énormité, ma sœur!

— Voici le sac d'argent que je donne à vous. Le pot-de-vin le suivra.

— En diable! répétait maître Georgeot.

— Eh bien oui, dit-elle, endiablée d'impatience, cela n'est-il pas bien difficile, avec une queue et des cornes!... Dépêchez-vous, au moins, car il ne vous reste que le temps d'ajuster votre habit d'enfer.

— J'imagine, madame ma sœur, que vous avez cet équipement chez vous, et quand je serai prêt, vous m'apprendrez sûrement ce qu'il faudra faire!

— Entrez par ici, cela ne sera pas long.

— Allons, répéta maître Georgeot, c'est uniquement à dessein de vous faire service et vous obliger par amitié fraternelle; mais si le sort voulait qu'il s'ensuivît malheur à quelqu'un, vous sentez bien sur la tête de qui cela devra tomber, madame Voisin?...

II. — L'APPARITION

Assurément, pour que le marquis de Gordes jurât et blasphémât comme il le faisait dans les corridors ténébreux de cet hôtel, il faut supposer qu'on ne l'avait introduit que par la porte bâtarde, celle qui conduisait par cent *zig-zag* au laboratoire de Catherine Georgeot-Deshayes, femme Voisin. L'épée du marquis accrochait en chemin les plus indéfinissables figures, des *massacres* de bouc et des ailes de chauve-souris, des licornes et des crocodiles empaillés, des bassins remplis de liqueurs étranges, et des fioles!... ah! les fioles immondes !... un mobilier de sorcière enfin, mobilier assez semblable au *personnel* en désordre de nos coulisses modernes.

La devineresse occupait deux corps de logis séparés, l'un pour les consultations ordinaires, jeux de cartes, horoscopes et secrets, proprement dits ; l'autre pour la magie dans toute l'acception de ce mot infernal. Le premier, en conséquence, était magnifiquement paré de vieux oripeaux ; et l'autre recélait tous les accessoires indispensables pour un théâtre, tels que transparents, décors, trappes et machines, sans qu'on pût soupçonner toutefois le moindre artifice dans le jeu de ces rouages. L'astuce infernale de la Voisin avait placé son antichambre entre ces deux corps de logis, formant la double branche de son commerce, et la mince épaisseur des tapisseries étouffant à peine la voix des visiteurs, favorisait souvent dès l'entrée les pronostics de la sorcière.

La seule nomenclature des ruses de cette femme si renommée, si courue au siècle de Louis XIV, n'a rien pourtant qui doive surprendre, et le grand art des deux Albert n'en aurait pris aucun orgueil, sans une particularité digne de remarque. Pour la plupart, les complices de la Voisin devenaient ses compères ou ses commères à leur insu, et c'étaient les gens les plus considérables de la cour de France. C'était, par exemple, la comtesse de Soissons, princesse du sang royal de

Savoie; c'étaient la marquise de Polignac, la maréchale de la Ferté, la comtesse du Roure et tant d'autres; et de là seulement pouvaient provenir à la fois la certitude et l'audace de la Voisin. Il est présumable que ces dames, un peu moins discrètes chez la Voisin qu'au cercle du roi, la mettaient au fait de mille incidents sérieux ou coquets, badins ou politiques, et c'étaient ces renseignements si bien fournis qui devenaient la base des appréciations et horoscopes de la sybille à la mode. Il faut du moins s'arrêter à cette idée, en voyant la pauvreté de sa mise en scène, constatée par quelques écrits du temps. Ainsi, pour des pistolets perdus qu'elle se chargeait de retrouver, avait lieu la scène suivante. La jongleuse se faisait désigner en détail les armes perdues, et disait ensuite au propriétaire de revenir plus tard. Durant l'intervalle et par son ordre, on peignait à la détrempe une paire de pistolets sur un transparent, lequel devait se dérouler au plancher, et lorsque l'homme arrivait, elle lui montrait un bassin rempli d'eau. Le chaland n'y voyait d'abord que de l'eau claire; mais, à un signe convenu, le parchemin d'en haut se déroulait, et les pistolets se reflétaient dans le vase magique. Le provincial voulait-il les prendre, le transparent et l'image avaient déjà fui. Ainsi gagnait-elle à la fois du temps, des dupes et des pistoles.

Il y avait pourtant chez elle des cheminées fort étranges et moins récréatives que celles de M. de la Popelinière. Il s'y faisait d'abord, au moment de l'apparition, un effroyable vacarme, et puis voilà qu'il en tombait un bras, une jambe, un pied, une tête enfin (tous ces débris humains couverts de jus de mûres), et à un coup de tonnerre fort distinct, ce corps en lambeaux ensanglantés se reformait en rapprochant chacune de ses parties de manière à former un tout bien complet, et à marcher tout droit sur la personne qui faisait la consultation. Un des profonds désespoirs du fameux mécanicien Vaucanson a toujours été celui de n'avoir pas pu voir une de ces opérations singulières !

L'assurance de cette femme était aussi monstrueuse que le programme de ces sortes de spectacles. Représentez-vous une laide sorcière, enveloppée d'une grande mante brune, gesticulant et parlant avec la rapidité d'une horloge à sonnerie ; maniant le feu, l'or, le soufre, comme une fille de Vulcain, comme un cyclope, et portant sur sa robe noire ABELENACUS tailladé en croissants de toutes sortes de couleurs. Telle était la toilette de madame Catherine Voisin, quand la tapisserie de son antichambre s'agita.

En même temps, le petit nègre l'avertit que M. le marquis et une dame venaient d'entrer.

Le marquis était un homme de vingt-cinq à trente ans ; il avait l'air taciturne et réfléchi, peut-être pour la première fois de sa vie, d'autant que le singulier désordre de sa toilette annonçait un jeune seigneur *évaporé*, et que les basques de son justaucorps à compartiments, velouté noir sur un fond couleur de paille, avaient encore des traces honorables de lie de vin. Cette consultation future l'ennuyait horriblement.

La petite femme à laquelle il donnait le bras semblait, en revanche, la personne la plus réjouie du monde, malgré certain air de précaution et de pesanteur imprimé à sa démarche; car, il faut bien le dire, le satin olive le plus amincissant ne pouvait cacher l'arrondissement de sa taille, et l'enflure de son corsage pouvait bien être en ce moment le sujet de quelques malins contes à Versailles...

Après avoir rajusté de sa main blanche les plis de sa robe, encore *froissée des inclémences de la chaise,* comme aurait dit Mascarille, elle éleva, par un mouvement onduleux, le bout de son épaule au niveau des lèvres du gentilhomme, lui apportant ainsi elle-même un baiser qui équivalait aux mots : *grand merci.*

Et, en effet, puisqu'elle avait fait céder à son désir les objections raisonnables du marquis, contre l'imprudence d'une pareille visite à cette heure, *et dans son état,* c'était le moins qu'elle récompensât l'amant de la protection que cette démarche exigeait. En premier lieu donc elle lui demanda s'il avait fait aiguiser la pointe de son épée...

Le marquis objecta judicieusement que, contre des *esprits,* une épée n'était pas chose utile.

— D'ailleurs, reprit-il, j'ai pris de bonnes précautions.

— Mais, dit la jeune femme, c'est que s'ils venaient à nous vouloir griffer ! J'aurais eu bien raison de me vouloir mettre en simple cornette au lieu de ma coiffure hurluberluchée à rubans gris... mais vous n'avez pas voulu.

— Vous seriez folle de trembler, ma toute belle; en tout cas, je vous réponds que les esprits ne pourront guère s'attaquer à mon argent. J'ai soupé ce soir, moi quarantième, chez le chevalier d'Ars, où il y avait grande chère, et des hommes de l'Opéra, jouant du violon comme Baptiste... ne voilà-t-il pas que j'y ai perdu cent louis...

— Cent louis, mais c'est énorme! et pendant ce temps, monsieur, j'étais à lire le chapitre où le roi d'Assyrie reçoit Mandane. Cela m'a fait penser que, demain jeudi, mon mari veut dîner chez moi. Il y a bien trois mois que cela n'est pas arrivé... et je ne sais véritablement comment faire pour tenir l'ennemi dehors.

— Fiez-vous à moi, ma toute mignonne. Si je puis rattraper ce que je cherche, nous ferons joyeuse vie! Outre les cent louis qu'il me faut rembourser demain, je vous ai acheté cent choses des plus charmantes et des plus neuves... mais il me faut de l'argent. J'avais pensé d'abord, et tout naturellement, à votre mari; mais, outre que je ne l'ai jamais vu, je ne suppose pas qu'il fût... J'ai donc pensé à cette chère madame Voisin. Sa science, en cette occasion, peut m'être utile. J'ai dans ce moment un procès en appel, au conseil des parties, et pour lequel il me faudrait retrouver certains titres... Si j'ai ce bonheur-là, je vous emmène et vous ferez vos couches à Marly...

Ici la phrase du marquis fut interrompue par l'arrivée subite d'un laquais avec un flambeau; laquais de costume pour une sorcière, car il ressemblait, par sa livrée qui était toute noire, à ces fonctionnaires *lugubres* qui sont l'effroi de M. de Pourceaugnac. L'obscurité succéda rapidement au candélabre de ce Frontin; le marquis et la petite dame sentirent une forte odeur de soufre...

La chambre où ils venaient d'entrer s'illumina soudain de la manière la plus étrange et la plus disparate, de-ci, de-là, comme par taches lumineuses sur la tenture, pendant qu'il passait devant leurs yeux des figures de *femmes* et des *caprices*, qui n'avaient, à bien prendre, aucune chose de très-effrayant. Du reste, nulle apparence de devineresse ou d'évocatrice dans cette chambre, dont les éclairs sillonnaient l'obscurité. Avant que le marquis pût s'en apercevoir le moins du monde, son ceinturon était débouclé, et on l'avait débarrassé de son épée.

Une petite figure tenant une bourse ouverte parut alors en guise de prologue. Cela pouvait ressembler à un diablotin ou à un zéphir.

Le marquis comprit à merveille, et avança le bras pour lui jeter quelque monnaie.

— Donnez pour LUI, reprit une autre voix; IL ne prendrait pas de votre main.

Cependant, un billet venait de tomber aux pieds du marquis, en même temps que la figure avait fui. Il était conçu ainsi :

« *Madian, qui est le diable en personne, peut seul te faire retrouver ce que tu demandes. Si tu as le courage de tenter l'épreuve, dis-le-moi...* »

— Et palsambleu ! ma chère madame Voisin, je suis on ne peut plus disposé à cet essai. Faites-moi venir le diable !

— Vous comprenez, reprit la même voix, qu'il ne saurait venir pour rien.

— C'est-à-dire que c'est encore quatre pistoles ; prenez, mais ce sont mes dernières.

— Vous ne craignez donc pas de voir le diable ?

— Assurément non, s'il peut me faire retrouver mes papiers perdus. Votre conjuration et toutes vos bougies triangulaires ne peuvent rien sur mon courage.

— Tenez-vous bien, reprit alors la devineresse (qui se fit visible au moyen d'un grand éclair), vous allez voir un des plus affreux diables de l'autre monde.

— Cela me regarde !

La Voisin traça alors un grand cercle sur le mur.

« Assuméhib ! Assuméhiron, Pholl, Phall, Pharascall, Assuméhiron, Assuhémir ! »

— Voyez donc quelle sorte de langue, dit la dame au marquis d'une voix troublée.

— Maintenant touchez ce mur, reprit la devineresse ; vous paraît-il bon, dur et bien construit ?

— C'est un mur, dit le marquis, et je n'y vois rien de plus.

— Eh bien ! retirez-vous maintenant à trois pas, Nazaréens et impies ; car c'est de là que le diable va sortir. *Poly Satanas!* (Un bruit de fers.) Allons, Madian! Madian! par le pouvoir que j'ai sur vous, sortez, paraissez, Madian chéri, mon bel ange! Madian réprouvé, Madian déchu, montrez-vous!

On entendit un craquement abominable dans le mur, on vit un nuage de soufre, et puis maître Georgeot parut en diable.

L'odeur du spectacle agaça les nerfs de la petite dame, qui se mit à tousser pitoyablement.

Maître Georgeot, attentif au coup de baguette, fit une gambade.

— Parle ou je te tue! s'écria résolument le jeune marquis.

— Qu'allez-vous donc faire au démon? s'exclama la Voisin. Vous êtes perdu!...

— Laissez donc, je me connais en diablerie. Parle, te dis-je.

Le marquis, faute d'épée, tirait de sa poche le canon d'un pistolet.

— Imprudent! vous allez nous faire périr, reprit la sorcière...

Des éclairs et des gerbes de feu rougeâtre sortirent de la trappe.

— Allons, je brave l'enfer! dit le marquis au milieu de la fumée. Madian, dis-moi comment tu t'appelles?...

— Quartier, quartier, monsieur le marquis! cria le démon lui-même, dont le masque ou le capuchon était tombé; je vous demande quartier; je suis un bon diable!

— Dieu me pardonne ! je connais la voix et le visage de celui-ci ! Mais, je ne me trompe pas ! c'est mon coquin de procureur-fiscal !... C'est donc toi, faquin de larron, qui gardes en poche une quittance de ma partie adverse... Oh ! va, va, procureur du diable, je ne te lâcherai point !...

Le marquis le secoua rudement et le gourma pendant plusieurs minutes.

— Ne me battez point, monsieur le marquis, ne me battez donc point ; je vous dirai toute chose. Eh bien, oui, monseigneur le marquis, je suis Georgeot, Georgeot-Deshayes. J'ai retenu frauduleusement vos pièces. J'étais loin de prévoir que nous dussions nous rencontrer. Mais puisque vous y tenez absolument, j'ai là votre quittance en portefeuille, et je vous la vais restituer à l'instant même...

— Miracle ! dit tout haut madame Voisin sans se déconcerter, miracle ! je vous l'avais bien dit que vos papiers se retrouveraient, monsieur le marquis !

— Quant à vous, monsieur mon frère, continua la devineresse, et d'un ton beaucoup plus bas, vous me payerez ceci... Après une scène pareille dans ma maison... si vous comptez encore sur l'argent promis !....

— Je vois bien, madame ma sœur, que j'en porterai le reçu sur mes épaules, et voilà tout. Je vous remercie de votre manière de m'employer à votre service, et si l'on m'y reprend, que l'on m'étrille... en diable !

— Des sels, du vinaigre ! des sels ! ma chère madame Voisin ! cria en ce moment le marquis, la jeune dame se meurt ! Eh vite, vite, desserrez-la ! Pauvre petite femme ! Otez-lui donc sa bouffante ! De l'eau ! évanouie ! Ah ! si vous saviez, madame Voisin !

— Mais c'est mademoiselle Georgeot ! reprit l'avocat qui pensait rêver. Ma femme ici ! et avec vous, monsieur !

— Eh bien ! oui, mon cher, avec moi. Ah ça ! d'où venez-vous donc ? Vous qui faites le diable, vous ne savez pas cela : à corsaire, corsaire et demi ?... Elle ouvre les yeux... Vous m'aviez pris mes papiers, et je me suis adjugé votre femme... Mais, par exemple, vous n'avez pas honte de vous présenter devant elle en pareil attirail ! avec un habit semblable : une queue ! des cornes ! Vous êtes un impoli, maître Georgeot, et pour moins de rien je recommencerais à vous gourmer en l'honneur des belles !...

— Revient-elle, au moins, ajouta le marquis en lui frappant dans les mains.

— Emmenez-la vite, interrompit madame Voisin ; vous n'avez que le temps de sortir, on monte ici.

— Vous allez emmener ma femme ? interrompit maître Georgeot en s'apitoyant.

— C'est avec tout le respect possible ! fiez-vous à moi, j'ai trois porteurs et une chaise de Farot (1). (Aux laquais.) Prenez bien garde. (A Georgeot.) Sans

---

(1) Premier ouvrier de ce temps pour les carrosses.

rancune, maître Deshayes; je veillerai à ce que le trajet soit prompt et sûr.

Grand merci, ma chère madame Voisin; en attendant mieux, prenez ce jonc de diamants.

III

— Grande nouvelle, maîtresse, cria à travers la serrure la voix du petit nègre, pendant qu'un bruit sourd ébranlait le corridor.

— Qu'y a-t-il donc?

— La police, maîtresse, la police, qui fait une descente chez vous! Ils sont là avec M. de la Reynie, et vont entrer dans la chambre verte...

— La chambre où est ma robe d'avocat, soupira Georgeot; et moi qu'on attend à l'Abbaye!

— Sautez vite, mon frère, sautez là... par cette fenêtre.

— Dans cet équipage de diable?...

— Ils vont venir; n'avez-vous pas entendu?

Et la Voisin, venant au secours de son courage, lui donna, sur le rebord de la fenêtre, un bon coup de poing, qui le fit tomber dehors un peu plus tôt qu'il n'aurait voulu.

Ce fut ainsi qu'il sauta.

IV. — L'ABBAYE DE SAINT-GERMAIN-DES-PRÉS.

Le malheur voulut que la plante de ses pieds, couleur de feu, tombât tout à plein sur les épaules d'un sergent du guet, lequel était à placer une vedette dans l'intérieur de la cour. Le poids et la chute de cet inconnu ne causèrent pas moins de surprise au sergent que la singularité de son costume; bien qu'il ne crût pas les démons si lourds, il en fit son rapport, et déclara devant M. de la Reynie que Satan l'avait assommé, ce qui lui mérita sans doute une récompense distinguée.

Quant à la vedette, elle courut sus au procureur demi-mort, en donnant le branle à tous les pots de fleurs de la cour, avec le bout de sa pertuisane, et c'était à faire croire à l'avocat que chaque barreau de la grille se détachait et s'animait pour le poursuivre.

L'aube blanchissait pourtant, que maître Georgeot harassé marchait encore. C'était par une tiède matinée de mars, et l'ex-procureur-fiscal levait sa mentonnière de peau de mouton noire, afin de respirer, quand le premier rayon de soleil parut... Il trouva d'abord son accoutrement désastreux : le maillot en était rapiéceté, les cornes branlantes, le poil dégarni; la queue seule, grâce à son fil élastique, conservait une apparence de docilité; quant à la cagoule ambrée de soufre, elle était nauséabonde au possible.

Les pierres blanches et les briques rouges de l'abbatial de Saint-Germain-des-Prés venait enfin d'apparaître aux yeux de maître Georgeot.

Ce cloître, devenu depuis un dépôt d'habillement pour la République française, outre de fort belles caves qu'il possède encore, et dont les pilastres font l'admiration des artistes, avait, grâce à ses grappes de lierre et au parfum de son clos, un air de suavité monacale et pacifique, bien effacé maintenant, faut-il dire, par les moellons d'ateliers et les cages de peintre qui encombrent sa rue. On y voyait d'abord ramper jusqu'à la grille le velours des mousses et les ceps de vigne du jardin; puis les panaches blancs des pommiers, les guirlandes de pois de senteur et le gazouillement joyeux des petits jets d'eau complétaient cet harmonieux aspect de l'abbaye. Il se faisait, dans cette insigne abbaye des Bénédictins (l'ordre le plus ancien, le plus riche, le plus docte et le plus laborieux de toutes les congrégations monastiques), d'aussi bonnes conserves de coing que de savants commentaires et de doctes *restitutions* sur le grec et l'hébreu, d'après les Palimpsestes et la première version du Pentateuque. Mesdames la maréchale de l'Hospital et la marquise de Maintenon faisaient sûrement grand cas des commentaires, mais elles consommaient beaucoup de cette conserve, et la première de ces dames en usait à peu près comme de son propre bien (1).

(1) Le roi Casimir était l'époux secret de la maréchale qui n'était utre, comme chacun sait, que Marie Mignot, fille et femme en pre-

A la vue de l'édifice susdit, je ne puis vous exprimer le contentement du pauvre M. Georgeot. Maître Georgeot, encore poursuivi par l'idée de sa femme et le pistolet du marquis, oubliait déjà ses infortunes conjugales et fraternelles. Moins que tout autre, l'avocat de l'abbaye était fait pour les embarras du monde ; c'était un vrai procureur d'alors, un parchemin incarné avec deux griffes. La paix de ce cloître le charmait d'autant plus, que son ambition cicéronienne y trouvait son compte. Non-seulement il aidait parfois le roi Casimir à greffer ses espaliers, mais il avait l'espoir de devenir un jour l'avocat de cet abbé-roi de Pologne ; certaines confidences du prince, au sujet de son mariage *secret*, autorisaient cet espoir de maître Georgeot...

Personne à l'abbaye ne semblait encore sur pied. La fatigue de Georgeot était si grande, qu'il mesura à deux fois le mur du jardin avant de se décider à l'escalade... C'était cependant le seul moyen de s'introduire... L'avocat voulait finir par arriver à sa chambre, située près de celle du père Tréfoncier, afin de s'y débarrasser de l'habit infernal de la Voisin...

Il est à savoir que, depuis quelques trois mois, le verger de ce jardin était sujet à de calamiteux et téné-

mières noces de deux *argentiers*. On a prétendu qu'elle avait été blanchisseuse ; mais, comme son père avait au moins cent mille livres de rente, il est à supposer qu'elle n'avait jamais *lavé* que ses propres mains.

N. B. Cette petite remarque n'empêche pas la comédie de MM. Duport et Bayard d'être charmante, spirituelle et d'excellent goût.

breux ravages. La petite palissade que Georgeot fut contraint d'ouvrir, après avoir franchi le mur, était, à proprement parler, le clos de réserve affecté au roi Casimir. L'avocat n'hésita point; il fit quelques pas, et, mourant de soif, porta la main en passant à l'un de ces espaliers chargés de belles et grosses pommes. Tout à coup, il se sentit étroitement serré à la jambe par un piége...

— Miséricorde! s'écria maître Georgeot.

— Victoire! victoire! nous le tenons! hurla de dessous un treillis la voix d'un vieux jardinier qui se tenait à six pas, effrayé, mais ravi de l'effet de son traquenard.

Le malheureux avocat, pensant se faire reconnaître, étendit vers le jardinier sa griffe suppliante. Celui-ci ne lui répondit que par un grand signe de croix.

— *Et ne nos inducas in tentationem*, ajouta le fameux dom Cheverux qui s'avançait. Ce religieux préparait dans le jardin son discours pour une *véture* qui devait se faire sur le midi.

Cependant, le jardinier sonnait la cloche, et tous les clercs et bénédictins s'avançaient.

A ce jour, je vous l'ai dit, il devait y avoir solennité à l'église de Belle-Chasse, pour la prise d'habit de mademoiselle de Parabère, qui voulait à toute force entrer en religion dans une abbaye royale où l'abbesse aurait au moins quatre-vingts ans, à cette fin de lui pouvoir succéder plus tôt. Le roi Jean-Casimir, appuyé sur sa béquille, sortait du chœur, la barbe déjà faite, et croisant les fourrures de son habit à brandebourgs couronné d'un joli petit rabat. Il interpella gravement dom Cheverux :

— Non-seulement je vous autorise, mais je vous commande, mon frère, d'employer à son égard les formules de l'exorcisme...

Maître Georgeot éprouva un frisson mortel.

— J'obéis, reprit dom Cheverux, mais il me faut aller chercher de l'eau bénite avec une étole et le rituel.

Pendant que dom Cheverux s'en allait à la sacristie chercher son étole, les assistants de cette scène extraordinaire échangeaient de malicieux regards avec le roi. Une petite personne, habillée en page, surtout, et qu'un seul homme, qui avait surpris ce secret, eût reconnue, dans ce justaucorps naracat à bouffettes blanches, pour être madame de l'Hospital elle-même, car elle ne quittait jamais les côtés de l'abbé, si chagrine qu'elle fût de ne plus le voir monarque ! Maître Georgeot, devant cette compagnie curieuse, avait l'air d'un hibou contraint d'ouvrir les yeux au grand soleil. Par dessus tout, le nœud du piége torturait le malheureux, de manière à ressusciter pour lui les douleurs de la *question*. Le petit clos dans lequel il s'était jeté imprudemment, au lieu de suivre l'angle du jardin, n'étant qu'à vingt pas de l'église, dom Cheverux revint bientôt avec un renfort de monde, et, cette fois, le soleil qui éclaira le moine le fit voir dans toute la beauté de sa toilette, avec sa barbe longue et blanche, ses mains archéologiques et son beau chapelet de sardonix. Il avança, majestueux et terrible à la fois vers l'infortuné Georgeot.

La formule de l'exorcisme eut lieu après les trois signes de croix et les trois aspersions préliminaires :

In nomine Domini et ecclesiæ suæ sanctœ, jubeo te loqui coràm serenissimâ majestate polonicâ.

Ce début en latin barbare était bien fait pour redoubler les inquiétudes et les angoisses de maître Georgeot ; il se remua comme un écolier qui prévoit l'ennui d'une mercuriale, et, dans sa douleur qui ne connaissait plus de bornes, il se mit à saisir et serrer la main du père Tréfoncier qui se trouvait là, ce qui, dans l'esprit des assistants, lui donna de suite un rapport singulier avec les diables de Loudun.

— Ce n'est pas un vrai démon, c'est un possédé, s'écria le Tréfoncier ; j'ai vu ses ongles, il n'a pas de griffes.

— C'est le diable, affirma le jardinier.

— Recourons vite à l'eau bénite, dit à l'oreille du roi Casimir le malicieux page de Sa Majesté.

Le goupillon du bénédictin aspergea richement maître Georgeot. Cette pluie sacrée pénétra la peau du pauvre diable à tel point que, dans un mouvement que les assistants attribuèrent aux convulsions sataniques, sa mentonière tomba.

— Arrêtez, murmura l'exorcisé, arrêtez, mes Révérends Pères. Je suis votre avocat, maître Georgeot.

— Mensonge, illusion, fascination diabolique !

— Qu'on me dégage du piége, et je parlerai, s'écria Georgeot. En même temps, à force de se débattre, l'avocat fit céder la laine de son capuce...

— Maître Georgeot ! mais c'est lui ! c'est vraiment lui, c'est notre avocat !...

— Nous direz-vous, monsieur, par quelle scandaleuse métamorphose nous vous retrouvons ainsi : ayant des cornes sur la tête, avec un de mes fruits à la main droite ? Pensiez-vous jouer le rôle du démon présentant la pomme à la première femme...

— Pardon, vénérable Père-Abbé, roi de Pologne et grand-duc de Lithuanie ! Pardon, mille pardons, mes Révérends frères en saint Benoît ! je n'y reviendrai plus, comptez-y bien ! Je rends au diable son habit, et je vais reprendre ma robe jurisconsultative ! C'était une joyeuseté de carnaval... A tout prendre, il n'y aurait pas que moi qui fusse *déguisé* céans, dit le rusé procureur, se souvenant fort à propos des confidences intimes du roi Casimir...

Et il jeta en même temps un coup d'œil sur le beau page de l'abbé.

— Il a sa grâce, interrompit vivement le roi Casimir ; il a sa grâce. Dom Cheverux, et vous tous, mes frères, retirez-vous. Qu'on le porte à l'infirmerie, et même qu'on ait soin de lui donner, pour le reconforter, de cette bonne conserve qu'on a confectionnée tout exprès pour madame de Maintenon !...

V. — DERNIER COUP

Grâce aux conserves, au beau temps et à la volonté expresse du roi Casimir, l'avocat Georgeot, remis de ses fractures, galoppait à dos de mulet, un mois après, sur une grande route, côte à côte avec sa majesté bénédictine, qui venait de visiter son autre abbaye de Saint-Martin de Nevers. Plus les relais voisins de la capitale disposaient le bon prince à la bonne humeur, plus l'embarras de Georgeot devenait visible. Il froissait timidement dans son gant une lettre timbrée de France qu'il venait de recevoir. De cette lettre naissait évidemment le silence inquiet et la contenance gênée de l'avocat. Le carrosse de madame de l'Hospital suivait les deux mules, et maître Georgeot n'avait que cet instant pour demander une grâce au roi.

— Majesté rectissime, dit-t-il en voyant Casimir mettre sa monture au pas.....

— Majesté rectissime, maître Georgeot! je ne savais pas vous trouver si appris sur l'ancien protocole des Jagellons?... ne voulez-vous point me demander quelque chose ?...

— Eh bien, Révérence royale, ou, si vous l'aimez mieux, Majestueuse Abbatialité, vous l'avez dit ; j'apprends à cette heure, par un courrier, que ma femme est accouchée ; refuserez-vous d'être le parrain de mon premier-né?

— D'autant moins que je veux en être marraine,

reprit la maréchale, qui avait tiré son rideau de portière, et qui se pâmait d'aise aux salutations de maître Georgeot, lesquelles compromettaient son équilibre sur la selle...

Pour son débotté, l'avocat courut donc chez sa digne épouse, mademoiselle Georgeot, laquelle était dans son lit à baldaquin, les joues roses comme le front de la pudeur, la pèlerine blanchette, des draps gauffrés en damier, la courte-pointe semée d'amours de Flandre. Une sage-femme, aussi musculeuse qu'un soldat des gardes-suisses, donnait le branle à la barcelonnette du nouveau-né.

— De par Dieu, je ne me trompe point, s'écria maître Georgeot, et vous voilà redevenue sage-femme, madame Voisin !

— Ce fut mon premier commerce, mon frère. Il faut faire un peu de tout : et puis, le petit gars est si beau poupon !

— Un enfant blond, avec des yeux bleus ! Mais c'est un amour, mademoiselle Georgeot. Ho ! hé ! quand madame de l'Hospital va le voir !... dit Georgeot émerveillé. Ah ça ! ma mie, mais que porte-t-il donc autour de son col ? reprit-il après un moment d'hésitation. Un collier d'émail, avec les armes du marquis de Gordes ! le même blason que ce damné marquis appliquait sur ses procédures ! En voilà de belles, et voici qui ne peut s'endurer, par ma foi !

— Que dites-vous là, mon frère ? Si le roi Casimir et madame de l'Hospital vous entendaient !

— Peu m'importe! reprit Georgeot, brisant de rage son fouet de poste, en entrechoquant ses bottes à chaudron. M'expliquerez-vous point ceci, madame Voisin?

— Voulez-vous donc savoir tout, monsieur mon frère? Eh bien, je vous dirai que ce poupon-ci n'est point de votre fait. Celui qu'a génisé votre pauvre femme était au monde arrivé, par conséquence de sa frayeur à la vue de votre apparition, avec une queue et des cornes, d'où vient que nous l'avons mis à l'hôpital de l'Enfant-Jésus, où vous le trouverez enregistré sous le nom du PAUVRE DIABLE; allez-y voir, et laissez-nous tranquillement couper le sifflet à celui-ci.

L'INFANTE

I

Au mois de septembre 1724, par une de ces nuits tièdes dont Paris s'étonne lui-même, tant la pureté de son ciel est grande et sa température digne d'un climat plus favorisé, un jeune homme de seize ans environ rentrait chez lui en longeant les Tuileries jusqu'au Louvre. Deux heures du matin venaient de sonner à l'église Saint-Germain-l'Auxerrois; aucun passant, aucune ombre ne se dessinait sur cette blanche draperie de murailles royales que la lune inondait de sa clarté.

Le jeune homme pressait le pas, comme s'il eût eu à se reprocher d'être en retard. Il avait ramené sur son visage les plis d'un ample manteau couleur de muraille, bordé de larges galons d'argent; pour son tricorne et pour ses cheveux, on n'aurait su dire qui des deux était le plus en ordre; et quant à ses manchettes de fine dentelle, ce fils de famille les avait en assez mauvais état. A l'irrégularité de sa marche, on pouvait même voir qu'il sortait sans doute de quelque joyeux souper.

Quand il eut atteint la petite place de l'église paroissiale des rois de France, sur laquelle s'épandaient alors de larges trainées de lumière, il s'arrêta tout d'un coup vers le coin de la rue des Prêtres, où brillait alors une seule lanterne éclairant une maison située à l'angle de Saint-Germain-l'Auxerrois, et sur laquelle était écrit : *Hôtel de Lisbonne, à l'image du grand saint Jacques*.

Cet hôtel assez modeste, détruit postérieurement, à l'époque des troubles de 93, n'offrait pour toute entrée qu'une petite porte bâtarde. Le jeune homme en avait la clé sur lui, et il franchit rapidement le premier étage.

— Est-ce vous, Manoël? murmura une voix faible sur le palier.

Cette voix sortait d'un corps maigre et long, enveloppé comme une momie dans une ample robe de chambre.

— C'est moi, don Inigo, se hâta de répondre Manoël, c'est moi... Désolé que vous ayez pris sur votre sommeil pour m'attendre!... Le sommeil d'un écuyer qui a la goutte est chose sacrée... Aussi n'est-ce point

ma faute si je vous arrive si tard. La faute en est à
MM. de Charolois et de Clermont, qui m'ont retenu à
souper après l'Opéra... avec un abbé fort joyeux, ma
foi, et qui se nomme, je crois, Voisenon... Il nous a
chanté des airs si drôles !... Vous ne m'en voudrez pas,
mon honorable professeur !

— A quoi bon vous en vouloir? vous voici devenu
comme dans Quevedo le romancier, le chevalier errant
des ténèbres, le prince des rues, l'ennemi irréconcilia-
ble du soleil; vous faites de la nuit le jour, et il faut
bien que j'approuve. Votre père ne m'a-t-il pas payé
pour cela?

Et don Inigo de Cardenas laissa échapper un soupir,
en examinant la toilette de son élève. Ainsi que nous
l'avons dit, elle était accusatrice.

— L'infernal pays que cette France! murmura le
vieillard en allumant lui-même les bras de flambeau
fichés à sa glace; qui m'eût dit que lorsque vous étiez
si doux et si sage en Portugal, quatre mois de Paris
feraient de vous un démon! Vous voilà, sans autre es-
corte que votre épée, sans autre guide que votre cervelle, lâché bride abattue par cette grande ville! Où
donc votre très-honoré père a-t-il pris l'idée de vous
écarter de Lisbonne et de vous faire perfectionner
votre éducation par les voyages? Par saint Antoine de
Padoue! vous ne vous tenez plus même sur vos jambes, et peu s'en faut que vous ne vidiez les arçons!

Cette phrase du vieil écuyer n'était que trop motivée
par la contenance peu affermie de Manoël. Le jeune

homme, adossé contre la fenêtre, avait détaché de la tapisserie à personnages de cette chambre une guitare dont il avait peine à faire concorder les sons entre eux. Au milieu de cette fièvre d'exaltation qui suit presque toujours un souper, il essayait un air portugais qu'on eût pu traduire ainsi :

> « Penser fidel sachez un jour
> Si je puis m'assurer de posséder la gloire
> De tenir une place en l'illustre mémoire
> De l'objet qui fait mon amour ?. »

— Voilà une détestable guitare ! fit-il tout d'un coup en la jetant sur le lit de don Inigo. Si c'est la seule que vous possédiez, mon maître, je ne vous en fais pas mon compliment !

— Tout le monde ne pensait pas comme vous en 1698, à Lisbonne, reprit don Inigo, piqué du dédain de son élève. Cette guitare a fait le charme de bien des femmes et le désespoir de plus d'un mari ; c'est une relique, et vous lui devez plus de respect, ajouta l'écuyer en la remettant à sa place. La jeunesse d'aujourd'hui n'a d'égards pour rien, parole d'honneur !

— Vous faisiez votre courrier quand je suis venu, mon cher professeur. Que dites-vous de moi à mon père, puis-je le savoir ? demanda Manoël à Inigo d'un ton caressant.

— J'étais en train de mentir, lorsque vous êtes arrivé juste à point pour m'interrompre, dit le vieillard en faisant mine de déchirer une lettre commencée.

— Mon cher Inigo, dit le jeune homme, mon unique ami... mentez toujours, les pères ne sont pas obligés de savoir la vérité. Ne sont-ils pas souvent comme les maris, les derniers à apprendre leur histoire?

— La vôtre est édifiante, je vous conseille de vous en vanter. N'avez-vous pas de honte à quinze ans d'aller déjà de pair avec les jeunes roués de cette ville, vous dont le nom, dont le rang...

— Beau privilége, ma foi, si ce nom et ce rang je suis forcé de les cacher!... Encore ce soir, tenez, je tremblais de rompre la loi sévère de l'incognito à laquelle vous m'avez assujetti, mon père et vous. Et pourtant, ajouta Manoël avec un dépit croissant par degrés, que suis-je aux yeux de ces nobles seigneurs de France? un simple gentilhomme portugais dont l'épée n'est jamais sortie du fourreau, un officier de fortune, un aventurier peut-être! Ah! cette pensée fait bouillir le sang dans mes veines!

— Patience, patience, vous n'êtes encore qu'un aiglon, mon cher élève. Laissez croître vos ailes, vous planerez ensuite d'ici jusqu'au palais de Villa-Viciosa.

— Où je devrais être à l'heure qu'il est, je le sais. N'est-ce donc pas l'ancienne résidence patrimoniale de ma famille?

— C'est vrai, mais pour l'instant nous sommes ici par ordre à la cour de France. Le conseil a eu, je l'espère, ses raisons pour nous transporter des rives du Tage sur celles de la Seine, pays fort malsain, poursuivit douloureusement don Inigo, j'en conviens, mauvais climat pour les rhumatismes et les professeurs. J'y ai vu se renouveler ma goutte. Enfin il faut vouloir ce que veut Lisbonne, il faut...

Le digne écuyer fut interrompu dans sa phrase de résignation par un aigre tintement de la sonnette placée en dehors auprès de la porte. Un lourd piaffement de cheval ébranlait en ce moment le pavé de la rue. Inigo ouvrit la fenêtre et reconnut à la clarté de la lune le courrier ordinaire de l'ambassadeur de Portugal, qui ne se faisait faute d'agiter le pied de biche suspendu à la muraille, de façon à réveiller en sursaut tous les habitants paisibles de l'hôtel.

— C'est vous, Bernardino, dit le professeur en lui imposant silence de la main. Vous sonnez, mon cher, d'un air à faire croire que vous venez de la part du cardinal de Fleury! Ce n'est qu'à trois heures que partent mes dépêches, et je n'ai pas encore fini mon courrier. Par saint Antoine de Padoue, courez chez le comte de Tarlo, qui loge au faubourg Saint-Honoré; cela me donnera le temps de finir ma correspondance. Voilà deux écus de six livres pour graisser le pas de votre monture et lui apprendre l'allure convenable à un cheval diplomate! Bonsoir, vous me trouverez exact dans trois quarts d'heure, Bernardino!

Le courrier suivit de point en point les ordres du vieil écuyer, qui venait de refermer sa fenêtre avec la satisfaction que donne au maître l'obéissance passive d'un subalterne. Deux ou trois lettres commencées se trouvaient alors éparses sur sa table, au milieu de laquelle se pavanait sur une pelotte l'ordre de la Conception et de Saint-Jacques, dont Inigo était décoré.

— Vous le voyez, reprit-il en s'adressant au jeune homme, nous n'avons pas de temps à perdre. Ecoutez ma lettre à votre père, si toutefois vous pouvez écouter.

Et don Inigo assura ses lunettes sur son nez. Manoël s'était assis vis-à-vis de lui dans un silence profond; les nuages bachiques du souper ne pesaient plus sur lui; il semblait livré au contraire à un flux et à un reflux de pensées qui par intervalles plissaient son front. La grâce et l'élégance, caractère distinctif de sa personne, se relevaient encore chez lui du charme de sa couleur, aussi brune que celle d'un Maure. En le regardant, on se rappelait involontairement que les rives du Portugal sont très-rapprochées de celle d'Afrique, et que leurs climats sont semblables. Il avait la taille assez belle, le regard expressif et les plus admirables dents qui se puissent voir. Cependant, sous l'éclat velouté de cette jeunesse, il était facile d'entrevoir une tristesse précoce; le ver avait déjà piqué le fruit au cœur. A seize ans, et grâce à la seule influence de son climat, un Portugais est aussi fougueux en amour qu'un homme de vingt-cinq, et la passion imprime souvent sur lui d'étranges ravages. Celui qui se faisait appeler à Paris don Manoël avait peut-être lutté, malgré son extrême jeunesse, contre des courants aussi rapides; peut-être avait-il aimé de toute la puissance de son organisation, car à certains plis dédaigneux de sa lèvre, à sa maigreur excessive, aux lueurs factices de sa gaîté, il semblait plutôt qu'il prît à tâche de s'étourdir que de s'amuser.

Arrivé comme lui en France depuis quatre mois, à la suite de plusieurs excursions en Angleterre et en Italie, don Inigo cumulait auprès de Manoël la double fonction d'écuyer et de gouverneur. Il les remplissait toutes deux fort mal : la première, parce que la goutte l'empêchait de se tenir convenablement à cheval et de suivre les chasses du roi ; la seconde, parce qu'on ne pouvait faire choix d'un plus singulier mentor pour enseigner la morale à un jeune homme. Son extrême indulgence en faisait un véritable oncle de comédie. Portugais dans l'âme, il regrettait Lisbonne comme un amoureux regrette une maîtresse, Lisbonne, le théâtre de ses aventures galantes et de ses beaux jours. A Paris, il lui fallait porter la poudre, accrocher sa guitare à un clou, et se confiner dans une hôtellerie maussade pour mieux assurer l'incognito de son élève. Ce sont là de ces misères de professeur que les professeurs seuls sont appelés à définir et à comprendre.

— La lettre a trois grandes pages, dit-il à Manoël, mais je vous fais grâce des deux premières ; elles sont relatives à des affaires d'Etat. Pour ce qui vous concerne, voici ce que j'écris à votre père. Je passe le protocole :

« Votre fils, mon cher élève, a trouvé plaisant de visiter la cour de France sous le nom de Manoël. Vous le savez, c'est un monde léger qu'il étonne par l'exemple de sa réserve. »

— Bien débuté? bravo! s'écria Manoël, enchanté de cet exorde.

Inigo continua :

« Il n'a rien de la frivolité des petits-maîtres, qui parlent tout à la fois de l'empire de la Chine, d'un épagneul, du firmament et d'une fontange, ni de la ridicule importance des jeunes seigneurs, qui se croient tous ici sortis de la côte d'Adam. Il ne joue pas, ne boit pas, ne soupe pas, sort à peine, et dort toujours d'un sommeil royal dès les dix heures du soir... »

— A merveille, cher professeur !

« Il n'est point comme ces automates de cour, qui n'agissent que par ressorts, qui ne connaissent d'âme que leurs yeux, leur langue et leurs doigts ; il n'étale pas un ample mouchoir baigné d'eaux de senteur, dans equel il se mouche avec grâce et force en même temps, comme cela se pratique encore chez eux, après avoir promené successivement entre ses mains deux ou trois tabatières plus ou moins belles. Je lui ai donné à lire *Locke*, les *Pensées de Pascal*, la *Recherche de la Vérité*, la *Physique de Descartes* et celle de *Newton*, le tout pour le former dans la langue française, qui, entre nous, est loin de valoir notre langue du Camoëns. Il fréquente les églises, observe les jours de jeûne aussi scrupuleusement que vos religieux de Mafra; il est plein d'attentions délicates et ingénieuses pour moi, fait ses académies régulièrement et devient de première force sur la guitare... Modèle de toutes les perfections... »

— Assez, assez, don Inigo ! c'est mon oraison funèbre que vous prononcez là. Attendez.

— Ce n'est pas assez mentir, reprit l'écuyer d'un ton plus grave, voici qui va vous prouver combien j'aurais à cœur de vous voir tel que je vous dépeins.

Et don Inigo poursuivit :

« Enfin, il est parfaitement guéri du fol amour que la jeune infante d'Espagne... »

— Il suffit, don Inigo, il suffit, vous rayerez cela ; je ne souffre pas le mensonge sur un pareil sujet ! s'écria Manoël. Vous avez eu tort cette fois, et vous devez savoir mieux que tout autre...

— Que vous êtes un fou, un écervelé, cela est vrai. Vous connaissez la sévérité de votre père... sa répugnance pour une telle union que vous n'avez pas craint de lui proposer à votre âge !... Voulez-vous jouer un jeu d'enfant, encourir ses justes reproches, voulez-vous compromettre encore par une extravagance, comme à Madrid ?...

— Je ne veux rien, rien au monde, interrompit Manoël d'une voix brève, rien que votre silence, don Inigo. Promettez-moi d'effacer cette ligne...

— Pourtant...

— J'exigeais tout à l'heure ; maintenant je vous en prie... Pas un mot de cet affaire, qui n'intéresse, grâce au ciel, que votre élève.

— Une rature ! y songez-vous ? après deux pages

officielles sur l'état du cabinet en France ? Voyez avec quel soin cela est écrit, comme cette majuscule B du duc de Bourbon se détache, et comme cet F qui commence le nom du cardinal de Fleury fait bon effet ! D'ailleurs, dit en se levant don Inigo, votre père m'a chargé de vous surveiller à cet égard. Il connaît l'amour aussi bien que moi, votre père, et je lui dois compte des moindres pulsations de votre cœur...

— Eh bien ! reprit impétueusement le jeune homme, je vous en déroberai jusqu'aux plus secrètes blessures ! Oui, don Inigo, malgré votre science, vous trouverez en moi une impénétrable énigme. Et pour commencer, continua-t-il, tenez, je suis invité demain à Rambouillet à chasser avec le roi : eh bien! j'irai et j'y coucherai, ne m'attendez pas. Je vous avais cru bon, sensible, jaloux sur toutes choses de ne point aviver en moi d'anciennes douleurs; je vois maintenant que vous êtes comme tous les autres vieillards que j'ai rencontrés, dur, inexorable, soupçonneux ! Faites donc votre rapport à mon père, Monsieur ; faites-le complet, vous ne me devez rien, encore une fois ! Puisque la rature que je vous demandais, vous coûte tant, achevez votre lettre, et n'oubliez pas seulement de demander la première place d'inquisiteur qui sera vacante à Lisbonne, vous la remplirez à merveille !

Et le jeune homme sortit de la chambre de l'écuyer dans un état d'exaltation difficile à décrire. Interdit, stupéfait, don Inigo allait répliquer; mais traversant à la hâte une pièce d'attente commune à tous deux, Manoël regagna sa chambre à coucher, placée à peu de distance de celle de son gouverneur. Le vieillard était retombé sur son siége, l'œil fixe, la bouche béante... Deux grosses larmes se firent jour enfin à travers ses cils et roulèrent jusque sur la lettre qu'il tenait. Le carillon monotone du cadran à réveil l'avertit alors qu'il était trois heures. Il se dirigea lentement et comme un coupable jusqu'à la porte de Manoël; mais ne voyant aucun jet de lumière s'échapper de la serrure, il jugea que le jeune homme dormait.

Réfléchissant alors devant la lettre presque achevée qu'il parcourait des yeux rapidement :

— Je ne le croyais pas si despote ! murmura-t-il.

Quelques secondes s'écoulèrent alors, pendant lesquelles don Inigo hésita, comme dut hésiter Vatel avant de se percer lui-même de son épée.

Le professeur, lui, prit une arme plus innocente, un grattoir, et mit tous ses soins à opérer la rature.

— C'est lui qui l'aura voulu, se dit-il, l'heure du courrier est inflexible, et je vais être déshonoré à la cour de Lisbonne, moi qui avais une si belle main ! Que ne puis-je rayer ainsi de son cœur cette image qui le poursuit !

Quelques secondes après, le pas du cheval de Bernardino, le courrier, retentissait dans la rue des Prêtres. Don Inigo lui jeta sa lettre.

Le vertueux professeur replaça ensuite sa sandaraque

et son grattoir dans son encrier de Boule, puis il s'endormit du sommeil du juste, en regardant sa guitare, seul ornement de sa chambre qui intercédât alors en faveur des amours de son élève.

II

Ce jour-là même, et dès les premières blancheurs de l'aube, ce n'était que joie et tumulte au château royal de Rambouillet. Les voitures de poste, les livrées, les équipages de toute sorte sillonnaient la route, et les postillons claquaient leur fouet de façon à faire croire qu'ils étaient bien payés. Dans l'un de ces carrosses, qui se trouvaient déjà à portée du fusil du château, les stores étaient abaissés avec une méthodique circonspection, les chevaux allaient au pas, tout, en un mot, semblait si cauteleux et si discret que les valets à broderies, caracolant aux portières, auraient eu peine à saisir quelques mots de la conversation secrète qui se tenait à l'intérieur.

Cette conversation n'était rien moins qu'un consei d'état.

Il se composait de quatre personnages sérieux et raides comme doivent l'être des plénipotentaires en exercice. Le plus âgé d'entre eux, celui qui portait une soutane, avait peine à réprimer un sourire ironique sur sa lèvre chaque fois que l'un de ces graves interlocuteurs ouvrait un avis.

— Ainsi son Éminence blâme le choix d'une princesse anglaise pour fiancée de notre monarque? dit un personnage qui portait le cordon rouge de l'ordre du Saint-Esprit sur sa poitrine. L'aînée des petites filles de Georges Ier, la princesse Anne, semblait pourtant un parti...

— Extraordinaire, à coup sûr, monsieur le duc, répliqua le cardinal. Sans s'arrêter à la différence des religions, et pour ne parler que du roi Georges Ier, monsieur le duc pense-t-il donc que ce prince pût se dissimuler les inconvénients politiques d'une telle alliance? Si brillante qu'elle soit, le roi d'Angleterre n'ignore pas qu'elle irriterait et mécontenterait ceux qui tiennent à prolonger la succession dans la maison de Hanovre. Madame de Prie devait échouer dans cette tentative, Monseigneur, comme votre sœur, mademoiselle de Sens, a fait échouer la vôtre!

— Aussi, n'y songeons-nous guère, se hâta de reprendre le duc de Bourbon, que ce souvenir piquait jusqu'au vif; nous avons d'autres pensées, monsieur le cardinal...

— Des pensées que je ne puis deviner sans doute, dit Fleury en jetant un regard rapide et perçant sur le premier ministre, car M. le duc s'entoure depuis quelques jours d'un mystère impénétrable... Il est fort heureux que ma voiture ait cassé en route et que M. le duc de Bourbon m'ait recueilli, ajouta-t-il d'un air railleur ; me voilà du conseil, où l'on m'a, du reste, gardé mes entrées.....

— Heureusement pour nous, Monseigneur, répliqua hypocritement le duc de Bourbon : c'est votre devoir de nous éclairer, *illuminare eos qui sunt in tenebris !*

— Je ne demande pas mieux, répondit le cardinal. La grande affaire, n'est-ce pas, Messieurs, c'est l'arrivée de l'infante d'Espagne, de la fiancée de notre jeune monarque, car elle est sa fiancée depuis deux ans ?...

— Depuis 1722, Éminence, reprit l'ambassadeur d'Espagne ; on attendait seulement qu'elle ne jouât plus au volant, et que le roi Louis XV eût de la barbe... Je vois encore d'ici le train somptueux du marquis de la Fare à cette occasion quand il s'en fut à Madrid de la part du régent pour complimenter sa majesté catholique. La cérémonie des fiançailles eut lieu ensuite en même temps que celles de mademoiselle de Montpensier accordée au prince des Asturies. J'étais à l'île des Faisans, il m'en souvient, auprès du marquis de Santa-Crux, envoyé d'Espagne, et du prince de Rohan, qui représentait le roi de France. Un beau jour, ma foi ! si ce n'est que mon habit gris de lin fut perdu...

— Comment cela ?

— Par une pluie battante qui survint mal à propos. Nous allions en coche découvert, l'étiquette le voulait ; et tenez, la duquèsa de Rocca Negra, la camerera-mayor de l'infante, en attrapa même un rhume qui fit pendant un mois l'entretien malin de tous les cercles.

Elles est fort méchante et fort revêche, cette chère duquèsa, et comme elle ne pouvait parler à cause de son enrouement, c'était tout profit pour la pauvre petite infante; elle ne la grondait pas, elle avait perdu ses moyens !

— Ainsi, continua le cardinal, nous allons avoir à Paris la fille de Philippe V ! Son logement est prêt, vous ne pouvez l'ignorer, et le *Pavillon de l'Infante*...

— Recevra demain la jeune princesse, monsieur de Fleury. En ma qualité d'embassadeur d'Espagne, c'est moi qui dois la complimenter et l'y installer. Pour une petite reine de huit ans, elle y sera logée en grande princesse, je vous jure. Rien de plus magnifique que ce boudoir, cette salle des gardes et cette galerie de portraits... J'ai vu avec plaisir que le jeune roi n'y avait pas oublié ceux du roi Philippe V et d'Élisabeth d Parme... L'infante s'y retrouvera en famille !

— Dieu veuille que la fiancée plaise au roi ! objecta sèchement le duc de Bourbon en échangeant un coup-d'œil insidieux avec l'envoyé de Pologne qui se tenait coi dans un angle du carrosse, en rognant ses ongles par contenance.

— Et que madame de Prie ou monseigneur ne se croient pas obligés à un autre choix pour le prince, dit le cardinal en promenant sur le duc un regard qui le déconcerta tout à fait.

— Et quel autre choix ? se hâta de demander l'ambassadeur de Philippe V d'un air altier.

— Son éminence plaisante, répliqua le premier ministre, qui cherchait lui-même évidemment à se rassurer.

— Je sais ce que je sais, répondit Fleury, nous jouerons cartes sur table.

— Comme il vous plaira, monsieur le cardinal; quand on sert fidèlement son roi...

— Et qu'on rampe aux pieds de sa maîtresse, murmura Fleury à voix basse.

— La politique exige-t-elle que le roi épouse un enfant? insinua l'envoyé de Pologne d'un air humble et cauteleux.

— La fille de Sa Majesté catholique le roi d'Espagne arrive demain, messieurs, répondit le cardinal, vous la jugerez; mais prenez-y garde, elle pourrait vous juger aussi!

— A Dieu ne plaise que nous la gênions en rien, dit le duc; M. de Saint-Simon, nommé ambassadeur pour faire solennellement la demande de l'infante, nous en a écrit dans le temps des choses trop flatteuses...

— Pour que vous les croyiez fausses, n'est-ce pas, monsieur le duc? Préféreriez-vous que notre jeune roi, à peine initié aux affaires, réservé, modeste, se défiant de lui-même, fût gouverné comme son oncle Philippe V par une femme d'autorité et d'énergie? En France cependant nous avons la loi salique... Être mené par une maîtresse, cela s'est vu et se voit encore; mais la femme d'un roi de France!...

Le duc de Bourbon se mordit les lèvres, il avait accueilli le diable en chemin sous les traits de son Éminence. L'ancien évêque de Fréjus, qui signait évêque *par l'indignation divine,* avait cette fois rencontré juste ; le trait qu'il venait de lancer au premier ministre prouvait assez à ce dernier qu'il n'ignorait aucune des démarches de madame de Prie, laquelle avait de tout temps désiré d'avoir le mérite de nommer la future reine. A la mort du régent, Fleury eût pu se mettre à la tête des affaires, il préféra en laisser le poids au duc de Bourbon, en se réservant la feuille des bénéfices. Le ministère de M. de Bourbon, ou pour mieux dire de madame de Prie, sa maîtresse, l'inquiétait peu : il le jugeait avec cette supériorité de vue des gens habiles, qui croient toujours triompher.

Ce matin-là il avait fallu la rencontre du duc de Bourbon et l'accident survenu à son carrosse sur la route de Rambouillet pour forcer l'ancien évêque de Fréjus à rompre le silence. En voyant l'effet qu'il avait produit, il éprouva un mouvement de vanité consciencieuse.

— Encore une invention de M. de Richelieu que cette chasse à courre de Rambouillet ? dit l'envoyé de Pologne en levant un des stores du carrosse d'un air visiblement contrarié. Ce jeune seigneur ne pourra donc pas se tenir tranquille ?

— C'est comme le *prince du Brésil,* le fils du roi de Portugal Jean V, ajouta l'ambassadeur d'Espagne ; vous ne pouvez vous faire une idée de tout ce qu'on en raconte.

— Un jeune fou de quinze ans, je crois, dit le duc de Bourbon, une victime accidentelle de la raison d'état. Le roi son père ne le fait-il pas voyager par toutes les cours?... Où donc est-il maintenant. Attendez... oui, c'est cela, en Angleterre, à ce que me disait hier l'ambassadeur de Lisbonne.

— Nous voici à la grille, messieurs, déjà la chasse, les fanfares !

Quelques sons de trompe retentissaient en effet sur la lisière du bois. Le carrosse tourna le coin des Grands-Communs et s'arrêta bientôt devant le perron principal.

— Je n'apperçois point Sa Majesté, dit le cardinal avec inquiétude; serait-elle plus malade qu'on ne me l'a faite? Pourtant le père Linière, son confesseur, que je vois là-bas...

L'ancien évêque de Fréjus fit arrêter le carrosse et mit pied à terre. Le confesseur du jeune prince était un jésuite; Dubois l'avait donné lui-même au roi. Le père Linière se promenait dans une des plus sombres allées du parc en lisant son bréviaire. Le cardinal l'accosta bientôt, et lui frappant sur l'épaule familièrement :

— Nous ne chassons ni l'un ni l'autre, lui dit-il; parlons donc un peu de Sa Majesté.

— Volontiers, répondit Linière, d'autant que depuis le maréchal de Villeroy, qui s'applaudissait de sa charge auprès de lui, je n'ai qu'à me féliciter de la mienne. Impossible de voir un prince plus soumis, plus respectueux. Son éminence le connaît, du reste, aussi bien que moi, puisque pour le punir ou plutôt pour le rendre plus parfaitement chrétien, elle lui fait écrire sa confession et la corrige même avant qu'il ne me la récite.

Le cardinal rougit, car ce que venait de dire le père était vrai. Il s'informa bientôt avec anxiété de la santé du roi, qu'il n'avait pas vu depuis trois jours, retenu comme il l'avait été à sa maison d'Issy par un travail important. Le père Linière se hâta de le rassurer ; le jeune prince n'éprouvait qu'un peu de fatigue, et les médecins avaient seulement conseillé la diète. Le spectacle d'une chasse à laquelle ils le faisaient assister devait le distraire ; aussi était-il depuis une heure entre les mains de son premier valet de chambre, qui l'accommodait avec des soins tout particuliers.

Isolés de cette foule de brillants serviteurs qui allaient bientôt briguer un regard du maître, le cardinal et le jésuite causèrent quelque temps, jusqu'à ce qu'un petit nègre attaché aux écuries du château vînt prévenir son Éminence que sa voiture était parfaitement raccommodée et qu'il pouvait suivre à loisir la chasse du roi.

Presque au même instant, le premier gentilhomme de la chambre avertit Fleury que Louis XV le faisait mander, impatient qu'il était de se montrer à son précepteur dans sa toilette de chasse.

S'il faut en croire les détracteurs du cardinal de Fleury, il avait ses raisons, en permettant ce divertissement à Louis XV ; il espérait le détourner ainsi du soin des affaires, et l'excitait même à la chasse aux dépens de sa santé. Ses ennemis (et il en eut beaucoup, comme chacun le sait) insinuaient sourdement que cet exercice était devenu, grâce au précepteur royal, un véritable carnage pour le frêle monarque ; Fleury, roi de fait, ne lui accordait le chasse qu'avec des oiseaux de la fauconnerie dans une salle remplie de moineaux. Il fallait voir le pauvre petit prince au milieu de cette volatile effarouchée, pouvant à peine armer le fusil que lui présentait le capitaine de ses chasses en l'exhortant à cette tuerie facile, comme si l'on eût pris à tâche d'étouffer en lui les semences de bonté que le duc de Bourgogne, ce père si promptement enlevé à son amour, avait déposées déjà dans l'âme de son fils. Le duc de Bourbon, prince aussi faible qu'altier, dominé lui-même par une maîtresse arrogante, entretenait cette sourde domination du cardinal, sans se douter qu'elle dût un jour amener son propre renvoi.

Ce jour-là, cependant, et par exception, la chasse à courre entrait dans les récréations permises à Louis XV. Une indisposition du roi, sauvé déjà une fois miraculeusement par le médecin Helvétius, ne lui permettant pas de se tenir à cheval, il devait se contenter de suivre en voiture la chasse du cerf.

La voiture du jeune prince n'était qu'un mince chariot tiré par quatre chèvres favorites ; les harnais en étaient ouvragés fort joliment. Les panaches, les grelots d'argent, les housses de soie brodée, rien ne manquait à cet attelage enfantin dans lequel Latour, qui commençait alors comme peintre, fit de Louis XV un délicieux pastel. Quoiqu'il ne fût point monté à cheval pour aller au *laissez courre*, le grand veneur, selon l'usage, ne lui avait pas moins présenté le *bâton* (1) pour parer et écarter les branches. Armé de ce sceptre inoffensif, l'élève de Fleury et Villeroy apparut bientôt en habit de velours bleu céleste, son cordon suspendant la croix de Saint-Louis avec celle du Saint-Esprit, son jabot et ses manchettes de dentelle plissés coquettement, sa poudre et son tricorne posés à merveille. Une légère ceinture à laquelle pendait un charmant couteau de chasse, et des bottes à entonnoir complétaient cet ajustement princier, dans lequel toutefois les mouvements de celui qui le portait semblaient contraints. On lui avait mis du rouge ce jour-là, ce qui faisait ressortir encore le délicieux ovale de sa figure. A côté du chariot, alors arrêté au pied même du perron principal du château de Rambouillet, se pressaient les quatre lieutenants de la vénerie, un écuyer et un sous-écuyer, derrière lesquels se tenaient plusieurs palefreniers de la petite écurie. Un page tenait la carabine de Louis XV. Tout auprès et dans un carrosse fort

(1) C'était un bâton de deux pieds dont la poignée devait être pelée, depuis la fête de la Madeleine, sur la fin du mois de juillet, jusqu'au mois de mars. La raison en était sans doute qu'en ce temps-là les cerfs touchent au bois. Le reste de l'année ce bâton était couvert de son écorce. (Voir l'*État de France*, t. II.)

bas, le regard de Louis XV pouvait découvrir le duc de Bourbon, Mesdames de Prie, de Saint-Simon ; la princesse de Rohan et la marquise de la Fare. Le soleil, qui était alors dans toute sa force, obligeait ces dames à se réfugier sous les parasols que plusieurs heyduques et nègres en livrée balançaient près des roues de leur voiture. Pour le jeune roi, il n'avait d'autre compagnie dans la sienne qu'une chienne de race anglaise au poil soyeux, aux oreilles pendantes, que son oncle le régent lui avait donnée.

Le regret d'assister seulement comme spectateur à cette chasse royale ne se peignit que trop dans les regards enflammés de Louis dès que les fanfares sonnèrent. C'était, nous l'avons dit, sa première campagne de ce genre, et tous ces officiers en grand uniforme, tous ces jeunes seigneurs coquettement habillés et montés, ces chevaux, ces équipages qu'Oudry seul a reproduits fidèlement, devaient éblouir le prince lui-même. Parmi les cavaliers que le jeune roi admirait le plus, le duc de Richelieu ne pouvait manquer de produire sur lui une vive impression ; à peine sorti de la Bastille par le sacrifice d'une belle victime (1) qui s'était volontairement immolée pour le rendre libre, ce Lovelace de vingt-cinq ans qui avait déjà franchi tous les obstacles, même celui de l'Académie, étonnait la cour par sa hardiesse et sa bonne grâce, même avant sa fameuse ambassade de Vienne. Le duc se rappelait

(1) Mademoiselle de Valois.

peut-être, en voyant Louis XV si jeune et si beau, l'heureux temps où la duchesse de Bourgogne le nommait lui-même *sa jolie poupée;* il fit son devoir de courtisan le mieux du monde en venant caresser de la main les jolies petites chèvres attelées au chariot. Bien que le roi eût alors quinze ans, il préférait cette voiture à tous les carrosses, peut-être parce qu'elle l'isolait, de son parent, qu'il aimait peu, et du cardinal, qu'il craignait.

L'endroit où se trouvait alors Louis XV faisait face à l'étang de Rambouillet; c'est là que tous les efforts combinés de la vénerie devaient amener le cerf pour *prendre l'eau.* Déjà les chasseurs, que le jeune monarque avait tous encouragés de la main, venaient de partir au *laissez courre,* et il ne restait guère en cet endroit que deux ou trois équipages groupés non loin du roi, quand M. le duc de Penthièvre, grand-veneur, avec MM. de Bongars et de Sandricourt, gentilshommes en exercice, vinrent à passer couverts de poussière et dans un désordre qui n'indiquait que trop l'inquiétude où ils se trouvaient. En effet, le cerf, attaqué une première fois, mais mal entouré, venait de faire d'abord *buisson creux.* Il fallut bien alors se résoudre à en attaquer un autre, *quatrième tête.* En dépit des relais de chiens, des piqueurs bien ordonnés et placés, la chasse allait de mal en pis; le grand-veneur aiguillonnait en vain son cheval et suait à grosses gouttes. Les valets de limiers se regardaient piteusement entre eux, écoutant à peine les ordres des piqueurs cavalcadours,

lorsque tout à coup le cerf rembûcha et revint au *lancer*.
Ce moment si décisif dans une chasse ramena l'espoir, les *bien-aller* résonnèrent sur la frange verdoyante de la forêt ; la fanfare des chiens les soutenaient sans relâche. En un clin-d'œil, la chasse désorganisée avait repris son assiette ; le jeune roi, enchanté, battait des mains. Sur *un à vue* sonné par un piqueur en tête de la chasse, le cerf ne tarde pas à prendre l'eau, il s'y jette les narines ouvertes, la langue pendante ; la meute le suit bravement. Dans son impatience, le prince avait fait avancer le chariot jusque derrière un fourré ; il se trouvait ainsi à bon vent, quoiqu'à distance des gens de sa suite. A quelques toises de lui, il ne tarda pas à découvrir quelques relais de limiers confiés dans la première bagarre à de méchants petits valets de chiens désorientés au milieu de ce tumulte. A la vue du cerf s'élançant à la nage dans l'étang, soudain ces derniers échappent aux mains des valets et barrent le passage à l'animal. Cerné des deux côtés, désespéré, furieux, le cerf baissa alors la tête entre ses jambes et s'élance les bois en avant, vers le fourré qui cachait Louis. Le péril était imminent. A défaut de son fusil, que tenait alors le premier gentilhomme ordinaire de la vénerie, le jeune prince avait saisi une branche d'une main, son couteau de chasse de l'autre... Mais en ce moment aussi mille cris s'élèvent, un coup vient de retentir, c'est un coup de carabine qui a renversé le cerf sur la place ; il a roulé sanglant au pied du chariot de Louis.

— Tirer avant le roi! Qui donc a osé? quel est le coupable?

A ces interpellations, parties de l'autre bord de la pièce d'eau, succède bientôt un silence de surprise; tous demeurent convaincus du danger qu'a couru le roi; sa pâleur est mortelle, il vient de sauter à bas de son chariot.

— Manoël! s'écrie-t-il en courant, les bras ouverts, au jeune Portugais qui vient de le sauver comme par miracle.

C'était bien en effet Manoël, plus pâle, plus ému encore que le roi; vingt cavaliers accourus sur le lieu de l'événement l'entouraient déjà, l'accablant de questions et d'éloges.

— Bien visé, dit le marquis de Saint-Bris, mais d'où sortez-vous donc, mon gentilhomme? Par la sambleu! vous ne faites **que** d'arriver.

— J'arrive en effet, répondit modestement Manoël; devant le courage de Sa Majesté, n'est-il pas vrai, messieurs, le cœur et la main ne pouvaient me faire défaut?

— Vivat! mon digne Manoël, ajouta le duc de Charolois survenant à toute bride; vous faites honneur au roi de Portugal; mon cher, donnez donc votre carabine et votre cheval à Gaspard, mon valet de chiens et revenons-nous-en bras dessus, bras dessous à pied au château.

— Non pas, mon cousin, non pas, dans ma voiture, dit Louis. Je veux vous présenter officiellement moi-même au cardinal et à moiseigneur le duc de Bourbon.

— Si le roi est sauvé, messieurs, le cerf est pris, dit le commandant de la vénerie, qui fit signe à un piqueur de couper le pied droit du cerf, que le grand-veneur présenta à Sa Majesté.

— Merci, monsieur de Penthièvre, merci, dit Louis XV, une autre fois vous conduirez mieux la chasse. Pour le pied du cerf, ajouta-t-il en le prenant des mains du grand-veneur, c'est à mon libérateur qu'il appartient. Prenez, Manoël, prenez.

— Le pied du cerf! fit derrière Manoël une voix qui étonna le jeune homme. Le pied du cerf ! quel honneur pour mon élève !

Manoël se retourna et il vit don Inigo. Le vieillard était en nage ; il s'essuyait avec son mouchoir comme après une longue course.

— Vous m'avez suivi? reprit Manoël d'un ton sévère.

— C'est mon devoir, répondit l'écuyer, seulement j'ai préféré vour suivre en carrosse... celui de M. l'envoyé de Portugal.

Manoël s'inclina devant le personnage qu'accompagnait Inigo : c'était le chevalier d'Araüjo, ministre de Jean V. L'honneur que le jeune Portugais recevait ainsi à la vue de toute la cour paraissait l'émouvoir singulièrement et il échangeait avec don Inigo de Cardenas un long regard de satisfaction et d'orgueil.

Cependant Manoël avait pris place dans le chariot

du roi, et dans le cours de ce rapide trajet s'établissait déjà entre le jeune prince et lui une douce familiarité. Les courtisans se montraient du doigt ces deux figures, l'une rose et frêle, celle de Louis XV ; l'autre basanée et déjà souffrante, celle du Portugais. Les dames de la cour le trouvaient charmant, et les hommes se demandaient à l'oreille qui était ce nouveau-venu.

Par un hasard dont il ne pouvait se consoler, le cardinal n'était arrivé avec Linière que bien après le coup de carabine, pour recevoir de la bouche même du roi des paroles rassurantes sur le péril qu'il avait couru. Il partagea l'étonnement général en voyant un simple gentilhomme étranger admis ainsi tout d'un coup dans le carrosse royal ; il sourit pourtant en songeant que ce carrosse n'était qu'un simple chariot.

Pour le jeune monarque, il éprouvait alors un véritable bonheur à se montrer ainsi reconnaissant envers ce libérateur imprévu. Nulle fraternité de cœur ou de sens n'avait encore ému Louis, nulle image de femme ou d'ami n'avait passé dans ses rêves ; la retraite où il vivait, les rares plaisirs que lui permettait son sévère tuteur, un besoin d'épancher son âme de quinze ans et de parler à d'autres confidents qu'à ses maîtres, tout concourait à cet entraînement subit qu'éprouvait le jeune roi pour Manoël. Au dîner qui suivit la chasse il le fit asseoir auprès de lui et le présenta bientôt au duc de Bourbon, à M. de Richelieu, aux seigneurs et aux dames de la cour. Entièrement remis de sa frayeur, il avait presque oublié le cardinal, quand celui-ci l'avertit à l'oreille qu'il était temps de s'aller coucher; remplissant alors des fonctions aussi inexorablement sévères que le maréchal de Villeroy au feu de Saint-Jean et à ce fameux souper de l'Hôtel-de-Ville qui le précéda, souper dont Louis XV à huit ans se vit banni par l'ordre austère de son gouverneur. La facilité extrême du régent, sa bonne grâce, la manière dont il se mettait à la portée de Louis XV et l'*apprivoisait*, suivant l'expression de Saint-Simon, *toujours avec l'air du ministre sous le roi*, contrastait tellement avec cette façon brève du cardinal à dire les choses, que le premier mouvement du prince fut un dépit marqué, un air de révolte évident contre Fleury. Le repas, qui s'était prolongé fort avant dans la soirée, plaisait à Louis ; l'éclat de la collation, le bourdonnement parfumé de tous ces seigneurs, la toilette et la beauté des dames, les œillades, les propos voilés, faisait germer en lui un monde nouveau de pensées.

Depuis le maintien froid et réservé de madame la duchesse de Ventadour jusqu'aux grâces aimables de mesdames de Guiche, de Mailly et de Noailles, tout donnait matière aux réflexions du jeune monarque, réflexions qu'il ne se faisait faute de communiquer à celui qu'il nommait déjà son confident ; de son côté, Manoël tout en considérant ce couvert royal, étincelant du feu de mille bougies, semblait se complaire dans une autre vision ; il se reportait en idée à Madrid, et sous le beau ciel doré de l'Espagne il retrouvait un rêve, une influence magique. Placé non loin de lui, don Inigo ne perdait pas un seul de ses mouvements, lui seul avait le fil des pensées de son élève. Et c'eût été vraiment un spectacle étrange pour un philosophe que celui de ces deux disciples et de ces deux précepteurs, l'un, don Inigo, enfoncé jusqu'au cou dans la vie réelle et n'ayant peut-être ouvert d'autre livre de sa vie que le manuel de l'équitation et les romans de Quevedo; l'autre, un cardinal grave et sévère, ne donnant au roi qu'une éducation mesquine et rétrécie, comme si le pouvoir dût rester un jour à la pourpre et que l'enfant ne pût jamais devenir un homme.

Cependant Fleury attendait. Il s'était levé, et après avoir fait lui-même la révérence au jeune roi, il se disposait à le reconduire à sa chambre, car l'heure du coucher avait sonné. Louis XV se détermina enfin à l'obéissance : les princes et princesses qui avaient mangé à la table du roi se levèrent et l'accompagnèrent, suivant l'usage, jusqu'au seuil de l'appartement. Un huissier de la chambre marchait devant portant deux flambeaux de vermeil doré; à la porte il les donna aux pages de sa majesté. Le cardinal et le duc de Bourbon avaient seuls suivi le roi dans sa chambre.

Tout s'y trouvait préparé comme de coutume. Avant l'heure du coucher, un valet de la chambre avait déjà roulé près de la toilette le fauteuil du roi, sur lequel il avait étalé sa robe de chambre à fleurs d'argent, les mules et la chemisette à dentelles. Le barbier du roi avait préparé sur une table la toilette et les peignes. Un autre valet accommodait encore en dedans l'alcôve à la ruelle du lit, après avoir mis deux coussins à terre sur le parquet devant un fauteuil. C'était là que Louis XV devait venir faire sa prière.

Après avoir congédié le maître de la garde-robe, qui se tenait à la porte de la chambre, et entre les mains duquel il avait remis bien vite son chapeau, ses gants et sa canne, le jeune roi avait pris l'eau bénite au doigt même de son Éminence, et s'agenouillait déjà comme le matin sur les coussins préparés, quand toutes les approches d'un orage violent commencèrent à retentir au dehors.

— *Quæsumus, omnipotens Deus, ut famulus tuus Ludovicus rex noster...*

L'aumônier du roi achevait à peine cette oraison accoutumée du coucher, lorsque la fenêtre s'ouvrit avec fracas. Un vent fougueux éteignit le bougeoir qu'il tenait en main ainsi que les autres lumières de l'appartement. La frayeur subite du jeune prince lui fit chercher refuge dans les bras du cardinal, qui donna ordre aux garçons de la chambre d'allumer le mortier dans un coin de l'appartement; cette lumière brûlait toute la nuit (1).

Suivant l'usage observé, le grand-maître de la garde

---

(1) Le mortier était un petit vaisseau d'argent ou de cuivre ainsi nommé à cause de sa ressemblance à un mortier à piler; il était rempli d'eau, où surnageait un morceau de cire jaune, gros comme le poing, ayant un petit lumignon au milieu. Il brûlait la nuit durant, et l'eau où il surnageait faisait durcir ou geler la cire à l'entour. (*État de la France*, pag. 395, t. I.)

robe revint demander au roi l'habit qu'il voulait prendre pour le lendemain.

Le roi allait répondre quand le cardinal prit la parole :

— Sa Majesté, dit-il, partira demain au coup de huit heures. Le premier gentilhomme de la chambre en service est prévenu. A midi, tous les officiers de Sa Majesté l'attendront dans le pavillon du Louvre!

Le maître de la garde-robe sortit de nouveau ; la pluie qui tombait alors à torrents ruisselait sur les vitres de la chambre. Bientôt le cardinal demeura seul avec le jeune roi, à qui il montra un portrait de femme entouré de brillants, et sur lequel Louis XV tint ses regards attachés longtemps avec une indicible curiosité. Quand le cardinal fut parti après avoir éteint lui-même sa dernière bougie, Louis XV se leva, et tirant la miniature de dessous l'oreiller, il s'approcha du mortier à deux genoux pour considérer encore cette image. En dépit de tous ses efforts pour dormir, le sommeil fuyait ses paupières ; le souvenir du péril qu'il avait couru dans cette chasse, ramena bientôt aussi doucement devant lui l'image de Manoël. Quel était ce jeune homme, et qu'attendait-il de son séjour à la cour de France ?

III

La nuit du Portugais n'avait pas été meilleure que celle du roi, une agitation fiévreuse en avait occupé tous les instants. En traversant les galeries de Rambouillet pour se rendre à la chambre qu'il devait occuper avec Inigo, il n'avait pas remarqué sans frémir certains groupes de seigneurs causant d'une manière animée, l'inquiétude de son écuyer et les réponses évasives qu'il faisait à ses questions. Depuis son arrivée à Paris, Manoël avait à peine entrevu la cour, et dans ce tourbillon où chacun se précipite l'un sur l'autre avec fracas, où la circonspection, l'intérêt et le plaisir se coudoient comme à l'envie, il n'avait guère eu le temps de s'enquérir des nouvelles sérieuses et graves.

A part l'excitation de quelques soupers que don Inigo devait maudire parce qu'ils le faisaient coucher tard, et la dissipation naturelle qui attend toujours à Paris un nouveau venu, Manoël menait une vie dont lui seul avait le secret, malgré cette inquisition ordinaire de la police pour laquelle tout est de cristal. D'abord il ne parlait jamais ni de son pays ni de sa famille, assuré comme il semblait l'être à tout hasard de la protection secrète de son ambassadeur, auquel il rendait de fort exactes visites. Errant à plaisir dans cette vaste cité où tout se trouvait nouveau pour lui, il en regardait les monuments avec une dédaigneuse insouciance comme si rien n'eût dû l'intéresser dans ces pierres, ces portiques et ces colonnes ; passant tout d'un coup des secousses d'une gaîté folle à toute la langueur et la misère du chagrin. Ceux qui aiment sont faits ainsi : pour goûter l'air qu'ils respirent, le ciel qu'ils regardent, les murs qu'ils habitent, il faut qu'ils y recueillent l'émanation secrète de l'objet aimé.

Or, on a pu le voir déjà au début de ce récit, Manoël avait au cœur une passion d'autant plus triste qu'elle saignait encore de tous les coups que porte l'absence. Altier, impérieux autant par éducation que par caractère, il s'était résolu avec peine à renfermer cet amour sous la triple clé de son cœur, à n'en rien laisser voir, même à don Inigo, qu'il regardait plutôt comme un espion naturel que comme un maître indulgent et bon. L'événement de la veille, les honneurs et l'étonnement dont il avait été l'objet auraient bien remis quelque baume dans son esprit si la contenance embarrassée de son écuyer ne lui eût point fait craindre quelque fâcheuse nouvelle. En effet, au lieu de vouloir revenir à Paris avec tous les acteurs de cette chasse brillante, dont les chevaux piaffaient déjà dans la cour de Rambouillet, don Inigo parlait de demeurer au château pour une huitaine, disant qu'il se faisait fort d'obtenir cette faveur de son Éminence à l'aide de l'ambassadeur du Portugal.

— Que se prépare-t-il donc à Paris? avait demandé Manoël d'une voix tremblante.

— Rien qui nécessite votre présence et la mienne, mon cher élève; une simple présentation d'étiquette au pavillon du Louvre, voilà tout.

— Une présentation, et de qui?

— Je ne sais.

— Vous dites qu'elle a lieu à ce pavillon que vous ne m'avez jamais voulu laisser voir avant-hier? reprit le jeune homme.

— Les maçons, architectes et peintres, ne le quittent eux-mêmes que ce soir.

— Et qu'a donc le Louvre de si mystérieux que je ne puisse pénétrer? reprit impatiemment Manoël.

— Oh! rien de curieux, je vous jure, répondit Inigo en cherchant lui-même à donner à sa voix l'inflexion la plus indifférente; des peintures, des trumeaux, des meubles de laque... Ces Français auraient besoin de voir le palais de Villa-Viciosa pour comprendre l'art, les magnificences, le luxe!

— Ainsi, vous avez vu ce pavillon, don Inigo, vous qui me défendez de le voir! Eh bien! je le verrai, ce soir-même.

— Cela serait difficile, puisque nous restons au château de Rambouillet. Tenez, ajouta l'écuyer en apercevant un coureur du cardinal, voici la permission que j'attendais. Puis se tournant vers le messager après avoir décacheté la lettre:

— Remerciez pour moi son Éminence, lui dit-il, je

n'ai pas le temps de lui répondre, puisqu'il court déjà la poste; mais qu'il sache par vous, combien mon élève et moi... nous sommes pénétrés... heureux...

— Arrêtez, s'écria Manoël en retenant le courrier par sa jaquette à livrée, ceci est une comédie dont je ne puis être dupe. Don Inigo, ne croyez pas me claquemurer ici dans ce château royal qui pèserait sur ma tête comme la voûte d'une prison. Quoiqu'il arrive, je veux partir, je sens que vous me cachez un secret, mais je saurai bien le pénétrer sans le secours de personne.

— Y pensez-vous, Manoël, mon cher élève ? reprit Inigo, lorsque le cardinal vous cède ici droit de chasse, et à moi le droit de promenade et de la table pour remettre ma santé, vous m'abandonneriez, ingrat ! Encore un coup, il ne se passe rien à Paris que vous deviez connaître. Est-ce donc à nous à nous occuper des affaires du roi de France ? ajouta l'écuyer en cherchant lui-même à dégager le coureur de l'étreinte de Manoël.

Ému, interdit quelques instants, ce familier du cardinal commençait à reprendre tout son sang-froid.

— Peste! s'écria-t-il bientôt, comme vous avez le sang vif, mon jeune gentilhomme ! Vous parlez d'aller à Paris, mais avez-vous seulement un bidet de poste ! Le cardinal a fait prendre ce matin pour le service du roi tous ceux qui se trouvaient sur la route et aux alentours ! Dam ! quand il s'agit de la réception de la fiancée du roi, de l'infante d'Espagne, qui sera au Louvre à midi!

— La fiancée du roi, l'infante d'Espagne ! s'écria Manoël, dont les joues se couvrirent tout-à-coup d'une mortelle pâleur.

Il s'appuya d'une main sur le marbre de la cheminée, et parut un instant si près de défaillir, que don Inigo, eut peur et sonna.

— Cet homme ne sait ce qu'il dit, reprit le malheureux écuyer, qui voyait échapper ainsi d'un coup sa planche de salut : l'infante d'Espagne ne peut arriver encore, c'est une présentation de princesse étrangère, un cérémonial sans éclat auquel ni vous ni moi n'avons besoin de nous mêler.

Et don Inigo s'épuisait en signes que le coureur ne comprenait pas. Cependant les gens de service étaient accourus au coup de sonnette de l'écuyer ; en voyant Manoël dans un si misérable état, ils voulurent lui porter secours, mais il les repoussa, et tirant de sa basque une bourse qu'il jeta sur le parquet :

— Je pars, leur dit-il, mais prenez-y garde et que nul ne cherche à me suivre ! — Ta veste, dit-il au coureur, tes bottes et ton fouet !

Et en un clin-d'œil Manoël s'était dépouillé de son habit, il avait saisi le fouet du coureur, et le brandissait comme une arme entre ses mains. Il ne vint pas même aux valets du château l'idée de s'opposer à sa fuite, tant l'émotion de la surprise et de la terreur les enchaînait. Pâle, abattu, foudroyé, don Inigo tendait vainement vers le jeune homme des mains glacées par l'angoisse... Manoël se jeta sur le cheval du coureur qui comptait encore avidement ses quinze louis quand il franchit la grille de la cour d'honneur.

— A la bonne heure, dit-il en le montrant aux laquais, voilà un seigneur qui n'est pas fier! Il me laisse un habit de chasse en remplacement de ma jaquette.

Puis en le voyant caracoler par l'avenue, il ajouta en se retournant vers Inigo :

— Ma fine, monsieur l'écuyer, cet élève vous fait honneur. Il monte à cheval aussi bien que le duc de Guiche et moi!

Quand le cheval et celui qui le montait ne furent plus qu'un point à l'horizon, Inigo se trouva dans un tel état d'accablement qu'il hésitait à prendre lui-même une résolution. Suivre son élève lui semblait le seul parti ; mais où trouver un moyen de transport? Ceux qui l'entouraient n'en connaissaient vraiment d'autre que le coche public. Ce fut avec une vive répugnance qu'Inigo se résolut à cette dernière tentative; il partit après avoir enveloppé soigneusement dans son mouchoir le pied du cerf, ce cadeau royal que Manoël avait oublié dans sa fureur. A la nuit tombante seulement le pauvre écuyer arriva dans ce Paris qu'il maudissait, brisé de fatigue, écrasé entre deux énormes marchands de chevaux qui n'avaient pas cessé de se plaindre de lui dans le coche. Il respira bientôt plus librement en apercevant l'image du grand saint Jacques dansant à la flèche de son hôtel, dont il lui tardait de franchir les marches. Arrivé dans l'appartement, il n'y trouva point Manoël, mais en revanche deux mots écrits à la hâte, deux mots qui lui glacèrent le sang dans les veines et firent dresser sur son front les rares cheveux qui y végétaient.

« Ne me cherchez pas, écrivait Manoël; n'espérez plus me voir, don Inigo; je suis désormais perdu pour vous et le monde; le ciel qui vient de se déclarer contre moi m'indique assez lui-même le parti que je dois suivre. Dès ce soir, les flots de la Seine... »

— Courons, volons après lui, s'écria l'écuyer sans songer que ses jambes lui refuseraient ce service, Manoël, cher Manoël, que dira son père, grand Dieu? Et c'est moi, moi, qui ce matin, en voulant l'abuser, lui mentir... Vite, vite, un carrosse, un carrosse, un cheval, le dos d'un laquais, tout ce qui pourra me porter enfin... Je veux aller chez l'ambassadeur de Portugal... Non... chez le lieutenant civil, cela est plus sûr. Quelqu'un, quelqu'un, par pitié!

Les cris du malheureux vieillard ne tardèrent pas à être entendus de l'hôtelier : il monta avec quelques-uns de ses valets dans la chambre d'Inigo, dont le désespoir tenait presque en ce moment de la folie. Il les regarda quelques secondes d'un air hébété, ne pouvant plus trouver une parole, sa langue demeurait collée à son palais, et il agitait vainement ses bras comme s'il fût demeuré sous le poids du cauchemar.

A la fin cependant il franchit le seuil de la chambre, soutenu par deux valets auxquels le patron de l'hôtel donna ordre de ne point le lâcher. C'était pitié de voir son désordre et son angoisse. Arrivé devant les parapets qui bordent la Seine, il promena quelque temps sa vue sur le fleuve dont rien ne troublait alors le silence. Les ombres l'avaient envahi peu à peu, et comme il n'y avait pas de lune, l'imagination de don Inigo n'eut pas de peine à le transformer en un vaste linceul noir. Du sein de ces ondes tranquilles et sombres, il s'attendait à voir surgir d'un moment à l'autre la tête fatale qu'il cherchait; et malgré la ténacité de son regard aucune forme ne se dessinait alors devant lui. Les valets de l'hôtel surveillaient ses mouvements avec autant de circonspection que s'il eût dû lui-même attenter à ses jours en se précipitant dans la rivière. Cette anxiété mortelle de don Inigo se vit à peine dissipée par le prompt retour de l'hôte, qui lui assura n'avoir trouvé à la lieutenance civile aucun rapport qui pût faire croire à l'événement qu'il redoutait. On avait même vu, ajouta l'hôte, Manoël s'éloigner d'un pas tranquille après avoir fait un léger repas à l'image du Grand-Saint-Jacques. Les jeunes gens, ajoutait l'hôte, ressemblent assez, en pareil cas, aux maîtresses; il suffit souvent qu'elles vous préviennent de leur absence pour qu'on les voie revenir.

A demi rassuré par la tranquillité de cet homme, l'écuyer froissait entre ses doigts le billet de Manoël avec le tremblement de l'inquiétude et de la peur; il affecta cependant de la tranquillité et fit signe aux témoins de cette scène de le laisser seul. L'hôtelier se retira non sans jeter sur le malheureux écuyer un regard de défiance en ses forces. Inigo s'était assis sur un banc placé au-dessous de la grille qui longeait le jardin du pavillon du Louvre. Le parfum de ces parterres si récemment dessinés et encombrés des arbustes les plus rares, communiqua bientôt à ses sens un calme auquel il était loin de s'attendre ; le son rapproché de plusieurs instruments le força même à se retourner peu à peu. Les fenêtres du pavillon lui parurent alors éclairées d'une multitude de girandoles et de bougies qu'on venait d'y allumer sans doute depuis peu de temps ; derrière ces vitres se dessinaient plusieurs silhouettes agiles. Ce n'était point un bal, mais plutôt un concert de voix argentines et frêles, car les exécutants semblaient être des femmes. En montant sur le banc pour mieux examiner ce spectacle, l'écuyer ne tarda pas à voir s'éteindre peu à peu cette rayonnante fantasmagorie, il ne resta guère que deux voix qui cherchaient vainement à se marier, l'une jeune et faible, pleine d'agilité et de souplesse, l'autre aussi criarde et aussi fêlée que la cloche d'un couvent.

L'attention d'Inigo fut vivement excitée par l'idiome même de la romance ; c'était une de ces sirventes d'Espagne que l'on ne chante guère qu'en ce pays et dont le mode plus que les paroles constitue le mérite. La voix chevrotante qui avait roucoulé ces stances pendant qu'une main exercée les accompagnait sur une épinette, était connue sans doute de don Inigo, car elle lui causa un trouble involontaire. Suspendu aux barreaux de la grille du Louvre, il aspirait encore ces sons du pays, quand la fenêtre à laquelle se passait cette scène s'ouvrit et laissa voir à l'écuyer une apparition qui eut le pouvoir de suspendre un instant ses douleurs. C'était, autant qu'Inigo pût en juger de l'endroit où il se trouvait, une figure de dame espagnole qui tenait sans doute à prendre après le concert le frais du soir et des jardins en s'appuyant à cette fenêtre.

Comme la nuit était fort obscure, cette forme humaine ne se trouvait éclairée que par les lumières de l'appartement, qui étaient devenues assez rares. La dame en question semblait entièrement vêtue de noir, et à l'exception de quelques canetilles d'argent au bas de son corsage et de ses manches, rien sur sa personne n'égayait la sévérité de ce costume. Son cou, maigre et sec, ressortait d'une longue fraise ou *golilla*, assez pareille à celle des veuves ou des religieuses d'Espagne, pour la découpure raide et les glands de velours noir (1). Elle tenait encore à la main le cahier de musique dont elle venait de chanter les airs d'une si déplorable façon, malgré les avertissements de l'épinette qui lui conseillait la mesure. Don Inigo eut tout le loisir de l'observer se bourrant de toutes sortes de pâtisseries et de rafraîchissements à cette fenêtre, comme pour se récompenser elle-même d'avoir mal chanté.

---

(1) Ces fraises furent inventées pour cacher les goîtres auxquels les Espagnols sont très-sujets.

A cette goinfrerie candide, plus encore qu'à sa voix fausse, l'écuyer n'eut pas de peine à reconnaître la camerera-mayor de l'infante, la duquèsa Barbara de Rocca Negra, noms merveilleusement doux et appropriés, comme on le verra plus tard, au caractère de cette agréable personne. L'honnête Inigo avait ses raisons pour se souvenir de cette duquèsa.

Quant à la dame, qui était loin de soupçonner sa présence en cet endroit, après s'être livrée ainsi sans réserve au péché de gourmandise, elle ne tarda pas à s'appuyer au bras de deux *senoras de honor* qui la reconduisirent sans doute en son appartement après avoir fermé la fenêtre. C'était l'heure du coucher, et don Inigo remarqua que lorsque toutes les autres lumières furent éteintes, il en resta une qui continua de briller sous les combles du château, dans le corps de logis affecté à la suite de l'infante. Cette étoile vacillante le fit souvenir de sa fenêtre à Lisbonne, alors qu'il avait vingt ans, et que, ne pouvant dormir, il composait des sonates pour sa belle ; car Inigo se piquait d'être aussi bon musicien qu'il était mauvais gouverneur. Tout à coup il fut témoin d'un manége fort curieux et qui l'étonna plus encore que l'apparition de la camerera-mayor. Sur une planche étroite formant l'appui extérieur de cette fenêtre, les deux mains d'un homme habitué sans doute à ce jeu, essayaient les fils d'une poupée devant un unique spectateur qui se tenait les bras croisés dans le plus profond silence. La poupée,

5.

dont le mécanisme semblait très-ingénieusement combiné, exécutait les gestes et les pas que lui prescrivait le fil conducteur; elle fut bientôt remplacée entre les doigts du personnage par deux ou trois autres qu'il fit mouvoir également devant celui à qui il donnait ainsi la comédie des marionnettes. Ce singulier passetemps dura encore quelques secondes, jusqu'à ce que l'horloge du Louvre ayant sonné minuit, l'obscurité la plus complète succédât dans la mansarde à cette rapide vision.

— Voilà un burlesque divertissement, pensa Inigo; le jeu de la poupée aurait-il donc gagné toute la cour et la maison de Marie-Anne-Victoire? Pour la princesse, rien de mieux; elle est dans l'âge des marionnettes et des cocottes; le personnage qui faisait mouvoir les fils m'a paru vieux; ce doit être le poupetier de l'infante.

Inigo reprit tristement le chemin de son hôtel, faisant en lui-même vingt prières à Notre-Dame-d'Atocha pour qu'il lui plût de ramener au gîte son coupable élève. Le cœur lui battit en apercevant à sa porte une chaise avec deux laquais galonnés, lesquels dormaient d'ivresse ou de fatigue sur les bâtons. Il ne s'arrêta point à les réveiller, et franchissant avec effort les quinze degrés qui le séparaient de sa chambre, il ne fut pas médiocrement surpris d'y trouver l'ambassadeur de Portugal qui s'y était établi, et cachetait plusieurs lettres à son bureau. Dès qu'il aperçut Inigo, l'ambassadeur se leva; il était pâle, aussi alarmé que l'écuyer, et attendit que celui-ci l'interrogeât.

— Manoël, s'écria ce dernier, Manoël, où est-il? Avez-vous mis sur pied les limiers de votre police? Malheureux jour! fatale arrivée! Que dira la cour de Portugal, monseigneur, qu'allons-nous devenir? Ah! j'eusse mieux fait de me noyer tout à l'heure. Un jeune homme à qui je prêchais vainement chaque soir l'oubli, la patience et la sagesse! Tenez, voilà encore ses livres, sa couchette et ses fleurets. Je puis dire que je l'avais formé avec autant de soin que j'en aurais eu de mon fils! Où peut-il se cacher, bon Dieu!

L'ambassadeur sourit, il venait de prendre un des livres accoutumés de Manoël; c'était l'*Art d'aimer* d'Ovide. Il le remit tout ouvert au professeur.

— Que le diable emporte les poëtes! murmura don Inigo, ils semblent prendre à tâche de nous pervertir nos élèves! Avez-vous du moins fait courir sur toutes les routes? L'affaire en vaut la peine, excellence, et il n'y a que nous deux qui sachions le prix du fugitif.

En voyant le calme de l'ambassadeur devant toutes ces questions qui débordaient de ses lèvres, l'écuyer finit par comprendre qu'il en savait peut-être plus sur ce sujet qu'il ne voulait lui en dire. La contenance du chevalier d'Araüjo le rassura.

— Pourvu du moins qu'il n'ait point fait quelque malheur avec son caractère romanesque! Mais en vérité il y a des instants où, comme Jean-Baptiste l'apôtre, je suis tenté d'aller demeurer au désert!

Ayant terminé le chapelet de ses lamentations, don

Inigo s'était assis sur sa chaise en tenant sa tête entre ses mains. Mille idées confuses passaient et repassaient devant lui comme autant de fantômes ligués contre son repos. Le chevalier en eut pitié, car il redoutait la faiblesse du vieillard, il craignait que le chagrin ne le portât à quelque violente extrémité.

— Rassurez-vous, reprit-il en prenant congé de l'écuyer, notre élève ne peut manquer de vous revenir. Bon courage, don Inigo, je ne m'endors pas, croyez-le, et j'espère qu'avant peu...

Inigo releva le front en poussant toutefois un long soupir.

— Vous m'en répondez, reprit-il, vous m'en répondez? Je lis dans vos yeux qu'il y a encore de l'espoir. Mais pourquoi vous cacher de moi ; pourquoi me craindre? Hélas! je ne suis plus qu'un roseau fragile, et sans la promesse sacrée que j'ai faite au roi mon maître d'éteindre cet incendie dans l'âme de mon élève... Cette infante l'a ensorcelé, je le crains. Une petite fille dont le père d'Aubenton, confesseur du roi, m'écrit qu'elle n'aime que le volant et les confitures! Mais j'ai mon projet, s'il a le sien.

Le chevalier d'Araüjo entendit à peine ces dernières paroles, car il venait de remonter dans sa chaise. Inigo le suivit quelque temps des yeux ; puis, accablé de fatigue, il se jeta sur son lit et s'endormit, rêvant encore au grand projet qu'il se proposait d'exécuter dès le lendemain à son lever.

IV

Le projet d'Inigo était de profiter de ses anciennes relations avec la camerera-mayor, dans la mémoire de laquelle il se flattait d'occuper encore une place. Il l'avertirait de la fatale passion de Manoël pour l'infante, et prendrait avec cette duègne des mesures efficaces pour empêcher son élève d'arriver jamais jusqu'à la fiancée actuelle du roi. Agrafé dès le matin dans son frac le plus superbe, brossé, poudré, rajeuni, don Inigo se présenta donc aux portes du Louvre. Les ordres du cardinal étaient absolus, et la surveillance la plus rigide était établie aux abords et dans l'intérieur du palais. Ce pavillon, construit exprès pour recevoir l'infante, se trouvait cerné ce matin-là par une multitude de curieux qu'écartait la hallebarde des suisses, quand la duchesse de Ventadour arriva bruyamment dans son vis-à-vis, toute orgueilleuse d'avoir été nommée gouvernante française de la jeune fille de Philippe V. Don Inigo venait de son côté de franchir le grand escalier; il trouva dans le second salon l'introducteur des ambassadeurs qui lui demanda son nom et ses titres.

— Je veux parler, dit-il, à la duquèsa de Rocca-Negra, camerera-mayor.

Ces paroles prononcées d'un ton ferme, en portugais,

firent bon effet sur le marquis de Santa-Cruz, majordome major de l'infante, seigneur astucieux et composé qui savait son monde. Il jugea, aux ordres que portait don Inigo de Cardenas et particulièrement à celui de la Conception, que ce devait être quelque gentilhomme au fait des usages de Madrid, et qui avait sans doute de graves communications à faire à la camerera. Il donna ordre à un massier de conduire don Inigo jusqu'à l'appartement portant le chiffre C. Fleury avait enjoint à madame de Ventadour ce numérotage général des chambres pour éviter la confusion et ne pas faire du Louvre une véritable Babel, car l'infante avait amené une partie de sa maison avec elle.

La camerera-mayor achevait en ce moment son chocolat. Elle se tenait raide, épinglée, la taille dans un étui de soie dont chaque pli semblait devoir craquer, le col renversé en arrière avec une incomparable fierté, sa serviette nouée avec soin sous un triple menton. La couleur rubiconde du nez de cette duquèsa un peu mûre prouvait assez qu'elle faisait usage du vin de Xérès et de la Manche, comme sa lèvre velue indiquait qu'elle s'était vue forcée de renoncer pendant le voyage à l'usage commode des *Velleras* (1). Un pied de rouge végétal était disposé sur ses joues, et le tintement désagréable de ses pendeloques d'argent rappelait les mules d'Andalousie. L'écuyer ne s'arrêta pas à l'examen de

---

(1) Femmes dont le métier est d'épiler.

sa personne, et en entrant il l'appela tout simplement du nom harmonieux de Barbara.

— Barbara ! chère et incomparable amie ! s'écria-t-il.

— Qu'est-ce à dire, Senor? répondit celle-ci avec hauteur; je vous trouve bien osé.

— D'être venu sans me faire annoncer, interrompit don Inigo. Ma chère Barbara, mon étoile, ma lune, ma planète, ce n'est pas la première fois que je suis entré de la sorte chez vous. Souvenez-vous de Madrid et de cette fameuse échelle de cordes...

— Quoi ! c'est le senor don Inigo ! Il vit encore ! s'écria une voix flûtée, celle d'une petite Moresse, de Mariquita, première caménste de la duchesse. Elle venait de quitter un pliant près de la fenêtre, dont le rideau la cachait à demi.

— Silence, Mariquita, reprit aigrement la duquèsa, vous êtes une sotte ! Emportez ce plateau, et prévenez-moi quand Son Altesse sera levée.

Mariquita sortit.

— Que voulez-vous de moi ? dit alors la camerera-mayor à don Inigo d'une voix brève.

— Vous mettre à l'abri d'un séducteur pour votre infante, Senora ! J'ai... c'est-à-dire j'avais un élève charmant, un jeune homme aussi épris de votre princesse que je l'étais de vous en 1700... Il est très probable que s'il n'est point mort, il lui écrira, lui fera parler ou lui parlera lui-même. Que sais-je ? Vous n'étiez pas avec elle, il y a trois ans, à la procession du

Corpus Domini, mais moi j'y étais. Eh bien! vous devez savoir en votre qualité d'Espagnole qu'à cette procession il est d'usage d'habiller une multitude de jeunes garçons et de petites filles en *angelos*...

— Certainement, et moi-même dans le temps... Mais où voulez-vous en venir ?

— Que pour complaire à mon cher Manoël (il se nomme Manoël, ce cher ami!) j'avais moi-même présidé ce jour-là à sa toilette. C'était une idée de mon confesseur, que voulez-vous! Il espérait peut-être le sanctifier. Je l'avais donc habillé très-richement avec tout l'attirail d'un séraphin : de longues boucles de cheveux, beaucoup de panaches blancs et des ailes de carton recouvertes en satin. Il était aussi gentil qu'un chérubin du bon Dieu! Par malheur je lui avais rempli ses poches de bonbons, et il en mangeait avec ferveur lorsque tout à coup... Mais aussi pourquoi preniez-vous médecine ce jour-là et n'étiez-vous pas avec votre infante? Sur le pont, voilà que le carrosse de la princesse reçoit un choc subit; le bouquet de fleurs qu'elle tenait tombe dans l'eau du Mançanarès.

— Une belle perte!

— Je le crois bien, c'était un bouquet bénit.

Là-dessus, et sans que j'aie le temps de l'arrêter, mon élève se jette dans le fleuve, ressaisit le bouquet, et revient les ailes toutes mouillées le présenter à la portière du carrosse.

— Infraction des plus graves à l'étiquette! On m'a

conté cela, don Inigo ; c'était à moi seule que revenait le droit...

— L'honneur de vous jeter à l'eau, n'est-ce pas? Vous en parlez à votre aise ! Et d'ailleurs, vous preniez médecine ce jour-là. Pour en revenir à mon pauvre Manoël, vos soldats du regidor qui sont bien les plus grands butors que j'aie vus, se précipitent, malgré mes cris, sur mon élève, le maltraitent, le blessent même, tout cela pendant que l'infante élève ses yeux au ciel, tord ses petites mains, et dit en lui envoyant un baiser: « Pauvre jeune homme ! » C'est ce mot-là qui a tourné la tête à mon élève, d'autant mieux que votre infante le regardait en disant cela... comme je vous regardais, tenez, à ce bal du duc del Arco, il y a quelques vingt ans, lorsque vous dansiez le *bolero*. Je n'étais pas encore tombé pour vous du haut d'une échelle dont votre mari trouva plaisant d'abréger les derniers échelons de corde, imagination de jaloux qui a singulièrement compromis ma santé.

— Votre élève m'inquiète fort peu, reprit la camerera, voulant couper court aux souvenirs amoureux de son ancien *cortejo*. Ne m'avez-vous pas dit à Madrid que c'était le fils d'un gentilhomme portugais mort au Brésil?

— Cela est vrai, répondit l'écuyer avec un sourire contraint. Son père me l'a confié en se séparant de lui avec chagrin.

— Et qu'en avez-vous fait?

— Je l'ai perdu depuis hier; perdu, ma chère Bar-

bara ! Or, vous comprenez que si mon élève allait se
faufiler au Louvre, pénétrer jusque chez l'infante,
cela ferait un horrible scandale, et qu'il ne resterait
plus qu'à me laisser pendre en effigie !

— Rassurez-vous, don Inigo : l'œil de la camerera-
mayor veille ici ; l'appartement de l'infante, celui de
ses femmes et des officiers de service, tout se trouve
sous ma juridiction. Les gens attachés à sa suite sont
tous Espagnols, d'ailleurs à l'exception du vieux
Suarez, le mécanicien de la princesse, un Portugais
qu'elle a créé son *bonecreiro*, son *poupetier*. Mais le
digne homme est muet ; il n'y a donc pas de danger...

La conversation de la camerera-mayor et d'Inigo fut
interrompue ici par l'entrée subite de madame la duchesse de Ventadour qu'accompagnait madame de Soubise, toutes deux fort effarouchées de n'avoir pu encore
être introduites chez l'infante. La duchesse de Rocca-
Negra ne manqua pas d'objecter avec morgue que l'infante reposait encore sans doute, mais ces dames lui
répondirent qu'elle était au contraire bien et dûment
renfermée à clé, et qu'elle causait même familièrement
avec quelqu'un.

— Que veut dire ceci ? murmura la camerera-mayor
en se dirigeant vers la porte.

Mesdames de Ventadour et de Soubise la suivirent,
et toutes trois parvinrent bientôt jusqu'à l'appartement de la princesse. La duquèsa se mit en devoir de
gratter à la tapisserie ; elle toussa, frappa du pied et
n'obtint aucune réponse. Pour Inigo, il avait pris le

parti de courir de nouveau chez l'ambassadeur de Portugal à la recherche de son fugitif élève.

Après quelques instants toutefois, la Moresse vint ouvrir et introduisit ces dames. Elles trouvèrent l'infante assise sur une pile de carreaux à grosses houppes, entourée de plusieurs jouets d'enfants que Suarez rangeait dans le cabinet voisin. Marie-Anne-Victoire était en simple jupe noire, ses cheveux étaient frisés suivant la mode espagnole et nattés de vingt rubans, et ses petits pieds remplissaient à peine ses mules à paillettes. Sans de magnifiques boucles en diamants qui lui pendaient des deux côtés des oreilles, on n'eût pas cru que c'était là une fille de prince. Un immense rosaire auquel étaient enfilées plusieurs images de saints, des jetons et des petites plaques d'argent, reposait au côté droit de sa ceinture. Sa physionomie portait la double empreinte de l'enfantillage et de la bonté. L'usage immodéré des *dulces* ou sucreries, altérait légèrement l'émail de ses dents, mais elle avait les lèvres d'une fraîcheur telle qu'on eut pu les comparer à une grenade coupée.

A la vue de ces dames, l'infante se leva et s'excusa auprès d'elles.

— La présentation d'hier et surtout le concert qui l'a suivi m'ont fatiguée, dit-elle, et par forme de délassement, je faisais causer Mariquita, ma Moresse, avec mes poupées. Voulez-vous les voir, mesdames? elles viennent de mon pays.

Madame de Ventadour sourit et regarda madame de

Soubise. Suarez, qui avait fini son office, sortit en ce moment par une autre porte. La camerera-mayor demanda à l'infante pourquoi elle n'était pas encore habillée.

— Une fille de Charles-Quint, une princesse comme vous en simple jupe de toile ! causant avec un vieux fou et sa Moresse ! Ne voilà-t-il pas une matinée bien réglée ? Allons, Mariquita, réparez le désordre de cette chambre et sonnez les femmes de Son Altesse pour la toilette.

— Encore celle d'hier, dit tristement Marie-Anne-Victoire en voyant ses femmes développer plusieurs étoffes, une toilette d'Espagne que le roi a vue déjà !

— Et dans laquelle il vous a trouvée ravissante, dit madame de Ventadour.

— Comme il est transporté de votre belle voix, ajouta madame de Soubise. Par exemple, pour la personne que nous avons entendue de notre carrosse chanter après notre départ à la fenêtre de ce pavillon, elle est loin d'avoir la voix aussi juste que celle de Son Altesse.

— Cette personne, c'est moi, s'écria la camerera d'un ton piqué ; il paraît que ma voix n'a pas le pouvoir de plaire à ces dames. Vous venez annoncer à Son Altesse la visite de Sa Majesté, continua-t-elle. Je dois vous prévenir que l'heure du rosaire abrégera peut-être cette visite.

— Les usages de Son Altesse seront les nôtres, répondit madame de Ventadour en déguisant mal son humeur, mais vous nous permettrez bien de satisfaire un vœu de Sa Majesté : il désire voir Son Altesse habillée à la française...

— A la française ! avec de la poudre comme vous, Madame ? Quel bonheur ! quelle joie ! Sa Majesté n'a fait que prévenir mon désir. Je trouvais vos duchesses et vos marquises si jolies, hier comme cela !

— A la française ! s'écria la camerera-mayor, une fille de Charles-Quint à la française ? le mariage est-il donc déjà consommé, Mesdames ? d'ailleurs Son Altesse ne trouverait aucun habit à sa taille.

— Que pense Son Altesse de celui-ci ? dit madame de Ventadour en donnant l'ordre à un valet de sa livrée qui se tenait à la porte, d'avancer et de développer un paquet.

— Qu'il est charmant ! s'écria l'infante. Voyez donc, duquèsa, cette robe à bouquets et ce corsage à colibris d'or ! C'est une robe de fée. Oh ! que le roi de France est gentil !

— Elle est de mon choix, reprit en se rengorgeant madame de Ventadour, et de la bonne faiseuse, de la Duchapt. Maintenant, princesse, il vous faut des mouches et de la poudre.

— Des mouches, de la poudre ! que tout cela est donc amusant ! Vite, vite, que l'on m'habille !

Mariquita étendit un ample paravent de laque autour de la toilette : l'infante, en un clin d'œil, fit voler loin d'elle sa basquine, sa jupe et ses mules. Dans sa pétulance enfantine, elle eût voulu se voir métamor-

phosée en Française d'un coup de baguette. Peu à peu
entrèrent les coiffeuses et les pomponières de la cour ;
les femmes de l'infante ne les virent pas sans étonnement jaloux l'accommoder à la mode du siècle enru-
banné de Louis XV. Elle était venue Castillanne, et elles
en faisaient une bergère. Cette transformation allait,
du reste, merveilleusement à ce jeune visage ; les
épaules de l'infante, une fois dégagées de leur noir et
sévère corsage, développèrent librement leur galbe
délicat. La vivacité de ses beaux yeux noirs reçut un
nouvel éclat de la poudre, cette neige aérienne qui
embellissait jusqu'aux douairières. Elle était peut-être
un peu trop brune, mais il y avait dans tout le jeu de
sa figure quelque chose de si neuf et de si piquant que
mesdames de Soubise et de Ventadour se regardèrent
entre elles comme deux peintres consommés qui s'ap-
plaudiraient mutuellement de leur œuvre. Pour la
camerera, lorsque l'infante s'approcha d'elle pour lui
demander un compliment, elle détourna la tête en lui
montrant la pendule.

Établie dans une duchesse de satin bleu, l'infante
ainsi parée, avec sa Moresse à ses pieds, sur un coussin, formait un délicieux tableau. Sur la cheminée était
une raquette et un volant, des castagnettes et un livre
d'heures. L'appartement, spacieux et haut, était décoré d'une foule d'emblèmes ; les chiffres L. et M., ceux
du roi et de l'infante, entrelacés sur les portes et les
voussures du plafond, correspondaient à des colombes
amoureusement posées et se becquetant dans les nues.

Un lustre en cristal de roche conservait encore les cent bougies de la veille. Plusieurs guéridons en bois de rose avec des tablettes en mosaïque ou en albâtre fleuri, des vases du Japon, des sujets de Clodion en terre cuite et des candélabres en rocaille complétaient l'ameublement. Par une délicatesse princière, le cardinal avait donné ordre à Klepstow, habile joaillier, de monter une couronne en pierreries fines, belle et légère s'il en fût, qui se trouvait posée sur la toilette. Tout à coup un bruit de carrosse retentit sous la voûte, et bientôt après Louis entra dans l'appartement.

Le jeune roi était escorté de l'un de ses sous-gouverneurs et précédé de son confesseur, le père Linière. Sur un signe de celui-ci, tout le monde sortit et se tint dans la pièce qui précédait la chambre à coucher; la Moresse resta seule aux pieds de l'infante. Cette brusque arrivée du roi de France, qui entra sans se faire annoncer, décontenança la camerera-mayor. Elle espérait être présente à l'entrevue, mais le père Linière l'avertit que madame de Prie lui faisait demander audience dans sa chambre. Ce mot d'audience la flatta, et elle s'y rendit aussitôt.

Le roi, dont le visage rayonnait de joie, ce jour-là, se confondit d'abord en compliments sur le concert improvisé de la veille; puis il se récria en voyant la toilette de la jeune princesse :

— Déjà Française! mademoiselle; oh! vous n'avez pas perdu de temps!

Il la prit par la main et la conduisit jusqu'à son miroir.

— Voilà un visage qui eût mieux plaidé que moi en ma faveur auprès de monsieur le cardinal de Fleury. J'ai eu toutes les peines du monde à lui échapper. Il me faisait répéter un sermon ; et jugez quel sermon ! l'un des siens. J'aime bien mieux ceux de Massillon.

— Vous avez donc bien peur du cardinal ?

— Oh ! pour cela, oui, et quand vous le connaitrez...

— C'est comme moi de la camerera ; un méchante femme qui a des sourcils en peau de taupe, et n'a de repos qu'après m'avoir tourmentée. C'est ma bête noire !

— Et le cardinal ma bête rouge ! Il me fait dessiner par jour quatre à cinq arbres généalogiques et le cours des principaux fleuves de l'Europe ; comme c'est amusant ! Il ne voulait pas d'abord que je vous visse aujourd'hui. « Demain, disait-il, à la messe de Saint-Germain-l'Auxerrois ! » Moi, je lui ai répondu que c'était le plus sûr moyen de me faire faire un péché, car j'aurais eu tant de distractions !... C'est surprenant, ajouta Louis après une pause, comme cette toilette vous sied !

— Je ne vous déplais donc pas ainsi ?

— Vous m'enchantez ! Je ne sais pas un mot d'espagnol, grâce à mon gouverneur ; mais en vous écoutant chanter hier, je me suis bien promis de l'apprendre. Vous serez mon institutrice, n'est-ce pas ?

— A charge de revanche, si Votre Majesté veut le

permettre. Ciel! que votre Louvre est coquet! A l'Escurial il n'y a rien de ces belles porcelaines, rien de ces glaces! Vous avez fait placer le portrait du roi d'Espagne et celui de la reine dans mon alcôve; je dormirai donc en famille, sous leurs yeux, et je leur dirai bonjour tous les matins!

— Vous êtes plus heureuse que moi, reprit tristement Louis, vous avez encore vos parents.

— Mon père est sévère, mais il m'aime; pour la reine, elle me parlait souvent de vous. J'avais vu de vos portraits, mais les peintres de France sont de bien mauvais courtisans; ils ne flattent pas. Vous êtes bien mieux! Ah çà, puisque nous voilà mari et femme, je vous demanderai une grâce pour mon avènement à la couronne... c'est de garder près de moi cette jolie petite Moresse, ma bonne Mariquita. Elle m'est dévouée, celle-là, et déteste la duquèsa de Rocca-Negra. C'est mon contre-poison. Et puis elle danse admirablement le fandango; elle joue au volant aussi bien que moi, Votre Majesté aime-t-elle le volant?

— Avec fureur, dit Louis en prenant une raquette.

— Oh! nous y jouerons ce soir au jardin, reprit l'infante. Ici j'aurais peur de casser quelques belles tasses. Que nous serons heureux, mon petit mari! reprit la capricieuse enfant en touchant de ses jolis doigts effilés l'ordre du Saint-Esprit que portait le jeune roi. Moi, d'abord, je mets la camerera à la retraite. En ferez-vous autant de votre cardinal?

— Cela vous regarde, reprit Louis, dont le caractère faible se faisait jour déjà aux yeux de l'infante.

— Allons donc vous êtes roi, roi de France! Mon Dieu! que cela est beau! Je n'ai retenu qu'un trait de votre histoire, celui de votre aïeul Louis XIV entrant éperonné au parlement.

— Louis XIV! murmura l'élève de Fleury, avec un soupir, il était roi de bonne heure, celui-là!

— Qu'avez-vous donc, Sire? Vous aurais-je déplu? Tenez, pour vous distraire, il faut que vous fassiez connaissance avec mes poupées. C'est sur elles que je me venge des méchancetés de la camerera. D'abord, je puis la mettre en pénitence à mon tour.

— Comment cela?

— C'est mon secret. Imaginez, reprit-elle mystérieusement et en plaçant sur sa bouche son joli petit doigt, imaginez que j'ai là... dans ce cabinet... une poupée... Oh! mais une poupée qui lui ressemble comme deux gouttes de lait! c'est le vieux Suarez qui me l'a faite... Elle est laide, revêche!...

— Montrez-la-moi, s'écria le jeune prince. Vous la battez, je gage, avouez-le.

— Certainement! les jours où cette vilaine duchesse m'a fait souffrir. Je la bats même très-souvent! Mariquita, ouvre la caisse des poupées dans le cabinet, et prends-moi le numéro 1, la camerera-mayor.

— La voici, dit Mariquita en apportant une marionnette de bois assez longue, le nez haut en couleur, les bras pendants; elle était vêtue du même costume que la duchesse de Rocca-Negra et faisait honneur par ses moindres détails, au mécanicien qui l'avait faite.

Après que l'infante l'eût placée entre ses genoux :

— Ne vous étonnez pas, dit-elle, de lui voir le menton un peu éraillé : ce sont les cahots de la voiture. Pendant le voyage, elle s'est encore assez bien comportée, mais depuis qu'elle est ici... Figurez-vous, Sire, poursuivit-elle en agitant successivement chaque fil de la poupée, figurez-vous que c'est un enfer pour elle que ce beau pays de France ! « On y fait très-mal le chocolat; on n'y a ni grenades ni ananas; on n'y respecte pas la camerera-mayor comme à Madrid ! » Que sais-je, moi ? Et puis elle ne me laisse pas libre un seul instant, continua l'infante en imitant la voix et le ton de la gouvernante. « Altesse, ne vous mettez pas à la fenêtre, c'est contre l'étiquette. Altesse, ne mangez pas de tel plat, il vous fera mal. Altesse, ne jouez pas au volant, aux cartes ! L'étiquette, Altesse, l'étiquette ! » Mais hier elle a fait bien pis ! Imaginez qu'en me déshabillant le soir, voilà Mariquita qui se met à pleurer. « Qu'as-tu donc, Mariquita ? — Oh ! rien, rien, ma bonne maîtresse ; seulement, je n'ai pas mangé de la journée ; c'est la camerera qui l'a voulu ; j'avais taché sa robe en lui présentant de l'orangeade. Tu n'as pas mangé ! repris-je alors ; attends, ma pauvre petite, je vais t'aller chercher moi-même quelque chose à l'office; ils sont tous couchés et personne ne me verra. » Et me voilà, mes pantoufles en main, descendant cet escalier ; j'enlève habilement une tourte aux pigeonneaux que l'on avait respectée et je reviens doucement. Nous avons fait la dinette. Mariquita a reporté le pâté avec son couvercle ; pour le dedans, il était parti. Mais ce que vous ne savez pas, c'est que nous avions mis madame sur une chaise, madame de Rocca-Negra, et nous la battions tout en mangeant. Pour moi, je l'ai tant battue que j'en ai mal à l'épaule ; aussi, en revanche, voyez un peu, la sienne est démise, et il faudra que Suarez la raccommode. Ah ! madame la duquèsa, vous faites jeûner mon amie ! C'est bon, madame de l'Étiquette, j'ai ma cour de justice, et je suis reine, sachez-le !

Pendant cette belle apostrophe à sa poupée, la pantomime de l'infante n'avait pas discontinué : c'étaient tantôt des chiquenaudes, tantôt des menaces de petite fille ; elle finit par un grand soufflet qui fit rire le roi jusqu'aux larmes.

— Vous n'en feriez pas autant à votre cardinal ? dit-elle à Louis.

— Hélas ! non, répondit-il, quoiqu'au fond je n'en fusse point fâché. Mais dites, chère princesse, la camerera-mayor ne s'est point vue ainsi représentée. Rentrez vite cette poupée, car si elle venait !

— Il n'y a pas de danger, dit Mariquita. Nous avons encore un bon quart d'heure devant nous.

— A quoi pourrions-nous bien l'employer ? reprit l'infante. Oh ! une idée ! Voulez-vous voir danser Mariquita ? Je danserai avec elle si cela peut vous distraire...

— Je n'ose vous en prier, dit Louis timidement.

— Pourquoi donc? A la cour d'Espagne on m'a souvent regardé danser. Donnez-moi mes castagnettes, Mariquita.

La Moresse obéit, et le fandango commença, Mariquita faisait le danseur, et l'infante la danseuse. Ils s'avancèrent tous deux l'un vers l'autre en s'élançant, comme après s'être longtemps cherchés; le bruit des castagnettes animait ou ralentissait par degrés les mouvements de cette danse inconnue à Louis, mais qui lui semblait tenir de l'ivresse et du vertige. Et c'étaient des enfants qui la dansaient, sans songer même à en rougir! Louis respirait à peine, comme ces deux filles d'Espagne, enlacées alors l'une à l'autre. L'infante regardait à la dérobée le jeune monarque avec une fierté nationale, car à la cour d'Espagne on l'avait souvent complimentée sur sa bonne grâce, et le père d'Aubenton lui-même, l'austère confesseur de Philippe V, l'avait une fois applaudie.

Quand elle retomba sur les coussins d'un sopha, à demi-épuisée de fatigue, les cheveux en désordre, le teint enflammé, Louis XV ne put s'empêcher de songer à la jeune Bacchante de Clodion qui figurait dans l'un des appartements de Versailles.

— Eh bien! lui dit-elle, vous n'embrassez pas votre danseuse?

Le roi obéit en rougissant.

— A votre tour, sire, reprit la jeune princesse. Votre aïeul le roi Louis XIV dansait.

— Et quelle danse pourrait succéder à la vôtre?

objecta Louis, encore ébloui, transporté. A la cour de France nous n'avons que le *menuet*.

— Le menuet! s'écria-t-elle en frappant des mains; le menuet! Oh! cela doit être charmant, Mariquita!

— C'est la danse en vogue, se contenta de dire le prince; mais je ne puis la danser seul : il faut que vous m'aidiez. Votre main.

— De bien bon cœur! Mariquita nous accompagnera sur cette épinette.

Ils essayèrent alors tous deux cette danse grave et solennelle de nos pères, dont la monotonie patriarcale semble contraster avec la vive allure du dix-huitième siècle. Le roi la dansait comme un ange, et c'eût été de lui certainement que Marcel eût dit alors le mot qui courut plus tard : « Que de choses dans un menuet! »

— Léger comme la plume! s'écria l'infante émerveillée, mais surprise de la régularité de ces pas tranquilles. N'importe, je vous montrerai le *fandango*; cela est plus vif, plus joyeux; votre menuet a l'air d'être une danse de cardinal.

Cette saillie fit à peine sourire le roi. La porte s'ouvrit subitement et ils virent entrer la camerera-mayor et le père Linière. La duquésa venait rappeler à l'infante que c'était l'heure du rosaire, et le révérend venait prévenir le roi que l'abbé Dulac, son maître de géographie, l'attendait.

L'adieu fut pénible pour les deux enfants; Louis baisa la main de la princesse, qui jeta ses castagnettes pour son livre d'heures et son rosaire. En prenant congé d'elle, il lui glissa ces mots à voix basse :

— A ce soir, huit heures, au jardin, pour notre partie de volant!

L'office du rosaire étant terminé, la camerera-mayor sortit, laissant l'infante avec sa Moresque. Cette fille avait seize ans. Elle était coiffée d'un turban semé de perles, habillée d'une basquine en drap d'argent et d'une jupe de soie blanche ornée de dessins bizarres. Son occupation favorite, lorsqu'elle était seule avec l'infante, était de lui faire les cartes. Elle prit donc un jeu et le disposa sur des coussins qui étaient à terre. Contre sa coutume, l'infante tenait encore son livre d'heures et semblait absorbée dans l'examen de l'une des pages. La Moresse l'appela vainement deux fois pour lui montrer les cartes qui l'attendaient : elle ne reçut aucune réponse. A la fin, usant des priviléges de confidente intime que lui accordait la princesse, elle s'en fut à pas de loup se poser derrière l'infante et regarda la page où sa jeune maîtresse avait fixé les yeux. Sur cette page il y avait un nom récemment écrit, car, en se fermant, le livre avait fait double empreinte.

— Manoël! s'écria involontairement la Moresse.

A ce cri, l'infante tressaillit et se retourna vivement.

V

— Qui donc a pu écrire ce nom de Manoël sur mon livre d'Heures? demanda l'infante à sa Moresse, avec émotion. Nul n'est entré dans cette chambre, si ce n'est vous et Suarez, ajouta-t-elle d'un ton sévère. A moins que cette méchante camerera...

— C'est une écriture d'homme, ma chère maîtresse, interrompit Mariquita. C'est peut-être le diable qui a voulu nous jouer un tour. On dit que lorsqu'il s'en mêle il écrit tout aussi bien qu'un alcade. Pauvre Manoël! ce n'est pas lui à coup sûr: il est mort sans aucun doute : nous n'en avons plus eu de nouvelles!

— Tu dis vrai, depuis trois ans, depuis cette procession de Madrid... C'est une chose étonnante, Mariquita, mais je crois le voir encore! Il était si beau et si triste à la fois! Et puis quand il me rendit mon bouquet à cette portière du carrosse royal, comme ses regards semblaient me dire : « Altesse, je vous aime ! » C'est peut-être un péché, mais j'en ai rêvé deux mois. Je le voyais toujours avec ses ailes d'ange et sa blessure; car il fut blessé, Mariquita, et il doit encore en porter la marque. Pauvre jeune homme! je n'ai jamais su qui il était, mais il y a des instants où je regrette de n'avoir pas de ses nouvelles. S'il vit encore, il souffre peut-être à l'heure qu'il est, il languit peut-être dans l'obscurité et la misère...

— Chassez de telles idées, Altesse, et parlons plutôt du jeune roi. Savez-vous qu'il est galant! Moi qui n'ai jamais vu d'autre roi que votre père, je me le figurais avec une grande perruque, une barbe grise et de longues moustaches! eh bien! pas du tout. C'est un roi charmant, un petit cœur, un amour de roi. Que vous allez être heureuse avec lui!

— Tu crois, Mariquita! dit négligemment l'infante en allant chercher sous un rideau la poupée qu'elle avait cachée, cette camerera-mayor en bois peint, dont l'épaule était démise. Voilà une poupée qu'il faut rendre à Suarez tout à l'heure. Elle n'est plus présentable. Tu dis donc que le roi m'aime?

— Pendant la danse il vous regardait avec des yeux! ah! de bien beaux yeux!

— C'est vrai : il est fort bien de tout point; et puis on l'a tourmenté de cent manières comme moi; nous avons bien vite sympathisé. Mais qui donc a pu écrire ce nom de Manoël sur mon livre d'Heures? murmura-t-elle encore.

— Que Paris est une admirable ville! Altesse, poursuivit Mariquita, vous ne sauriez croire à combien de rencontres inattendues on s'y trouve exposé! celle de ce matin, par exemple, vraiment, j'en ris encore!

— Folle que tu es! Qu'est-ce donc?

— Vous savez qu'avant d'être à vous, il y a de cela

quelques années, j'appartenais, enfant, à la camerera-mayor et au duc de Rocca-Negra son époux. Il venait alors dans notre palais de Madrid, calle de Tolledo, un galant écuyer qui ne rendait pas toujours visite à ma vénérable maîtresse par la grande porte du palais. Il lui arriva alors un grave accident : il tomba d'une échelle dans notre cour, et se releva fort endommagé. Ce digne homme se nommait don Inigo de Cardenas. Eh bien! ce matin même je l'ai vu accourir chez la duquèsa, bien pomponné, paré de la tête aux pieds. Je les ai laissé causer ensemble après son chocolat, qu'elle m'a fait desservir. Et, tenez, les voilà qui se promènent dans le jardin. Vive Paris pour les aventures !

L'infante se pencha à la fenêtre et put voir en effet don Inigo parlant d'un air animé à la duquèsa.

— Ils se querellent, sans doute, dit la Moresse.

— Voilà qui est surprenant! s'écria l'infante; c'est bien là l'homme qui accompagnait Manoël à la procession le jour de notre rencontre! Il n'est pas si changé que je ne puisse le reconnaître. Si nous pouvions par lui obtenir quelques renseignements.

— Gardez-vous en bien! c'est l'amoureux de la camerera, son *cortejo* de Madrid. Il lui rapporterait tout, et elle ne manquerait pas de vous gronder. Ce Manoël, après tout, ne saurait être qu'un homme obscur. Manoël? Que veut dire ce nom? Si c'était seulement un gentilhomme!

— Mes informations sur lui ne m'ont rien appris, Mariquita ; j'ai su seulement que c'était un Portugais.

— Fi donc! un Portugais! Nous avons été longtemps en guerre avec eux. Cependant il y en a de gentils. J'en connaissais un qui me vendait des oranges et me chantait de si jolies romances à Madrid, que j'ai presque été sur le point de l'épouser. Mais j'y pense, le vieux Suarez est de ce pays ; il connaît peut-être votre Manoël. Que ne l'interrogez-vous?

— Un muet! un mécanicien auquel je me contente de donner des ordres par signes. Ce n'est qu'avec toi que je cause, Mariquita!

— N'importe! voilà une poupée qui réclame les soins et le pansage de votre docteur Suarez ; je vais le sonner, et je lui recommanderai de tenir vos raquettes en état pour ce soir. N'avez-vous pas votre partie de volant sous le berceau du jardin de Sa Majesté?

— Oui ; moi, pendant ce temps, j'écrirai à la reine ma bonne mère. Il me tarde de lui raconter mon arrivée, l'accueil que je viens de recevoir à cette cour. Toi, interroge Suarez si tu le veux en faisant avec lui la revue de mes jouets. Quand je me marierai ils te reviendront de droit, Mariquita.

La porte du cabinet tourna bientôt sur ses gonds et donna passage à Suarez auquel la Moresse remit la marionnette cassée. Un sourire imperceptible courut sur les lèvres de l'ouvrier à la vue de ce dégât ; il prit une pince qu'il avait sur lui et se mit en devoir de raccommoder la camerera-mayor dans l'embrasure de l'une des croisées.

— Ne pouvez-vous faire cette opération ailleurs? reprit Mariquita, vous gênez Son Altesse; venez, suivez-moi.

Suarez ne bougea pas et continua son travail tranquillement.

— Êtes-vous sourd comme vous êtes muet? poursuivit la Moresse en le prenant par le bras, vous ne pouvez demeurer ici, seigneur Suarez. Sortons.

— Il ne me gêne en rien, interrompit Marie-Anne-Victoire dont la plume enfantine courait alors en long jambages sur le papier; ne sois pas méchante pour lui, Mariquita, et demande-lui plutôt des nouvelles de Manoël.

A ce nom, Suarez parut éprouver un léger trouble. Il se remit pourtant et répondit par un signe négatif aux questions de la Moresse. Le mécanicien avait la tête couverte d'une immense perruque grise à la Louis XIV dont les boucles descendaient assez avant sur ses yeux pour les couvrir en partie; la couleur olivâtre de son teint était sillonnée de rides aussi déliées que des fils, et d'amples lunettes lui pinçaient le nez comme à un juif. Le tabac d'Espagne dont son nez était barbouillé, le fard amoncelé sur les pommettes de ses joues, et son habit de couleur fanée, tout cet ensemble vieux, usé et fripé, le faisait ressembler à une véritable caricature. Nul n'eût pu reconnaître son meilleur ami sous un tel costume. Mariquita s'était mise à broder près de lui au tambour, en fredonnant un air moresque qui donnait à l'infante mille distractions pendant sa correspondance. Quand elle l'eut achevée, elle la communiqua à sa favorite, qui laissa échapper un cri d'admiration : la lettre n'avait pas un seul pâté !

— C'est égal, reprit-elle, vous aimez déjà le roi Louis XV; il est si mignon, et vous ferez un si joli couple à vous deux !

Suarez en ce moment s'agita sur sa chaise comme s'il se fût piqué au doigt avec son aiguille. Mariquita en prit texte pour le molester gaîment selon son habitude.

C'est donc une œuvre bien difficile que de racommoder une marionnette? il est vrai que celle-ci a été cruellement battue hier. Pauvre duquèsa ! Qu'eût dit son vieil amoureux, don Inigo, en voyant ainsi martyriser sa belle !

Comme elle achevait cette phrase, la tapisserie de la porte grinça sur ses anneaux; une main impatiente la grattait; la Moresse l'écarta.

— Quoi! c'est vous, seigneur, dit-elle à l'écuyer, qui se confondait en salutations obséquieuses devant l'infante. Altesse, poursuivit l'espiègle soubrette, je vous présente le senor don Inigo de Cardenas, décoré de tous ses ordres, l'aimable cortejo de la duquèsa Barbara de Rocca-Negra. Quels sont vos autres titres ? ajouta-t-elle plus bas en s'approchant de l'écuyer.

— Gouverneur de don Manoël, reprit Inigo. Je cherche mon élève depuis ce matin; on l'a vu rôder autour de ce palais, et...

— En vérité ! il est donc vivant ! s'écria l'infante en

déguisant mal sa joie. Mais au surplus que m'importe ! reprit-elle avec une dignité froide qui confondit le pauvre homme.

— Pardon, Altesse, répondit-il, peut-être excuserez-vous ma démarche quand vous saurez... Mais je ne puis parler de ceci qu'à Votre Altesse, en montrant du doigt Suarez, qui lui tournait le dos.

L'infante fit un signe à Suarez. Celui-ci ne se le fit pas dire deux fois, car la présence de ce visiteur inattendu semblait le gêner étrangement. Il mit sous son bras la poupée dont il n'avait guère avancé le raccommodage, ce qui lui attira de nouveau quelques gais reproches de Mariquita.

— Ces mécaniciens, s'écria-t-elle, sont eux-mêmes de singulières machines ! En voici un qui pendant la route semblait l'homme le plus intelligent du monde. Hé bien, à cette heure, il semble avoir désappris son office, il est tout désorienté et pense à toute autre chose qu'à sa besogne. Prenez ces raquettes et ces volants, Suarez, ajouta la jolie fille, et tenez-vous prêt à les présenter ce soir à Sa Majesté et à Son Altesse, sous le berceau du jardin !

Suarez obéit et se retira sans qu'Inigo eût pu voir de lui autre chose que le derrière de sa perruque. L'écuyer raconta alors à l'infante les moindres détails de la passion aveugle de Manoël. L'absence et les voyages avaient été impuissants à l'en distraire. Il est fou, ajouta-t-il, et je ne fais nul doute que si, à la nouvelle de l'arrivée de Votre Altesse, il ne s'est pas jeté à la rivière, il ne cherche à pénétrer ici et à vous voir. Or, il y va de ma vie et de la sienne. S'il a cette témérité, daignez, Altesse, avoir pitié de nous, et contentez-vous de le faire mettre à la porte.

La jeune fille était émue à ce récit et ne savait que répondre. Mariquita crut devoir intervenir, pour cacher l'embarras de sa maîtresse.

— Fiez-vous à moi, dit-elle, pour le bien recevoir si jamais il se présente. Un simple Portugais devenir le rival du roi de France! Je vous conseille, seigneur écuyer, de l'aller chercher aux Petites-Maisons, c'est là qu'on l'aura mis sans nul doute. Dieu veuille qu'il n'en sorte pas pour votre repos! autrement, s'il se met à suivre par les rues le carrosse de l'infante, vous courez grand risque l'un et l'autre. Son Altesse est la fiancée du roi, et le cardinal ne plaisante pas sur de pareilles incartades. Croyez-moi donc, et surveillez mieux à l'avenir votre don Quichotte amoureux.

Les paroles de Mariquita cadraient trop avec les idées de l'écuyer pour qu'il ne les approuvât point ; aussi n'y opposa-t-il aucune réplique. Quant à la jeune princesse, elle était toute pensive et n'en paraissait que plus charmante; car il y a dans la tristesse d'une jeune fille une grâce que rien ne peut rendre.

Inigo salua et sortit. L'heure du volant étant sonnée, Suarez revint avec les raquettes et suivit avec la Moresse l'infante qui descendit au jardin ; le roi l'y attendait déjà. Les gracieusetés du jeune monarque et l'animation du jeu la remirent bientôt en bonne humeur. Louis avait jeté bas son habit, et dans sa chemisette à dentelles il avait une bonne grâce toute charmante.

La camerera-mayor et madame de Ventadour causaient sur un banc du berceau embaumé de la douce senteur des chèvrefeuilles. Suarez et Mariquita se tenaient debout, l'un derrière le roi, l'autre près de sa jeune maîtresse. Poussé et repoussé tour-à-tour par les deux joueurs, le volant vint tomber enfin par hasard sur les genoux de la camerera-mayor qui l'ayant pris, ne fut pas peu étonnée en trouvant un petit billet fort habilement placé au centre des plumes; elle l'en retira adroitement, le garda dans sa main, rendit le volant, et le jeu continua encore quelques instants, après quoi la camerera-mayor se hâta d'y mettre un terme en déclarant que l'heure du coucher de Son Altesse était venue.

L'infante était à peine remontée dans sa chambre, que la camerera lui apparut le billet à la main.

— Altesse, lui dit-elle, un mauvais génie conspire ici contre nous; je viens d'interroger Suarez, qui m'a affirmé que nul n'avait touché à ce volant. Cependant voici le billet coupable qu'il contenait. Si je vous le donne à lire, c'est moins pour satisfaire ici aux devoirs de la confiance et de la franchise qui m'ont toujours paru les premiers que m'imposait ma charge auprès de Votre Altesse, que pour vous montrer la sottise de ce Manoël, qui n'a pas craint de vous faire savoir par écris qu'il était vivant. Vous le voyez, Altesse, continua-t-elle tironiquement, les amoureux ne meurent que dans le romans de chevalerie, et cet insensé dont vous avez souvent plaint le sort devant moi...

— Quel mal y aurait-il donc à plaindre ce pauvre jeune homme qui s'est fait blesser pour moi, qui m'a écrit, qui m'aime ! Puisqu'il vit, ma protection, ma reconnaissance ne sauraient l'abandonner, et s'il a besoin de quelque emploi, j'en ferai un page, qu'en pensez-vous ?

— Qu'il y aurait simplement peine capitale contre lui, s'il osait franchir les grilles du Louvre. Vous êtes sous ma protection immédiate, Altesse, et une petite fille de Charles-Quint...

— Toujours la même phrase ! répondit l'infante avec dépit. Je ne puis avoir à côté de moi aucun visage ami ! c'est tout au plus si vous permettez que ma pauvre Mariquita...

— Mariquita, votre Moresse, je suis très-fâchée de vous l'apprendre, ne doit plus être dès ce soir à votre service. Je sais, à n'en pas douter, qu'elle s'est rendue coupable d'un grave délit cette nuit même. Un plat de service détourné de l'office royal.

— Ce n'est pas elle qui l'a détourné, c'est moi !

— Vous ?

— Moi-même ! Et puis je vous conseille de le lui reprocher, ce délit, vous l'aviez mise au pain sec !

— C'est mon affaire, je dois punir et récompenser ici. Le roi votre père...

— Ne vous a pas dit de me tenir en prison, de me surveiller, de m'obséder ! C'est-à-dire que vous me privez de la seule personne pour laquelle j'éprouve ici de la sympathie! Ma pauvre Moresse! Laissez-moi seule, Madame! La figure d'une gouvernante telle que vous m'est odieuse. Commandez dans ce palais, puisque tel est votre bon plaisir ; mais demain, sachez-le, demain je m'en plaindrai à quelqu'un qui a aussi du pouvoir ; ce quelqu'un, c'est le roi de France! oui, le roi de France, mon fiancé, mon mari !

A ces mots, elle se jeta sur le sopha, dans une sorte de désespoir enfantin. La camerera sortit étonnée de cette explosion, mais fière de son triomphe. L'orgueil de la domination perçait dans ses moindres actions. En se voyant menacée de l'intervention impuissante de Louis XV, elle ne put s'empêcher de sourire avec dédain.

VI

Cependant l'arrivée de l'infante, de la jeune fiancée du roi, avait ravivé toutes les intrigues de la cour. Les ambitions s'étaient comme toujours divisées en deux camps. Le duc de Bourbon était à la tête des unes, et le cardinal servait de chef aux autres. Cette alliance projetée, et presque conclue déjà avec l'Espagne, était chaudement attaquée par celles-ci, tandis qu'elle n'était que mollement appuyée par celles-là. En attendant que les sourdes menées de cette lutte aboutissent à quelque chose de décisif, leur premier résultat fut de changer complètement l'aspect du Louvre. Le système d'isolement adopté par Fleury pour la fiancée du monarque fit à peu près du palais une retraite austère et sombre. Ce pavillon, créé pour les fêtes, pour tout ce qui peut charmer une jeune princesse, était devenu une sorte de prison où se mouvait à peine l'ombre d'un majordome ennuyé. Tous ces Espagnols transplantés à Paris, tous ces ricos-hombres si graves, commis à la garde d'une enfant, regrettaient leurs tertullias, leurs vins parfumés, leurs hôtels et leurs égaux ; la légèreté railleuse de Paris, ses grimaces et son opéra les fatiguaient. La maison de l'infante, qui avait été d'abord un objet de curiosité, subissait déjà le sort de la vogue ; son étrangeté avait fini par se confondre dans la foule des choses passées de mode. Quelques jours avaient suffi pour blaser l'oisif courtisan ; l'infante n'était plus guère à ses yeux qu'une pauvre petite pensionnaire de couvent.

Du reste, l'ordre établi par la camerera-mayor dès les premiers temps de son arrivée n'avait pas varié à l'intérieur du palais ; seulement, la jeune princesse, privée de Mariquita, semblait avoir reporté sur le Portugais Suarez une partie de cette affection enfantine qu'elle avait pour la Moresse. Confiante plus que jamais en ses hautes prérogatives, la camerera-mayor assistait maintenant à toutes les entrevues du roi de France et de l'infante ; sa morne figure remplaçait pour la jeune fille l'attrayant visage de Mariquita, reléguée loin de l'appartement des femmes, dans l'aile opposée du château où logeait aussi Suarez. On l'y avait chargée du soin du linge et des collerettes. Cette séparation avait causé à l'infante un véritable chagrin. Que l'on se représente la situation de cette jeune fille arrachée tout à coup à l'Espagne, sa douce patrie! Si la cour de Philippe V était austère et grave, l'infante y vivait du moins auprès d'Élisabeth Farnèse, sa mère, de la vie heureuse et paisible des infantes. A part quelques exercices de piété dont la contrainte était partagée par toute la cour d'Espagne, elle pouvait du moins descendre, le soir, aux jardins en toute liberté ; une brise tiède, embaumée, lui apportait, ces soirs-là, mille rêves charmants à travers la verdure azurée des oliviers. Tout était gai autour d'elle, dans ce paysage où elle était libre ; tout, depuis la mule chargée de pompons et de médailles sonnantes qui passait au loin, jusqu'au petit Egyptien qui balançait sur elle son parasol orné de perles. Alors la pauvre petite écoutait, toute émue et toute contente, ce qu'on lui disait du roi de France, son futur époux ; et, comme on lui avait traduit le conte de l'*Oiseau Bleu*, son cœur battait d'avance à l'idée du prince charmant dont le carrosse nuptial, d'acier poli, serait sans doute attelé de six souris vertes conduites par un raton couleur de rose.

Or, toutes ces charmantes illusions avaient disparu devant une triste et lugubre réalité. Le jeune monarque, le seul consolateur, le seul confident de ses peines lui manqua bientôt lui-même. Ses visites devinrent de plus en plus rares et finirent par cesser tout à fait, sans qu'elle pût soupçonner la cause de cet abandon. Une fois elle avait cru reconnaître au loin la voix de Louis ; mais sa joie avait été courte : ce n'était pas le jeune roi, et aussitôt elle avait donné devant la camerera-mayor la volée à tous ses oiseaux.

— En France, avait-elle dit avec un dépit enfantin, il n'y a que les rois de captifs, vous pouvez prendre votre volée, mes oiseaux chéris !

Et en faisant un retour sur elle-même, la pauvre jeune fille avait pleuré, car elle aussi elle était captive.

Cette coquetterie innée chez les femmes, ce désir de plaire et de n'être pas dédaignée, la soutenaient seule dans cette lutte contre l'ennui, car le souvenir de Manoël ne pouvait guère, en de telles circonstances, tenir qu'une place secondaire dans ses rêves de jeune fille, celle, par exemple, du bel écuyer, rival de sire oiseau bleu.

— Mariquita est une sotte avec ses cartes ! se disait-elle quelquefois. Ce qu'il y a de certain, c'est que le roi me délaisse, ou bien l'on prend à tâche de l'éloigner de moi ; on veut... Par ma mère ! continuait-elle en se redressant fièrement, l'œil encore humide de larmes j'aurai du caractère, moi aussi, et si le roi ne veut pas, s'il est faible, moi, je voudrai !

Un soir, à la nuit, la camera-mayor ayant pris congé d'elle, la jeune princesse se livra seule à ses tristes pensées. Elle regardait, appuyée derrière les vitres de la haute fenêtre, les jardins de ce Louvre qu'on lui avait promis si joyeux et qu'on lui avait fait si triste. La lune était voilée d'ombre; par intervalle, le ciel tacheté de gros nuages. Elle entendit tirer les verroux de sa chambre et le pas des sentinelles ébranler le pavé des guichets. Tout paraissait calme et silencieux dans ce vaste palais, qui avait vu déjà tant de fêtes et tant de règnes. A l'un de ses bas-côtés pendaient encore d'énormes échelles de peintres et de sculpteurs, car le pavillon créé tout exprès pour l'infante, était loin d'être achevé dans ses dessins et ses frises extérieures. Tout à coup, il lui sembla que l'une de ces échelles, apposée depuis trois jours près de ces vitres, s'agitait contre le mur. Elle poussa un cri en apercevant bientôt une forme humaine enveloppée d'un large manteau, qui, dans l'obscurité, semblait tenter une escalade. Une éclaircie de lune survenant au moment où cette forme arrivait devant la fenêtre, elle recula éperdue, tremblante. Elle avait reconnu le roi.

— Silence, Marianna! lui dit à voix basse le jeune prince ; et il s'élança légèrement dans la chambre.

VII.

— Vous à cette heure de nuit, Sire ? s'écria l'infante, et par ce chemin ! Vous le roi de France ? Y songez-vous ! Quelle imprudence !

— Je n'avais le choix ni de l'heure ni du chemin, répondit-il, et le roi de France est obligé de s'échapper de son palais, comme d'une prison. Ce que j'avais à vous dire ne pouvait souffrir de retard. J'ai trompé la surveillance de mes geôliers. Tout le monde me croit couché aux Tuileries. J'ai endossé ces habits de page; je suis sorti sans que personne ne me remarquât; mon fidèle Niert m'attendait au dehors. Nous nous sommes dirigé vers ce pavillon; tout était préparé par ses soins. Il est resté au bas de vos fenêtres, et me voici auprès de vous.

— Mais les sentinelles, si elles eussent tiré sur vous! Tenez, Monsieur, donnez votre main et voyez si mon cœur bat!

L'infante était si troublée en effet qu'elle pouvait à peine se tenir debout. Elle envisagea le jeune roi quelques secondes et crut s'apercevoir qu'il avait encore les yeux rouges.

— Vous avez pleuré? dit-elle avec une compassion charmante. Qui donc a pu faire pleurer mon petit roi?

— Oui, cela est vrai, reprit-il avec amertume; oui, Marianna, ils m'ont fait pleurer! voyez cette lettre, voyez ce qu'ils osent m'écrire! Il fallait une pareille tyrannie pour que je me déterminasse à venir. Il se trame contre nous, j'en suis sûr, quelque secrète machination. Madame de Prie doit être mêlée à tout cela.

Louis XV présenta à l'infante un billet qu'il avait trouvé le soir même sur sa toilette, Marianna y lut ce qui suit :

« Ne vous affectez pas de ne plus voir une poupée qui ne peut être bonne qu'à égayer notre cour. La fille du roi catholique Philippe V vous traiterait comme ses joujoux ; attendez que nous vous fassions roi autrement que ne l'a fait votre cardinal. Silence et discrétion. Vous ne sauriez vous résigner à devenir l'époux d'une enfant bonne au plus à faire votre partie de quilles, de volant ou de promenade.. Une alliance plus digne de vous et de la France se prépare. Dans quelques jours, dans quelques heures peut-être, vous saurez tout ; le voile transparent qui recouvre cet avis tombera de lui-même ; nous sommes trop dévoués à votre personne, Sire, pour ne vous parler qu'avec des masques. Que Dieu et votre propre prudence vous protègent ! »

En remettant l'écrit aux mains du roi, l'infante ne put s'empêcher de jeter sur lui un regard de pitié.

— A la cour d'Espagne, murmura-t-elle, on châtierait du fouet l'auteur d'une pareille lettre ! Le coupable est donc bien sûr de l'impunité ?

— Mon mépris en fait justice, reprit Louis en déchirant le papier. Vous êtes, vous serez toujours mon infante bien-aimée, celle que je veux voir à mes côtés, comme ma maîtresse et comme ma reine ! Croirez-vous, Marianna, que depuis huit jours je n'ai pas vu le cardinal? Il se tient à Issy et se dit malade ; mais demain il faudra bien qu'il me réponde, car je lui ai écrit ; je lui demande absolument de presser ce mariage, en faveur duquel il m'a paru toujours bien disposé, tandis que mon cher parent le duc de Bourbon.....

— Qu'a-t-il donc contre moi ? demanda-t-elle avec un chagrin naïf ; que lui ai-je fait, pour qu'il puisse douter de mon amour pour vous ? Car c'est-là, j'en suis sûre, ce qu'ils vous disent, les méchants ! et voilà pourquoi, Sire, nous n'avons pas joué au volant depuis si longtemps !

Le roi sourit, mais il y avait de la tristesse dans son sourire ; Marianna en fut émue.

— Ou vous êtes roi ou vous ne l'êtes pas, reprit-elle avec un dépit naïf en débouclant les beaux cheveux de Louis XV pour avoir le plaisir de les reboucler ensuite. Mettez à la porte tous ces contradicteurs ; la cour assiste demain à la messe de Saint-Germain-l'Auxerrois ; eh bien ! voyons, Sire, épousez-moi sans plus de retard vis-à-vis de toute la cour !

— Oh ! Marianna, Marianna, tu dis bien vrai ; voilà ce que je voudrais, moi ! Voilà deux ans que nous sommes fiancées, deux ans ma princesse, que cette couronne posée là sur votre toilette irait à merveille sur votre joli front ! Mais ils vous jugent encore trop enfant, Marianna !

— Trop enfant ! J'ai plus de raison et de caractère que vous, reprit-elle en se redressant sur ses mules. Votre duc de Bourbon, le jour où il m'ennuira, je l'envoie à la tour de Ségovie, et quant à votre cardinal, j'en fais un moine de Mafra ! Quelle drôles de figures ils feraient tous deux à Madrid !

— Tu crois ?

— Là du moins ils ne vous tourmenteraient plus.

Une idée encore… Si je les faisais faire en poupées par Suarez, vous pourriez vous venger sur eux de ce qu'ils vous font souffrir ! Savez-vous que cet habit de page vous va à merveille! quel dommage que Mariquita ne vous voie pas ainsi ! Mais il se fait tard, comment allez-vous faire? Il pleut et vous ne pouvez partir.

En effet, la pluie commençait à tomber à larges gouttes. C'eût été chose ravissante que de voir ces deux enfants, doux et frêles, comme deux enfants de Greuze, interroger du regard cette vaste cour du Louvre où luisait seulement le fusil des sentinelles. Serrés en ce moment l'un près de l'autre, dans l'embrâsure de la fenêtre, ils étaient tout à la fois inquiets et heureux de leur inquiétude.

— Impossible de partir d'un pareil temps, dit le jeune monarque ; il faut attendre, et d'ailleurs nous avons à causer de choses extrèmement graves et qui intéressent notre bonheur.

— Je suis la servante de Sa Majesté, dit la jeune princesse, avec une candeur et une humilité charmantes, en montrant le lit magnifique en pentes de Damas et en dentelles qui occupait le milieu de l'appartement. Si le roi ne peut retourner aux Tuileries, je dormirai à ses pieds sur cette peau de tigre, comme faisait Mariquita.

— Oh! non, Marianna, je ne puis m'absenter toute la nuit des Tuileries. Que dirait le cardinal? Causons de notre bonheur, en attendant qu'il fasse moins mauvais temps. Oui, ma chère Marianna, il se trame contre nous quelque complot diplomatique que je ne puis comprendre.. Toute la cour en est instruite, excepté moi. Mais qu'importe! oh! si l'on me pousse à bout....

En ce moment on frappa fortement à la porte.

— Ouvrez, Altesse, dit une voix que Marianna n'eut pas de peine à reconnaître pour celle de la camerera-mayor.

— Nous sommes perdus! s'écria Louis; c'est la duchesse!

— Fuyez! fuyez! s'écria la jeune princesse.

— Impossible par cette fenêtre!....Regardez... voici la garde du château qui fait sa ronde.. Niert lui-même s'est éloigné pour n'être pas vu.

— M'entendez-vous, Altesse? Ouvrez, je vous prie, répéta la voix de la duquèsa..

— Eh bien! entrez vite dans ce cabinet. Pardonnez-moi, Sire; c'est celui de mes poupées, mais il n'y a pas d'autre cachette.

— A la grâce de Dieu! reprit Louis, qui entra dans cette pièce, non sans avoir baisé la main de sa chère Marianna.

La camerera apparut sur le seuil de la chambre en coiffe de nuit, son bougeoir à la main..

— Altesse, dit sévèrement la camerera-mayor, après avoir visité de l'œil l'appartement, vous n'étiez pas seule ici?

— Je ne sais ce que vous voulez dire, madame, répondit l'infante.

— Ce manteau de page que j'aperçois sur ce sofa.

pourra sans doute aider l'intelligence de Votre Altesse.

— Ce manteau?... C'est sans doute Mariquita qui l'aura laissé là..... Elle le mettait autrefois dans nos moments de récréation...

— A merveille voilà une comédienne de premier ordre que cette Mariquita ! Mais ce n'est pas d'elle qu'il s'agit, Altesse. Il s'agit d'un jeune homme qui s'est introduit de nuit dans cet appartement royal; je sais tout, grâce à cet avis écrit à la hâte, au crayon, et glissé tout à l'heure sous notre porte, par une personne qui appartient sans doute au palais. « Courez vite chez « Son Altesse; on a vu quelqu'un se glisser chez elle, « à l'aide d'une des échelles qui servent encore aux ou- « vriers du pavillon. » Vous pouvez juger de ma diligence ! Il est inutile de feindre, vous le voyez. J'attends de vous la vérité. C'est le seul moyen d'éviter un éclat fâcheux. Je suis venue seule. Parlez : où est ce jeune homme ?

— Madame la duchesse, reprit avec fermeté la jeune princesse, je vous engage à vous recoucher promptement. Je n'ai personne à vous livrer, personne, entendez-vous, senora ! Quant à ce billet, j'ignore qui a pu vous l'écrire, mais c'est à coup sûr quelque mauvais plaisant qui aura voulu troubler votre sommeil. Qui sait? vous rêviez peut-être de don Inigo de Cardenas qui, lui aussi, savait monter à l'échelle !...

Ces derniers mots furent lancés à la duquèsa avec un malicieux sourire; ils ravivèrent sa fureur, mais elle se contint, et, sans avoir l'air de les comprendre, elle ajouta froidement, après un coup-d'œil de lynx jeté de nouveau autour d'elle :

— Altesse la clé de ce cabinet?

— C'est le cabinet de mes poupées, madame. Suarez l'aura emportée, sans doute.

— Eh bien ! qu'on fasse venir cet homme !

Et en disant cela elle fit quelques pas vers la porte où elle donna un ordre à l'une de ses femmes qu'elle avait laissée en dehors de l'appartement.

Le muet mécanicien ne se fit pas attendre. Elle lui demanda la clé du cabinet. Suarez hésita un instant, comme s'il eût cherché vainement à comprendre le sens de cette scène ; puis il répondit par un signe négatif.

— Ainsi, pas de clé ! reprit la duchesse avec ironie en regardant l'infante. N'importe je saurai bien...

Et elle fit un pas du côté de la porte. Tout à coup l'infante se plaça résolument devant elle.

— Vous n'irez pas plus loin, duchesse ! Il n'y a rien ici que vous ne puissiez voir, rien qui n'ait le droit de s'y trouver. Mais ma parole doit vous suffire, et le fait seul de vouloir vous en assurer est un outrage que je ne saurais tolérer !

— De gré ou de force, je le ferai !

— Vous ne le ferez pas !

— Qui m'en empêchera?

— Moi, vous dis-je, moi, la fille du roi d'Espagne, moi, reine de France dans quelques jours ! Duchesse, songez-y !

— Altesse, songez vous-même que vous me devez obéissance !

— C'est à vous de m'obéir ! Je descends de Charles-Quint, vous me l'avez dit assez souvent.

— Je réponds de vous à votre père. Il faut que vous me laissiez voir par mes yeux.

— Non, absolument non, duchesse, je vous le défends !

— Me défendre ! à moi ? Oubliez-vous, Altesse, que vous parlez à la camerera-mayor !

— Je n'ai point oublié que la reine ma mère a traité de vieille folle, elle aussi, sa camerera-mayor, la princesse des Ursins, qui l'ennuyait.

— Altesse, vous m'y forcez : ne vous en prenez qu'à votre obstination des conséquences que tout cela peut avoir.

Et la camerera-mayor, transportée de colère et voulant écarter l'infante, la prit légèrement par le bras.

— Malheur sur vous, duchesse ! vous avez touché à la reine ! Chacun son tour !

Et se haussant sur ses mules, elle appliqua de sa petite main un soufflet sur la joue ridée de la camerera-mayor. Celle-ci chancela et retomba sur un fauteuil en poussant un cri de rage.

— Un soufflet ! reprit-elle bientôt, pâle de fureur ; un affront pareil à la première dame de la cour d'Espagne !

L'infante en eut pitié ; elle se rapprocha d'elle avec

des caresses et des mots de repentir. Mais la duchesse se releva vivement.

— Altesse, lui dit-elle, adieu! Adieu pour toujours! Je ne suis plus de votre maison. Le roi votre père saura de quelle récompense vous avez payé mon dévouement! Puisse le ciel ne pas vous en punir bientôt comme j'ai lieu de le craindre!

Elle partit, laissant à l'infante un dernier regard qui la fit trembler. Mais elle se rassura aussitôt :

— Qu'ai-je à craindre? pensa-t-elle ; Louis me protègera! N'est-il donc pas le roi? Ne suis-je donc pas sa fiancée ?.

Toutefois, elle ne put s'empêcher de pousser un soupir de tristesse en songeant que le jeune monarque, sur l'appui duquel elle comptait, n'avait pas même osé se montrer pour la défendre pendant la scène rapide qui venait d'avoir lieu.

Quand la camerera-mayor eût disparu, le premier mouvement de l'infante fut de délivrer son royal captif; mais il fallait d'abord éloigner Suarez, qui était resté immobile dans un coin de l'appartement. Elle s'approcha de lui avec une grâce charmante.

— Suarez, lui dit-elle, je désire être seule.

Puis, comme elle vit qu'une expression douloureuse se peignait sur ses traits, elle ajouta :

— Je vais être reine, Suarez, reine d'un grand royaume ; si tu as quelque demande à m'adresser, parle sans crainte, je puis tout faire pour toi.

Suarez porta la main à sa poitrine et tira de dessous

ses vêtements une rose desséchée à laquelle pendait un petit fil d'or, et il la lui présenta tristement.

La princesse tressaillit. Cette fleur avait fait partie du bouquet que Manoël avait retiré du Mançanarez le jour de la procession où elle l'avait vu pour la première fois.

— Cette fleur!... dit-elle, cette fleur entre vos mains, Suarez!

Pour toute réponse, celui qu'elle appelait ainsi, après avoir jeté loin de lui la large perruque à la Louis XIV qui recouvrait sa belle chevelure brune et lui cachait une partie du visage, tomba aux pieds de la jeune fille éperdue.

— Vous ici! s'écria-t-elle; vous que je croyais mort!...

— Mort pour vous, Altesse, vous dites vrai, car maintenant, je n'ai plus même le droit d'espérer.

— Que voulez-vous dire?

— Que le roi de France vous aime, que vous l'aimez sans doute, et qu'il s'est introduit chez vous ce soir.

— Comment savez-vous?... qui a pu vous dire?...

— C'est moi qui l'ai vu de mes yeux monter à cette échelle, se glisser dans votre chambre, d'où sans doute il est sorti par le même chemin, comme un larron de nuit, lui, le roi de France, le neveu de Philippe V! Et ce billet à la camerera, c'est moi qui l'ai tracé.

En ce moment un léger bruit se fit entendre dans le

cabinet. Marianna seule, ou le remarqua ou en comprit la cause.

— Taisez-vous! taisez-vous! dit la jeune fille à Manoël en portant des regards inquiets de ce côté.

— Oh! je sais que vous allez le défendre, car vous l'aimez, je sais que je ne puis lutter avec un si grand prince, et que mon souvenir...

— Votre souvenir, reprit Marianna, vivra dans ma pensée comme celui d'un ami sincère; mon affection pour vous ne se démentira jamais; mais partez! partez! ajouta-t-elle en baissant la voix. Si l'on venait, si l'on vous surprenait ici, je n'aurais pas même le pouvoir de vous sauver.

— Et que me fait la mort! reprit Manoël avec un véritable désespoir. A quoi peut désormais me servir la vie, quand je ne puis plus vous la consacrer, quand vous allez appartenir à un autre, quand je n'ai pas même le droit de vous dire mon nom, quand mon père m'a fait jurer sur le Christ de ne jamais vous l'apprendre et de renoncer à vous; quand enfin, pour vous revoir, pour pénétrer ici, le pauvre aventurier, sans titre à vos yeux, a été obligé d'acheter à prix d'or la complaisance de votre vieux poupetier, de remplir son office, tandis qu'il regagnait les frontières du Portugal, et de ne paraître devant vous que sous l'indigne livrée d'un valet!

Manoël s'arrêta : les pleurs étouffaient sa voix. Il était resté aux pieds de l'infante, qu'avaient profondément émue, et le langage du jeune homme, et le danger où il courait ainsi à son insu, et la position terrible où il la plaçait elle-même par l'aveu de son amour.

— Pauvre Manoël! pensa la jeune fille; comme il m'aime!

Et elle était là, immobile, pâle, tremblante, ne pouvant trouver une réponse, et ne sachant quel parti prendre. A la fin, elle recueillit toutes ses forces et lui dit d'une voix défaillante, en lui tendant la main, qu'il baisa avec respect :

Au nom du ciel! pas un mot de plus! Partez! partez! Je vous l'ordonne! je vous en conjure!

Mais il n'était plus temps. Un bruit de pas retentit dans le corridor. Manoël se jeta vivement derrière le rideau de la fenêtre. La porte s'ouvrit presque aussitôt et donna passage à la camerera-mayor, suivie de madame de Prie, et de l'une des dames françaises attachées au service de l'infante.

— Je demande humblement pardon à Son Altesse de troubler de nouveau la solitude de son appartement, dit la duquësa d'un ton d'ironie amère qui fit succéder la rougeur de la colère à la pâleur de la crainte sur le front de la jeune fille. J'avais résolu, en effet, de ne reparaître jamais devant la fiancée du roi, devant la reine de France. Mais les circonstances ne sont plus les mêmes, et je n'ai pas cru pouvoir abdiquer mon service auprès de l'infante, auprès de la jeune princesse que ses augustes parents ont confiée à mes soins, et que, selon les devoirs de ma charge, j'aurai bientôt à ramener auprès d'eux. Que Son Altesse me permette

donc de lui présenter madame, qui vient ici chargée
d'un message important, dont l'accomplissement ne
pouvait souffrir aucun délai.

Madame de Prie s'avança alors, et d'un ton qu'elle
s'efforça de rendre affectueux, mais où perçait la joie
du triomphe. :

— Altesse, dit-elle, dans la haute position où il a
plu à la Providence de vous faire naître, la politique
seule commande aux affections, et parfois même elle
ordonne de renoncer à celles qu'elle avait d'abord
inspirées. Le bonheur des peuples, voilà le seul bonheur qui soit permis à ceux que Dieu a placés à leur
tête. Le conseil des ministres s'est assemblé ce soir
même, à l'effet de prendre une décision immédiate sur
des dépêches arrivées d'Espagne. La décision du conseil est que l'alliance projetée entre ce pays et la
France, et qui eût fait notre joie à tous, ne peut plus
avoir lieu. L'intérêt bien entendu des deux pays s'y
oppose. La Providence vous appelle, Altesse, à faire
le bonheur d'un autre peuple, et cette couronne de
France, que votre front eût embellie, doit se poser sur
une autre tête. Ainsi le veut la raison d'État.

Tandis que madame de Prie parlait, l'infante était
sans mouvement et pâle comme une statue. A la fin,
cependant, le dépit lui rendant sa présence d'esprit,
elle l'interrompit avec une fierté dédaigneuse :

— Peut-on savoir le nom de cette rivale que la raison d'État me préfère ?

— C'est Marie Leczinska, fille de Stanislas, roi de

Pologne, répondit madame de Prie. Elle est attendue cette nuit-même.

— Et vous venez sans doute me signifier d'avoir à lui céder la place ? Vous venez me chasser de ce palais, moi la fille de Philippe V, moi la petite-fille de votre Louis XIV ! Je ne doute pas que l'Espagne ne soit très-sensible à cette nouvelle marque de sympathie pour la fille de ses rois.

— Non, Altesse, tel n'est pas le but de ma mission, reprit madame de Prie. Vous pouvez rester à la cour de France aussi longtemps qu'il vous plaira ; vous y serez toujours traitée avec les égards qui sont dûs à une personne de votre rang. Mais s'il vous plaisait au contraire, de la priver de votre présence, vos ordres de départ seraient obéis avec autant d'empressement que de regret. C'est là ce que j'étais chargée d'annoncer à Votre Altesse.

— Je vous remercie, madame, de cette assurance, répondit Marianna en tâchant de sourire. Et vous aussi, duquèsa. Votre empressement en cette circonstance prouve que vous êtes aussi jalouse de l'honneur de l'Espagne que de celui de ses princes. Quant à mon départ, mesdames, vous me permettrez sans doute d'attendre que l'ordre m'en vienne du roi lui-même. Le conseil des ministres, continua-t-elle en appuyant à dessein sur chaque mot et en jetant des regards furtifs vers la porte du cabinet où était caché le jeune monarque ; le conseil des ministres s'est peut-être un peu hâté de prendre une décision sans consulter Sa Majesté.

— Sa Majesté, répliqua madame de Prie, n'avait point encore à être consultée en pareille matière. Ses sentiments seront sans doute d'accord ici avec les plans que la diplomatie de son gouvernement médite et prépare depuis longtemps. Mais, à supposer qu'il en fût autrement, le jeune roi est trop jaloux de la grandeur de son peuple pour refuser une alliance qui, si elle froisse ses affections particulières, enrichira en revanche la France d'une belle province de plus.

— Et moi, madame, j'ai quelque sujet de déclarer que le roi ne saurait y consentir. Non, poursuivit-elle en donnant à sa voix un accent tout à la fois impérieux et suppliant, non, le roi ne saurait y consentir, et je ne doute pas que lui-même ne tienne à honneur de proclamer hautement sa volonté souveraine !

La porte du cabinet ne s'ouvrit pas.

— Il serait trop tard, Altesse, répliqua madame de Prie. Le conseil a prononcé, l'intérêt de la France l'exige, et depuis plusieurs jours déjà, un ambassadeur fondé de procuration du roi a épousé Marie Leczinska dans la cathédrale de Strasbourg.

A ces mots, qui furent pour la jeune princesse une révélation foudroyante, la camerera-mayor et la marquise de Prie s'inclinèrent profondément et se retirèrent, tandis que l'infante se sentant défaillir, se laissait tomber sur le sofa.

— Eh quoi, murmura-t-elle, il était là, il a tout entendu, et il n'a pas même osé me venir en aide ! Oh ! mon Dieu ! Et on l'appelle le roi !

Aux bruits que firent les deux dames en se retirant, la porte du cabinet s'entr'ouvrit enfin, mais se referma aussitôt, car un homme ayant repoussé le rideau qui le cachait, s'était précipité aux pieds de l'infante, et mouillait de larmes de joie une main qu'elle n'avait ni la force ni la volonté peut-être de retirer d'entre les siennes. C'était Manoël.

— Marianna, s'écriait-il, chère Marianna! L'ai-je bien entendu? Cet odieux mariage ne s'accomplira pas!

— Non, jamais, dit la jeune fille, comme si elle se fût répondu à elle-même.

— Mais promettez-moi que toute autre alliance ne s'accomplira pas non plus. Un serment solennel m'impose encore le silence, mais un jour, bientôt peut-être, croyez-moi, je serai digne de vous. Oh! parlez, je vous en conjure!

La jeune fille hésita quelques instants, portant tour à tour ses yeux, de Manoël qui se tenait devant elle les mains jointes, à la porte du cabinet qui continuait de rester close; puis tout à coup, prenant une de ces résolutions soudaines qui étaient dans son caractère, et où, dans le cas présent, il entrait autant de dépit que d'amour :

— Hé bien! oui, Manoël, je vous en fais la promesse. J'aurai, moi qui ne suis qu'une faible femme, assez de force pour résister à cette raison d'État, que certains rois subissent avec tant de résignation. Mon père ne sera point insensible à ma prière. Nous pourrons être séparés toujours, mais si la Providence, en plaçant entre nous une barrière insurmontable, ne permet pas que nous soyons unis, je vous jure que du moins je ne serai jamais à un autre. Manoël, je me l'avoue à moi-même en ce moment, comme je vous l'avoue : je vous aime !

A ce dernier mot la porte du cabinet s'ouvrit violemment, et le jeune roi, pâle de colère, la menace à la bouche et l'épée à la main, se précipita vers son heureux rival, qui, de son côté, se mit vivement en garde.

— Manoël! s'écria le roi en laissant tomber son épée sur le parquet; et en s'arrêtant déconcerté à l'aspect du jeune homme qu'il reconnut pour celui qui lui avait sauvé la vie, à la chasse, quelque temps auparavant.

— Non, plus Manoël, Sire! s'écria une voix, celle d'Inigo, à la porte du fond, qui s'ouvrit en ce moment pour donner passage à un groupe de personnages, parmi lesquels on remarquait le cardinal Fleury, l'ambassadeur d'Espagne et celui de Portugal ; non, plus Manoël, mais bien désormais don Joseph de Bragance, fils de Jean V, et héritier présomptif des trônes de Portugal et du Brésil!

— Joseph de Bragance! s'écrièrent à la fois le jeune roi et l'infante en qui cette révélation si imprévue fit naître des sentiments bien opposés.

— Voici, reprit Inigo, les ambassadeurs d'Espagne et de Portugal qui pourront confirmer à Votre Majesté les titres de mon glorieux élève. Les raisons pour lesquelles Jean V, notre gracieux souverain, avait cru devoir imposer silence à son fils sur le rang qui lui appartient, ces raisons ont disparu enfin, grâce à la politique française. Tandis que cette politique cherchait secrètement à rompre ses engagements avec l'Espagne, l'Espagne et le Portugal, avertis des intentions de la France, cherchaient de leur côté à resserrer plus étroitement leur alliance. Don Joseph de Bragance épouse l'infante d'Espagne.

A ces paroles auxquelles les ambassadeurs ajoutèrent en les confirmant, de nouvelles explications, don Joseph laissa éclater sa joie; l'infante triompha d'être vengée si promptement (1); et quant au jeune roi, il ne

---

(1) Le mariage de Marie-Anne-Victoire avec Joseph Ier ou Joseph Emmanuel, roi de Portugal, n'eut lieu qu'en 1729; mais le romancier a cru devoir en faire le dénouement de cet épisode. L'histoire en donne un autre plus triste à ce voyage de l'infante à Paris: et pour ne point rappeler Duclos et Saint-Simon, voilà de quelle façon Voltaire (*Précis du Siècle de Louis XV*) raconte le renvoi de Marie-Anne-Victoire.

« On la fit partir pour l'Espagne, sans pressentir son père et sa
« mère, sans adoucir la dureté d'une telle démarche par la plus
« légère excuse. On chargea seulement l'abbé de Livry Sanguin,
« fils d'un premier maître d'hôtel du roi, ministre alors en Portugal,
« de passer en Espagne pour en instruire le roi et la reine, pendant
« que leur enfant était en chemin reconduite à petites journées. Cet
« oubli de toute bienséance n'était l'effet d'aucune querelle entre
« les cours de France et d'Espagne. Il semblait qu'une telle démar-
« che ne pouvait être imputée qu'au caractère de du Vernay (*),
« qui ayant été garçon cabaretier dans son enfance, chez sa mère en

(*) On lit la page d'avant dans Voltaire :
« Paris du Vernay, étroitement lié avec cette marquise de Prie (la fille
« du traitant Pléneuf), résolut avec elle de mettre le roi entièrement dans
« la dépendance du Prince (M. le duc). »

fut tiré de sa stupeur que par un grand bruit de carrosses et de chevaux qui se fit à l'extérieur.

— Qu'est-ce ceci? demanda-t-il.

— Sire, répondit le cardinal Fleury qui jusqu'alors avait gardé le silence, c'est Marie Leczinska qui arrive. Je suis venu pour en prévenir Votre Majesté ; venez, Sire, recevoir votre royale fiancée.

Cette invitation adressée par le cardinal, à qui le jeune roi était habitué à obéir sans murmure, fit cesser toute hésitation dans son esprit. Rappelant même toute sa dignité, il se tourna vers l'infante qu'il salua avec tristesse, mais avec grâce ; puis, s'adressant à don Joseph de Bragance :

— Adieu, mon cousin, lui dit-il. Soyez heureux. Moi, je vais être roi !.....

. . . .

« Dauphiné ; soldat aux gardes dans sa jeunesse, et plongé depuis
« dans la finance, retint toute sa vie un peu de la dureté de ces
« trois professions. La marquise de Prie ne songea jamais aux con-
« séquences, et M. le duc n'était pas politique. »

Voltaire commet une erreur incompréhensible en donnant à Joseph 1er le nom de Joseph II.

« Le renvoi de l'infante destinée à Louis XV excita à la cour
« d'Espagne un dépit qui tenait de la fureur. A la première nouvelle
« qu'elle en reçut, la reine Élisabeth plus irritée que personne éclata
« en injures contre les Français, et obtint de son facile époux qu'ils
« seraient tous, *sans exception*, chassés d'Espagne. L'ordre venait
« d'être signé. Philippe V appelle ses valets de chambre, fait ouvrir
« ses armoires et préparer ses malles. La reine survient et demande
« ce que signifient ces apprêts.— *Ne voulez-vous pas*, reprend ingé-
« nuement Philippe V, *que tous les Français sortent d'Espagne? Je
« suis Français, je prépare mon voyage*. La reine sourit et l'ordre
« fut révoqué. »

(*Tableau de l'Espagne moderne*, par BOURGOING, tom. 1er

Cinquante ans plus tard, et tandis que Louis se mourait à Versailles, la fille de Philippe V d'Espagne, devenue, nous venons de le voir, l'épouse de Joseph Ier de Portugal, se mourait à Lisbonne. Ainsi ces deux existences royales, que dans ses décrets la Providence n'avait pas voulu réunir, se dénouèrent au même jour et à la même heure.

LES ÉPREUVES DE MARAT

I

C'est en Picardie que j'ai vu l'un des plus beaux châteaux de France, un château dont je dois vous taire le nom ; car, à cette heure, son nom de château lui reste à peine ; à cette heure la Bande-Noire en a fait du zinc ; ses écuries, ornées de soleils et de devises à la Louis XIV, ont croulé sous le marteau comme ses boudoirs. Un gros homme bien lourd et bien constitutionnel, au nom de l'industrie et du progrès, sera venu en août 1829, flanqué d'un architecte et d'un maçon, gens aussi habiles à renverser qu'à construire ; l'architecte n'aura pas été fâché de se venger de Mansard, et le maçon, de la féodalité des anciens jours. Le mémoire réglé, le plomb des toits et le fer doré des espagnolettes vendus, la cour, devenue un bazar de briques, de marbres et de moellons, le démolisseur se sera frotté les mains avec autant de joie que le premier acquéreur et le constructeur de ce beau domaine, domaine seigneurial et qui appartient pourtant à la noble maison des Choiseul.

J'avais bien seize ans quand on me fit voir ce château; ses terrasses, ses orangeries, son beau parc, demeurent gravés dans mon souvenir. Il y avait un magnifique bassin avec des figures, un bassin presque aussi vaste que ceux de Versailles; les gazons du parc l'encadraient avec amour. Le château, bas et carré ainsi que tous ceux de Louis XIV, ouvrait ses deux ailes au midi, comme un digne faisan épanoui au soleil. Il avait dans son avant-cour deux beaux pavillons de dégagement, lesquels servaient de communs, et se trouvaient fermés par une grille massive, grille ornée de soleils et de gros boulets de fer, des boulets dignes d'aller au cœur d'un Condé! Le concierge avait un trousseau de clés égal au moins à celui d'un geolier constitutionnel; c'était une espèce de majordome âgé, Picard et Flamand tout à la fois, Flamand par sa dignité comique, et Picard en raison de ses proverbes. Je dois vous dire qu'il marchait méthodiquement et ne manquait pas de m'offrir un siége à chaque chambre, ayant soin de le replacer ensuite en toute hâte, comme si le propriétaire seigneurial eût dû venir le soir même y faire son installation. Château désert, lamentable, abandonné! Rien qu'aux éternels gazons du parc, gazons brûlés et jaunes, comme la robe d'une chanoinesse, on devinait bien qu'il ne devait plus avoir de maître ; on comprenait sa ruine et son abandon ! Je ne saurais dire comme mes pensées toutes enfantines alors se voilaient de tristesse et de réflexion à la vue de cette grave solitude. A chaque volet de fenêtre que faisait claquer le concierge, un rayon de soleil, tranchant comme le rayon d'un sabre, venait brusquement envahir l'appartement et mettre à nu ces poudreuses magnificences. Ce qui m'étonnait encore, c'est que les parquets de plusieurs salles étaient cirés, frottés et lustrés comme de la veille, n'attendant que le talon rouge d'un Mortemart ou la robe à queue d'une Noailles. Les siéges de Landrecy et de Mouzon, sous Louis XIV, donnaient un aspect guerroyant à la galerie ; ces tableaux en tapisseries étaient fraîchement brossés, et les baguettes d'or de leurs grands cadres étincelaient. Tristesse plus étrange ! les girandoles en cristal de chaque chambre et les pendules étaient recouvertes de crêpes noirs. Sur une table à pieds de biches se trouvait encore le Télémaque de M. de Fénelon avec estampes ; un médaillon de la princesse Palatine (1), des colifichets en lave romaine et des nœuds d'épée en diamans filés d'or.

Bourguignon, le vénérable concierge, apportait à la conservation de ce désordre la dévotion d'un rigoureux catholique : il laissait à sa place le moindre oubli

---

(1) Celle des lettres de madame de Sévigné.

et se gardait des remue-ménages. Par exemple le meuble dispersé dans telle chambre était rangé dans telle autre de façon que ce conte de *La belle au bois dormant* et de son immobile palais vous fût revenu dès l'heure même à la mémoire ; la salle à manger du château conservant, entre autres bizarreries, les traces d'un grand et magnifique souper.

— *Voici, mon cher Monsieur, la chaise de M. le comte !* Mesdemoiselles Hus et Louison Rey de l'Opéra avaient fait quarante lieues pour être de ce souper. *La petite Rey fut servie dans ce pâté, dont il ne reste que le plat. Le chevalier Bonnard et M. Dorat y chantèrent,* etc., etc. Puis mille autres souvenirs évoqués par Bourguignon, souvenirs de sa jeunesse ou de celle de son aïeul, car c'était de père en fils que les Bourguignon continuaient leur charge d'intendant. En vérité, ce repas et cette table sans convives serrait le cœur ; les serviettes étaient encore à leur place, les verres encore odorants de la liqueur brune de madame Amphoux. Seulement la poussière avait décrit d'immenses losanges sur la nappe : cette nappe et ce banquet abandonnés avaient près d'un siècle (1).

Comme la juridiction de ce brave concierge avait toujours été grande et son intelligence très-précieuse à ses maîtres, ils s'en reposaient sur lui de la conservation de leurs domaines qu'ils fuyaient, disaient-ils,

---

(1) Historique. Ceci est un caprice dont l'auteur a été témoin à quelques lieues d'Amiens, au château d'H...

en raison des marécages, ils l'avaient conservé dans ses chartes et privilèges. Bourguignon pouvait donc revivre sans nulle crainte au milieu de son époque, soigner sa poussière et ses souvenirs à lui ; il pouvait, encore en idée, mettre au château le couvert de M. de Vergennes, le ministre, ou faire pêcher des tanches dans le grand étang pour l'arrivée de M. de Malesherbes. Les nouveaux maîtres venaient à peine chasser une fois l'an dans ce château.

L'autre été, cependant, M. Gustave y avait passé trois semaines à l'époque des élections ; M. Gustave voulait que son oncle fût député... aussi, monsieur, vais-je vous montrer sa chambre, car je lui avais donné la *chambre d'honneur*, disait Bourguignon, la *chambre d'honneur*, et il faut que ce soit vous pour que je vous la montre après lui, ajouta mon cicérone en remuant les clés de son trousseau.

Hélas ! depuis un quart d'heure, je n'écoutais plus ce digne homme. Ces beaux lieux, si vides et si tranquilles, m'absorbaient ! Ne vous semble-t-il pas qu'un château sans maître est un roi sans courtisans? Adieu la vie et le mouvement de ses grandes salles ; adieu le soleil qui dore au matin ses fenêtres et les rayons de son lustre émaillant au soir à la lune son grand bassin ! Encore une fois adieu le chant matinal de ses horloges, ses joies et ses trépignements de chasse; adieu la meute, le cor et les salves d'artillerie champêtres du jardinier ! Monseigneur le comte Almaviva est parti, il s'en est allé emmenant tout, la comtesse,

Suzanne, et le petit page lui-même ; il ne reste ici que Grippe-Soleil et Bazile, lequel est au village pour conserver les traditions du lutrin ! Almaviva, l'ingrat seigneur, a passé sans une larme sous sa grande allée des maronniers ; il allait jouer à la Bourse, gagner sur les Naples et faire un agioteur de Figaro !

Pourquoi donc ceux-ci, me disais-je, habiteraient-ils leur domaine? A quoi bon ces propriétés royales, si c'est ici que viendront loger les idées mesquines, l'avarice et l'ambition bourgeoise? Est-ce encore le temps des *folies folles;* et notre siècle d'industrie n'a-t-il pas inventé la *folie raison?* On ne s'amuse plus à l'heure qu'il est qu'entre une équerre et un compas. Voilà sans doute pourquoi M. le comte se bâtit un hôtel rue Chantereine et a sa loge au Gymnase; M. le duc ne vient plus ici qu'une fois l'an !

Je marchais ainsi, perdu tellement dans mes pensées, que je ne remarquais pas Bourguignon debout et presque essoufflé sur le seuil d'une nouvelle pièce... Grâce à lui et à la poussière qui survint, je m'aperçus que je me trouvais enfin dans cette chambre par laquelle il avait voulu finir ses fonctions de *cicerone.*

— Pardieu, m'écriai-je, voilà du *gothique* au moins !

Pour comprendre cette exclamation, il faut être au fait de ce que je n'avais pas pris soin moi-même de constater, distrait et ami du monologue comme je l'étais, en suivant le digne concierge, à savoir que cette partie de l'édifice dans laquelle il venait de me conduire constituait l'un des pavillons de l'avant-cour, pavillon qui, pour garder comme l'autre au dehors la forme carrée, n'en avait pas moins à l'intérieur celle d'un véritable donjon. La dernière marche de l'escalier à vis que je quittais en était la preuve.

Cela me parut une grande bizarrerie. Ce caprice irrégulier d'architecture au sein de cette régularité si méthodique! Car le château était à coup sûr des plus Louis XIV; il n'y avait pas jusqu'à sa grille, je vous l'ai dit, qui ne témoignât de cette authenticité.

L'intérieur de ce pavillon, au contraire, rappelait par sa solidité ces donjons robustes du quatorzième siècle dont l'on peut voir encore des vestiges dans notre Bretagne, illustres ruines où chaque pierre sue le nom d'Olivier Clisson ou de Jean Chandos!...

Pour un antiquaire, ami des dates et des hypothèses scientifiques, un bibliophile comme notre ami Jacob, rien ne s'opposait à ce qu'un Tanneguy ou un Duguesclin *picard* y eussent pris en 1540 leur collation. Cette chambre, à laquelle Bourguignon conservait le titre somptueux de *Chambre-d'Honneur*, avait au milieu de son parquet carrelé un lit à quenouilles d'or surmonté de mauvaises draperies rouges, espèce de tapisseries à damas, comme les portières de Gênes. Ce lit et un grand bureau de cuir noir formaient les seuls meubles de ce vieil appartement. J'oubliais encore un large coffre posé comme un marche-pied à ce lit sombre...

Ce fut peut-être la triste impression de cette salle qui rembrunit tout à coup la physionomie de Bourguignon, car il avait l'air de se repentir, tout en m'y faisant entrer. Le jour terne et gris n'éclairait cette chambre ronde que par une seule fenêtre; la fenêtre donnait sur un fossé très-profond. En vérité, je m'étonnais fort que cette chambre pût s'être nommée dans le temps *Chambre-d'Honneur*. Elle était sévère et triste. Bourguignon me fit voir, en poussant du pied le large coffre, entre les jointures même du parquet, un cercle assez large ressemblant à celui d'une oubliette... Il marmottait tout bas des mots inintelligibles pour moi.

En même temps, et comme je soulevais en curieux le couvercle du coffre, je trouvai dans ce coffre vide un gros livret recouvert en papier gris, livret à peine cousu, taché d'huile et de notes marginales à l'encre rouge et qui avait pour titre :

Les Chaînes de l'Esclavage, par Jean-Paul Marat.

A Paris, de l'imprimerie de Marat, rue des Cordeliers, vis-à-vis celle Hautefeuille.

— Ne touchez pas à ceci, monsieur, cria subitement Bourguignon, en m'entendant lire ce titre à voix basse : c'est ce livre-là qui a fait saisir M. le duc.

Bourguignon ajouta avec un effort pénible :

— Et c'est moi!...

Puis, sans parole, il tomba évanoui...

II

A la suite de cet incident, ma première pensée fut que je m'étais mépris sur ce vieillard. J'ai cru, me dis-je, voir un concierge ordinaire dans cet homme à parole brève, vieux simulacre d'intendant cassé et parleur comme tous les autres, et maintenant voilà qu'il se fait acteur dans ce drame, voilà qu'il gémit amèrement et de bonne foi, comme si les malheurs de ce château et la mort même de son maître était son ouvrage ! Non, ce brave homme n'a pas joué la comédie devant moi ; ce n'est pas pour me tromper qu'il a pâli, et pour m'intéresser qu'il vient de tomber en défaillance... Ce pauvre vieillard chauve et délaissé, l'unique propriétaire du château, à l'heure qu'il est, se sera heurté le front à quelque souvenir, à quelque hasard, je le crains ; oui, ne fût-ce qu'à ce livre oublié que je touchais !

Ces réflexions seules m'auraient conduit à un examen plus sérieux de Bourguignon, si la convalescence, qui suivit cette espèce de crise arrivée sous mes yeux même à ce vieillard maladif, ne m'eût pleinement dédommagé de mes soins en m'instruisant de mille détails curieux pendant ses heures de souffrance. Transporté dans la logette du garde, à l'autre extrémité du parc, et comme plus à l'aise loin de ce triste château, le digne homme se montrait à moi sous un aspect nouveau d'intérêt et de récits. Avec une figure sereine et calme comme celle d'un patriarche, il semblait porter le poids d'un crime dont il était innocent...

Ce fut là enfin, et quelques semaines avant sa mort, qu'il me raconta en partie l'histoire suivante que je mis en ordre quatre ans après sur les débris de ce domaine vendu.

Dès le mois d'août 1789, le duc de C..... manifesta l'intention de revoir le château. Le duc revenait alors d'Angleterre et en avait écrit secrètement à Bourguignon. Si vive que fût déjà là tourmente révolutionnaire, le duc, au lieu de fuir et d'émigrer, revint en Picardie accompagné de sa fille qui avait alors seize ans. Les communes environnantes présentaient, à cette époque même, l'image d'un territoire conquis et opprimé. Des clubs et des comités de surveillance s'y trouvaient organisés, et les passeports exigés par les clubistes qui singeaient en véritables énergumènes leurs confrères de Paris. Des placards injurieux contre les nobles se trouvaient affichés ou glissés sous le treillage même des annonces de mariage dans les églises. Le petit village d'Hei...y n'avait pas été préservé de la contagion. Le comte put fort bien lire sur les murs de la mairie l'annonce de *l'horrible conspiration* découverte en 1768, avec celle des *papiers de la Bastille*, papiers fameux dont le journal de Prudhomme entretint si prolixement ses lecteurs. Il se publiait aussi dans les provinces et par anticipation de la guillotine des livres du libraire Garnery : livres semblables à l'échantillon qui suit : *Liste des ci-devant nobles, nobles de race, robins, financiers, intrigans et autres aspirans à la noblesse ou escrocs d'icelle, avec des notes secrètes sur leurs familles,* etc. (1)

Harcelée d'ailleurs par Fréron, l'assemblée législative était journellement décriée aux yeux du peuple ; les aboyeurs se l'enlevaient toute par morceau. Pour un esprit curieux de prévisions politiques, la France ne pouvait lutter, et l'insurrection, depuis longtemps assoupie, devait grandir. Comme à toutes les époques malheureuses de l'histoire, les avertissements les plus sinistres ne manquèrent pas à celle-ci ; cependant elle fut aveugle, l'époque d'alors, aveugle par son impuissance à croire au mal, belle et sereine époque dont les cheveux blanchirent avant l'âge, toute réalisée dans la tête auguste et sanglante de la princesse de Lamballe !

Avant d'en venir aux craintes, la noblesse de France douta longtemps ; elle se réfugiait dans son passé comme pour en obtenir une défense. Rien qu'à voir les vieilles tourelles de son sol, elle se croyait imprenable. Comment déchaîner contre son écu sa vaste population de vassaux et de villageois ? Comment la traîner presque à la barre de ses bienfaits ? Car elle avait défriché ce sol et arrosé ces provinces ; elle avait habillé son peuple à elle et baptisé ses enfants ; elle était forte comme un grand fleuve épanché qui, sans

---

(1) Garnery, libraire. Paris, rue Serpente. (92 à 93.)

être océan, peut remuer des navires. Il ne lui manquait ni amour ni douce popularité ; c'était encore le temps des chapeaux ôtés devant son seigneur, et des flambeaux de résine allumés joyeusement pour sa venue. Voltaire lui-même, M. de Voltaire, le gentilhomme, chambellan titré du roi de Prusse, s'était bien gardé de l'attaquer, cette noblesse! Il avait eu son couvert mis à toutes ses fêtes, ainsi que le peuple ; il l'avait vue, cette noblesse, se faire bourgeoise sous Louis XV, de guindée qu'elle était sous Louis XIV ! La noblesse de France était devenue à la lettre le contrepied de M. Jourdain. Ennuyée de sa broderie de gentilhomme, elle en était venue à paraître en robe de chambre, affable et paisible sur la fin de ce règne du plus paisible et du plus bourgeois des princes. Ce lui fut donc une cruelle chose à prévoir que ces représailles et cette issue ; elle dut détourner d'abord la tête à ces présages pour ne point accuser la nation d'ingratitude ! Triste noblesse, qui ne croyait pas à ce mot !

Ce qui ne doit pas sembler moins étrange, c'est que la pensée du duc pût aller, dès cet instant même, au-delà de ces prévisions ordinaires. Confiant jusqu'à l'imprudence pour lui, le duc de C..., rejeton courbé d'une vieille tige, était devenu défiant pour sa fille unique ; seulement il ne lui faisait part d'aucune de ses craintes. Il la rassurait au contraire et l'encourageait à la gaîté. Heureux sans doute de racheter par cet amour les dissipations étourdies de sa jeunesse, il avait concentré dans cet enfant son avenir et ses joies. Dans un âge où les premiers et les plus simples progrès sont à peine sensibles, Eugénie, sans autre maître que son père, avait devancé déjà les éducations de couvent les plus brillantes; elle savait l'anglais, l'italien et chantait Campra et Gluck à livre ouvert; elle brodait les fleurs presque aussi bien que Boufflers ou un colonel de Poinsinet. C'était une belle jeune fille, bonde et presque blanche avec fadeur, de cette blancheur pâle et transparente qui caractérise les molles statues de Rysbrak. En la regardant parfois dans ce grand salon, occupée et recueillie en ses études, le duc essuyait une larme furtive, comme si la fleur de cette jeunesse dût souffrir; comme si quelque jour les embrassements paternels dussent manquer à cette tête chérie! Il arrive souvent que la jeunesse la plus dissipée et la plus folle devient la plus douce et la plus indulgente des vieillesses. Les moindres caprices d'Eugénie étaient respectés par son père; pour un des oiseaux égarés de sa volière, il eût couru tout le parc! Il ne lui parlait jamais mariage ni mari. Cependant et devant les orages désastreux qui s'amoncelaient, on concevait aisément l'anxiété qui venait saisir son âme. Il se voyait presque à la veille de fuir et de laisser Eugénie aux soins d'une vieille tante paralytique. A moins, se disait-il, que je ne la confie à Bourguignon! Mais il repoussait ces idées, il les évitait et s'encourageait lui-même; il était trop père pour délaissr son enfant!

Cependant son voyage récent en Angleterre avait

eu son but caché. En effet, ce n'était guère pour observer de près l'exemple tant de fois invoqué de cette constitution anglaise, constitution qui trouvait partout des commentateurs et des apôtres de tribune, que le duc avait traversé le détroit. Des amitiés de famille et des souvenirs d'enfance l'unissaient étroitement à sir Erkston, intendant en chef de la maison du prince de Galles. Sir Erkston, dont la fortune était médiocre d'ailleurs, n'avait qu'un fils assez jeune, Williams Erkston, qu'il destinait au barreau. Eugénie et le duc avaient passé quinze jours dans cette famille paisible et simple comme une famille de la Bible. Le puritanisme de manières, imposé au jeune homme, seul trésor de cette famille, faisait peut-être encore mieux ressortir la charmante jeunesse de sa figure. Williams Erkston pouvait avoir dix-neuf ans.

Le motif du duc, en visitant de nouveau sir Erkston et en faisant appel à ses souvenirs, avait-il été de se ménager une retraite en Angleterre ? son retour démentait cette opinion. Était-ce un mariage projeté entre les deux familles ? mais la fortune du jeune Williams était bien précaire ; son père d'ailleurs était déjà soupçonné de se livrer à des spéculations d'agiotage au moins dangereuses. Le duc seul avait donc à lui le secret de ce voyage entrepris avec Eugénie.

De retour au château, il s'entretenait souvent avec elle de l'hospitalité toute cordiale des Erkston. On doit penser aussi que ce n'était peut-être pas sans intention qu'il l'entretenait parfois de sir Williams ; car, à ce nom, elle quittait vite ses pinceaux et s'empressait de parler de Cambridge où le pauvre jeune homme, disait-elle en riant, devait s'enrouer comme avocat.

— Et le voyez-vous, mon père, s'écriait la folle enfant, avec figure longue, sa houppe et sa simarre noire ?

. . . .

Cependant 92 avait sonné. Cet intérieur de château triste et resserré, défendu jusque-là par sa solitude et les respects du village, allait peut-être se voir bientôt envahi. Les gazettes du soir, envoyées au duc par des amis sûrs, glaçaient d'effroi la tante d'Eugénie. Le comité de salut public pourprait enfin l'horizon, comme un sanglant coucher de soleil, après les massacres et les assassinats de septembre. Nos armées battues par les Autrichiens, forcées d'évacuer la Belgique, amenaient la terreur au sein de la Convention. En un mot, du sein de cette Convention même s'élançait la fatale déclaration du mot *suspect*.

Ce mot de sang, une fois créé, faisait comprendre enfin aux plus aveugles la révolution française. Elle s'affermissait comme une lave refroidie, n'avançant plus guère hors de son cercle, bouillonnante encore et retenan ses forces dans son lit. De sanglants pourvoyeurs amenaient au jour le jour sa pâture, à cette Convention : avec ce mot de *suspect*, les entrailles de la France étaient à jour.

Un soir, et sous l'enveloppe de *l'Ami du Peuple*, le duc reçut ce billet :

« Vous devez être arrêté le 31. »

9.

C'était le 31 mai, ce mois aux approches duquel Marat venait de signer, comme président du club des Jacobins, une adresse dans laquelle le peuple était invité en termes formels à massacrer tous les traîtres. Marat faisait courir alors une circulaire qui invitait les départements à répéter chez eux les massacres qui avaient eu lieu dans Paris ; il annonçait aussi aux nombreux comités de surveillance établis dans la province qu'il les visiterait *lui-même* bientôt, dans un rayon de trente à quarante lieues.

Ce fut peut-être moins l'émotion produite par un tel avis que son empressement à le cacher à sa fille qui amena sur le front du duc, au milieu même du salon, une décomposition presque subite... En vain le billet lui annonçait-il huit jours de répit ; il se voyait déjà livré à un tribunal de sang ; il voyait son deuil porté par Eugénie. Cachant dans sa manche le fatal écrit, il regarda sa fille et tomba dans son fauteuil... Transporté bientôt dans sa chambre par Bourguignon, il s'y renferma, disant qu'il voulait écrire et être seul. Dans cette nuit même, nuit où son état parut empirer, on alla par son ordre chercher à la ville deux médecins. Le duc fit ensuite venir Eugénie, l'embrassa et lui parla seul une grande heure.

Le lendemain, et comme elle se présentait de nouveau timidement à la porte avec sa tante, Bourguignon, pâle et debout sur l'escalier, annonça qu'il était mort !

III

Ces mêmes girandoles que j'avais vues recouvertes d'un crêpe noir, au grand salon du château, dataient de ce jour sinistre. En un instant les signes les plus apparents du deuil avaient brusquement assombri cette demeure. A l'intérieur, tous les gens du duc en habit de voyage, se disposaient à partir : telle avait été à leur égard sa dernière et sa plus expresse volonté : Bourguignon en avait été l'organe. Ce grave serviteur, vêtu d'un long habit noir, avait suivi seul au cimetière le corps de son maître, l'arrivée d'un représentant républicain, qui devait coucher au château, lui fournissant un motif pour hâter l'heure de l'enterrement. Malgré ses efforts pour cacher aux deux femmes cette triste cérémonie, l'une d'elles avait poussé un grand cri en s'approchant à la lune de sa fenêtre : c'était la triste Eugénie ! Madame de Sivrac, sa tante, trouvait à peine assez de forces pour la consoler, tant cette mort avait été rapide. Retirées toutes deux dans l'autre pavillon du château, elles abandonnaient ce grand corps de murailles à sa triste viduité. Véritablement on ne pouvait trop dire qui du château ou du seigneur était mort !

Une lettre, écrite d'une main tremblante, était le dernier gage de tendresse et d'effusion laissé par le duc à sa malheureuse Eugénie; il y avait joint sa croix de Malte dont il était commandeur, un drageoir en or et quelques cheveux. Quant à madame de Sivrac, c'était à elle aussi bien qu'à Bourguignon que le duc, au lit de mort, avait confié sa fille; pauvre jeune fille placée entre ces deux existences chancelantes, impuissantes à se défendre elles-mêmes ! Cette lettre du duc, à l'étudier avec réflexion, était vraiment admirable.... On eût dit quelque chose des suaves adieux d'une âme qui donne rendez-vous à sa sœur dans un meilleur monde; elle portait en elle les parfums de l'espérance et les joies de l'avenir. Il y était question de retour et de doux embrassemens... Eugénie, hélas ! n'en comprit que le cachet noir... Ce noir cachet, scellé des armes renversées de sa famille, semblait clore pour elle tout horizon de bonheur; il rembrunissait encore la teinte déjà sombre de ce ciel d'orage. Le couvent, à toute autre époque, fût devenu l'asile d'une telle douleur; la prière aux saintes ailes l'eût bercée; mais, en ce temps d'effroi, une curiosité insurmontable et presque fatale rivait au contraire au monde ces découragements profonds : les femmes elles-mêmes sentaient le besoin de voir et de s'exposer. Eugénie demeura donc dans le château avec sa vieille tante. Nuit et jour, Bourguignon redoublait pour elle de sollicitude; il évitait de lui parler des événements; il eût craint sans doute de la perdre en provoquant une fuite. Eugénie vivait ainsi, paisible et triste, sous ce toit où elle était jadis si paternellement aimée;

triste château où elle croyait parfois entendre des pas à la porte même de sa chambre ! Ces visions glacées la tourmentaient au point qu'elle priait sa tante de ne plus l'abandonner.

Cependant, huit jours après cet événement, Bourguignon ouvrit la grille à deux cavaliers montés sur de sales bidets de poste. La pluie, qui n'avait cessé de laver les routes, laissait sur les bottes et les manteaux de ces voyageurs des sillages récents: l'écharpe même qui les ceignait en dessous avait déteint ; mélange dégoûtant de bleu, de blanc et de rouge. De mauvais pistolets vieux et ternis ressortaient de cette écharpe ; un bonnet d'ours couvrait le front de l'un deux. Ils mirent pied à terre près du perron.

— Le citoyen C..? cria l'homme au bonnet d'ours.

Bourguignon, touchant, d'un air triste, le crêpe de de son bras droit, répondit que son maître, le duc de C..., était mort.

Celui qui accompagnait le bonnet d'ours et qui semblait un jeune homme de vingt-trois ans au plus, fit répéter cette réponse au vieux concierge.

Bourguignon l'examina. Jamais peut-être, sous l'habit républicain de l'époque, il n'avait entrevu plus belle figure. L'étranger était vêtu de noir, les cheveux longs et bouclés, d'après la mode d'alors ; il portait sous le bras un dossier de parchemin. Il semblait consterné de la réponse du concierge : celui-ci pensa que c'était peut-être le dépit d'un voyage inutile qui le tourmentait.

— Allons, ne viens-tu pas, citoyen Barbeau? lui cria son camarade.

Le jeune homme le suivit sans trop savoir où il allait. Bourguignon leur proposa lui-même de leur montrer le château.

— Suffit, citoyen concierge; la première chambre venue... nous nous dispensons d'une visite domiciliaire, dit le bonnet d'ours. Ce n'est pas après trente lieues de poste qu'on fait de ces choses-là; et quelles routes encore!

— Il est vrai que la partie des routes est légèrement entamée pour le quart d'heure, citoyen, reprit Bourguignon. Ces damnés fourgons qui nous reviennent chaque jour d'Autriche...

— Allume-nous du feu dans cette pièce-ci et va-t'en. Sarpedieu! ta cheminée fait des siennes; elle fume comme l'enfer! Ouvre-moi ce panneau-ci.

— La clé de ce panneau, citoyen?

— Eh bien oui, la clé de ce panneau?

— C'est que, voyez-vous, reprit Bourguignon avec embarras, c'est un donjon où vous gèleriez, citoyen : on s'y meurt de froid, même en août.

— C'est bon; nous avons des fagots et le journal de l'abbé Royou pour faire du feu. Peste! une fenêtre à barreaux et des murs en pierre de taille! voilà qui sent la Bastille, mon petit Barbeau.

Pourtant le bonnet d'ours et le jeune homme étendaient déjà leurs manteaux devant le feu allumé par le concierge. La répugnance de Bourguignon à loger ces nouveaux hôtes dans cette partie du bâtiment devenait de plus en plus visible. Heureusement pour lui qu'elle ne fut point remarquée. La *Chambre-d'Honneur* (c'était bien elle) s'éclairait alors des flammes chaudes et pétillantes du sarment; la pluie battait la fenêtre.

— Puis-je me retirer, citoyens? babultia le concierge.

— Après deux questions que nous allons te poser, dit le bonnet d'ours. Premièrement, qui diable habite ton château?

— Deux pauvres femmes, citoyens; une mère avec sa fille : cette femme est l'ancienne lingère de M. le duc.

— Tu mens.

— Aussi vrai, citoyens, que j'ai en horreur les honnêtes gens et les modérés.

— Bien. Tu me jetteras un matelas dans la chambre à gauche; mon secrétaire occupera celle-ci : c'est un jeune homme, il faut qu'il ait le beau lit.

— Si pourtant ces messieurs désiraient le grand salon?

— Des salons! imbécile! cela est bon pour des Girondins. Du fromage et du vin du crû, marche!

Bourguignon redescendit; le bonnet d'ours s'approcha de la fenêtre. L'orage s'apaisait, et le marbre des bassins luisait au soleil; quelques piverts se montraient sur les grands sapins du parc.

— Les belles prairies! soupira le jeune homme.

— Tu as les goûts purs ; tu aimes la campagne, Barbeau.

— La république une et indivisible ne le défend pas, citoyen.

— Range un peu ces médecines et ces papiers. Pardieu ma valise est légère pour un président ! Tu as mes épreuves, n'est-il pas vrai ? J'ai quelque envie de les mettre en ordre ici. A Paris, tu le sais, il m'est impossible de *travailler*. Si je passais huit jours en ce château, qu'en dis-tu ?

— J'admire ton activité, citoyen. Hier au soir tu assistais à la *Mort d'Abel* par le citoyen Legouvé ; il y a trois jours tu foudroyais Lacroix à la tribune, et maintenant, après une journée de poste, te voilà seigneur d'un donjon de Picardie !

— Peste soit de Paris ! on n'en finit pas avec les ovations et la boue ! Le Ciel les écrase tous, excepté Fouquet-Tinville ; ils m'useront à la peine comme ils feraient d'un cheval de forge ! J'ai bien besoin, en vérité, des couronnes de Rochet ! Un guichetier du Temple couronner l'auteur des *Découvertes sur le feu, l'électricité et la lumière !* Vois-tu bien, Barbeau, il y a des instants où je me prends à regretter mon habit violet de médecin des gardes d'Artois. Dans ce temps, le premier goujat ne m'enlevait pas en l'air.

— Aussi, n'étais-tu pas alors *l'ami du peuple* ; tu faisais de la physique, citoyen.

— Je le crois bien ; demande à l'abbé Saas. Je traitais Newton d'imbécile et de girondin, va ! L'académie de Lyon possède encore des discours de mon écriture. Il faudra que je la déclare suspecte, cette académie de Lyon; elle ne m'a donné autrefois qu'un *accessit*.

Bourguignon revint alors avec du fromage, un reste de lièvre et une bouteille de vin du Rhin.

— Tudieu, l'ami, voilà de belles armes sur le cachet! Il paraît que la cave est noble? Est-il bête d'être mort, cet aristocrate de C...! dis-nous un peu s'il t'a laissé par testament toutes ses futailles? Par le papa Guillotin! voilà une bonne prise que manque la Convention ! Il entretenait, je le sais, des liaisons secrètes avec plusieurs émigrés; ami des Mouchy, des La Rochefoucault! Au surplus, c'est Danton qui tenait à cette affaire : je m'en lave les mains exactement...

Il s'essuya les mains à la serviette même du concierge. Bourguignon recula en voyant la marque qu'avaient laissée ses cinq doigts : c'était presque une poignée de main de Marat!

Débarrassé de son épais bonnet d'ours, Marat se mit à table avec une activité grotesque. En quatre minutes il expédia son repas. Ce repas fini, il dit à Barbeau de lui faire son café.

Le jeune homme tira d'une petite boîte de ferblanc quelques pincées de moka, les jeta dans l'eau chaude et mit sa cafetière au feu en fredonnant l'air :

Allons, enfants de la patrie....

Marat, pendant ce temps, essayait une promenade

de long en large, s'approchant de temps à autre pour lire près de la fenêtre les nombreux papiers qu'il tirait de sa valise.

— *Pétition de quinze cents femmes à la Convention en faveur des détenus.* Nous avons le temps. — N° 37 du *Journal de Prudhomme.* Tu liras ceci, Barbeau. — *Costumes républicains, par le citoyen David.* Ah! cela est mieux; mais qui diable les portera? ce n'est pas moi d'abord qui tiens à mon habit brun depuis le coup de pistolet de la Butte-des-Moulins. Ce bon David! que ne recommence-t-il des Brutus? — Les *Chaînes de l'Esclavage!* voilà mes épreuves, petit Barbeau. Ah! à la bonne heure, les *Chaînes de l'Esclavage!*

Il reprit avec une sérénité paterne et de l'air affectueux d'un professeur :

— Corrige et mets au net, mon cher Barbeau. Tu as de l'esprit et tu écris bien l'anglais; tu reverras pour moi l'abrégé de Cotton et l'histoire de Hume, qui est dans ta malle. Prends bien garde surtout aux inutilités et aux redites. Je vais faire un tour dans la commune. Adieu.

Il but coup sur coup trois tasses de café, renfonça de nouveau son bonnet d'ours et sortit.

Celui qui demeura seul alors dans la chambre regarda par la fenêtre, l'espace de cinq minutes. Quand il se fut bien assuré de ce départ, il tira à son tour d'un sac de voyage du linge fort propre, des rasoirs et de petits ciseaux anglais d'une élégance et d'une perfection incontestable. Ce fut de son mieux qu'il ajusta devant la glace la pyramidale cravate blanche que portaient les représentants ; de son mieux encore qu'il brossa la vétusté de son frac à boutons d'argent, et qu'il lustra d'huile sa brune chevelure. Sa toilette ainsi terminée avec tout le soin d'un gentleman, il écrivit.

Ce qu'il écrivait, quinze générations d'experts auraient eu peine à le déchiffrer alors ; vous eussiez dit le Talmud. Des mots sans figure, sans ordre, jetés à la hâte sur de petits papiers épars, et chiffrés avec des signes plus embarrassants encore, formaient les pages que devait traduire sa plume. C'était une série de chapitres moitié français et anglais, les uns manuscrits, d'autres imprimés, épreuves fautives et mal formulées pour la plupart, tout cela sortant par morceaux d'un immense dossier, comme les cent têtes de l'hydre de Lerne. Ce périlleux atlas n'avait cependant pas l'air d'effrayer le secrétaire ; il s'orientait et suivait du doigt chaque indication, de manière à remplacer les pages qui manquaient à ces épreuves par des pages aussi nettes que les épreuves elles-mêmes. De quart d'heure en quart d'heure, il se levait et se rasseyait presque aussitôt. Évidemment ce fastidieux combat devait en faire un martyr : il bâillait et se tordait comme l'esclave de Néron empoisonné par Narcisse. S'il vous eût fallu lire ce que copiait ce jeune homme, à l'air patient et résigné, je crois que votre courage aurait fléchi. A cette heure même, et bien que le livre en question datât de 74, le paradoxe et l'enflure en faisaient les frais.

La déclamation tribunitienne de Marat perçait déjà hautement dans cet ouvrage ; on y trouvait des maximes en latin telles que celles-ci : *Expedit unum hominem mori pro populo ;* plus loin, il y avait des exemples tirés de l'histoire de Hume avec des réflexions dans le style du père Duchesne. *On devient sacrilége alors qu'on délibère* avait paru à ce bon Marat une règle excellente de critique; aussi se gardait-il bien de *délibérer* en jugeant Henri IV, Louis XIV, Auguste, Marie, Charles Ier et Jacques II. Empreintes d'une irrécusable naïveté et d'une sanglante bonne foi, ses appréciations historiques ne tendaient à rien moins qu'à déclarer justiciables de la guillotine Marie Stuart, Louis IX, les Stuarts et Caracalla. Ce bizarre accouplement de noms français et de noms romains était, comme on sait, l'une des rages de l'époque; Marat, véritable novateur, avait renchéri sur la rhétorique des clubs en y ajoutant des noms anglais. C'est à Édimbourg et en anglais qu'avait eu lieu la première publication de ce livre. Marat donnait alors, dit on, des leçons de français dans cette ville ; Marat, mauvais médecin, faisait de la syntaxe pour subsister. Dans sa préface, il se plaint beaucoup du cabinet de Saint-James, il cite l'exemple de Wilkes et parle des attentats auxquels le ministère se serait porté envers lui au premier vent de cette audacieuse publication s'il n'eût *émigré* à Carliswe, à Bellick et à Newcastle. Il s'y donne comme un *citoyen* du *monde* porté en *lettres rouges* sur les tablettes de Georges III. *Si du moins la France était libre et heureuse! Mais tes princes, tes magnats sont par leurs vices l'écume du genre humain! Quels maux ne t'ont pas faits tes mandataires, lâches esclaves du plus vil des mortels?* C'est ainsi que se termine cette préface nommée *notice* (1)

Il y a loin de là, vous le voyez, aux énergumènes fureurs de sa dictature ; Marat le professeur est un pamphlétaire bien humble qui écrit, en 74, à Edimbourg, des injures anglaises contre un roi français. Ce n'est qu'en 92 qu'il réimprima ce livre! Entre ces deux dates s'agite la vie de cet homme. L'auteur des *Mémoires académiques* et des *Recherches sur l'électricité médicale* jette dans le ruisseau de la rue Saint-André-des-Arcs tous ses livres d'expériences imprimés à Londres, à Leipzig, à Rouen; il comprend qu'il n'a que cinq pieds de haut et que ses traits sont hideux; il voit le peuple, il crie pour le peuple, il est plus peuple que ce peuple! Bafoué d'abord pour sa taille comme Démosthènes, il n'esssaie pas des cailloux de l'orateur

---

(1) Lisez, si le courage ne vous défaut, les propositions énoncées dans ce livre de Marat : c'est une boursoufflure de style et une affectation de période qui rappelle à la lettre les numéros du *Constitutionnel*. L'amplification et l'emphase étaient, comme on sait, le type de l'éloquence tribunitienne ; tout le monde peut donc comparer cette éloquence avec celle du journal ministériel qui contenait des phrases pareilles à celles-ci, dans ses feuilles de 1830 : *Soleil de juillet, est-ce là une conséquence de tes rayons? O intolérance religieuse, voilà de tes coups!*... et autres déclamations au sujet de la rue Bourbon qui *osait encore* s'appeler ainsi. Ce même journal, qui appelait en outre, en 1829, Albion *perfide* et *vorace*, lui décerne aujourd'hui le titre fastueux de *reine des mers* et de *maîtresse du trident!*

grec, il se laisse pousser, heurter, marcher sur les pieds, et s'en va rouler sous la chaise même de Danton. N'ayez pas peur que, pendant ce temps, il lui revienne en idée de revoir *sa* littérature; il n'a que le temps de pétrir avec un peu de sang et de boue l'*Ami du Peuple*, de conseiller de pendre huit cents députés à huit cents arbres du jardin des Tuileries, et à leur tête Mirabeau qui fait fi de lui! Ce n'est pas que ces pamphlets soient sans valeur : le ministre Roland les paie; mais il sait comment se font les pamphlets, le docteur Marat! Il les fait si vite, qu'il a senti lui-même le besoin de se faire presse. Il imprime chez lui, dans sa rue, à poste fixe; il imprime contre Necker, Louis XVI, Mirabeau, la municipalité et le châtelet de Paris; mais tout cela se perd, se broie, se déchire sous la meule de l'échafaud : on lit si vite! Tout cela d'ailleurs est cruellement palpable, nullement sophistique; tout cela va droit au but. Il traite ses collègues de *gueux*, de *chiens*, de *cochons*, dans un style qui n'est rien moins qu'elliptique. Il n'a pas le temps d'écrire à Paris, comme il le dit; il écrit tant, si souvent, à chaque minute, à chaque heure! Il faut donc bien, si le Ciel est juste, que tout cela ait un terme, que Marat *se repose*, qu'il ait du temps! Pour se revoir et se mettre au net, il aura 92. En 92, après la hache levée sur Louis XVI et sa justification à lui, Marat, devant son propre tribunal de la Convention, Marat, l'homme rouge des clubs, le plus grand scandale de cette assemblée qui fut elle-même un si long scandale aux yeux de l'Europe, Marat, le publiciste et le pamphlétaire, s'efface; il rêve par avance les honneurs du Panthéon et même de l'Académie; il châtie son style et réimprime les *Chaînes de l'Esclavage!*

Ne vous y trompez pas, ce livre inquiète Marat!

La lassitude seule obligea le secrétaire Barbeau à s'endormir.

IV.

Quand il s'éveilla, tout le site était changé; il lui sembla que le soleil jaunissait le sable du parc, que les gazons et les maronniers étaient plus verts. En ouvrant la fenêtre, il trouva l'air chargé de parfums; la pluie de la veille filtrait encore goutte à goutte par la gueule des crocodiles en pierre de l'étang.

Le jeune homme descendit avec précipitation. Il y avait longtemps qu'il n'avait respiré l'air du matin, plus longtemps encore qu'il n'avait couru libre et gai comme un enfant. Cette promenade rafraîchit son sang et ses idées.

Williams interrogeait chaque plante et chaque fleur avec un sentiment de fraternité joyeuse; il les nommait toutes comme eût fait un patriarche de ses filles; il ressemblait à Adam dans la belle vallée d'Éden. Ce pauvre jeune homme passait donc une fois le front levé ! Il n'avait plus à rougir en se promenant ou à trembler à la voix du maître ; il pouvait reprendre le fil de ses félicités d'enfance et se croire encore Anglais ! Ce parc tout anglais lui rappelait presque Windsor, Windsor, vieux château aux portraits de reines ; véritable château de Stuarts! Windsor, où Williams avait fait de délicieuses promenades il y a quatre ans ! Serait-ce une reine que vous cherchez, Williams ? Pourquoi regarder, citoyen, les fenêtres de ce château comme ferait un espion ? Pourquoi ces demandes à Bourguignon, ces promenades et ces descentes fréquentes dans le parc ? Williams, le moindre être vivant doit se cacher, trembler ou fuir devant toi : tu n'es plus Williams, tu es Barbeau, le secrétaire de Marat !

Avant d'accuser une pareille transformation, il faut savoir ce que ce jeune homme avait souffert ; c'était un secret entre sa mémoire et son courage. Williams Erkston, l'Anglais Williams, le jeune avocat de Cambridge, avait un jour quitté brusquement la maison du vieil Erkston ; il avait passé en France. Bien que ce déplacement pût se traduire alors par une envie naturelle de voir les choses, il semblait étrange que Williams, cité par ses talents dans cette université, allât se mêler en acteur obscur à ce drame ; qu'il préférât l'expatriation au repos. Telle avait été cependant sa résolution. En 89, il vint habiter le quartier Saint-Jacques ; dès 89, il pérorait dans les clubs avec la ferveur d'un néophite montagnard. Malgré son accent très-légèrement anglais, il forçait le peuple à l'écouter et les sections à le laisser vivre. Il était même cité comme un ami de Courtois et de Danton.

Si quelque démagogue incrédule eût pu mettre en doute à cette époque la *pureté* d'intentions qui animait ce jeune homme, son indécision se fût peut-être accrue par l'observation de la vie naïve et solitaire de Williams. Le jour, il sortait à peine et se montrait rarement : ce n'était guère qu'aux assemblées du soir qu'il se rendait. Il n'abusait pas de la parole comme les autres, avec force, emportement ; sa parole, à lui Williams, était douce, onctueuse, et cadencée. Il parlait de la république en style d'églogue; il la revêtait des couleurs bibliques de l'Écriture. Orateur de paix dans un siècle de soulèvements, il appliquait sa poésie neuve et candide à toutes les conséquences furibondes du raisonnement; c'était un diacre, jeune et beau; prêchant l'hérésie. Poursuivant la perfectibilité avec amour, il fermait les yeux pour ne point voir toutes les hideuses *perfections* qui s'inventaient, à commencer par celle de la guillotine, la plus *parfaite* des souffrances humaines. En un mot, peu lui importait l'arène brutale et sanglante des passions d'alors ; un mysticisme ardent, reste de son puritanisme anglais, dirigeait toute sa conduite. D'Herbois l'eût appelé *saint* et Robespierre *demoiselle*.

La révolution française, plus que toute autre, était féconde en transformations de cette nature. Il était facile à tout le monde de se faire les bras rouges et de crier, de dénoncer hautement son voisin au risque de n'avoir plus sa propre estime, de soupçonner enfin tous ceux qu'on voyait, afin d'éviter soi-même le nom de suspect. Cette acrimonie vraie ou feinte devenait un passeport. Mais traverser à pied et dans ses mille circuits cette période sanglante, se faire, au milieu de ses colères, un bouclier de sa parole heureuse et limpide, marcher au milieu d'elle le front serein et le regard froid, assister, bien qu'étranger, à ce spectacle et y assister à la vue de tous et au premier banc; souffler au besoin toutes les fureurs et déchaîner toutes les rages, sans que l'on ait soi-même en son âme rage ou fureur, sans que l'on soit autre chose que l'hôte et non le sujet de ce pays, sans qu'on s'intéresse, qu'on palpite et qu'on avance à mesure que palpite le peuple et que monte le flot, n'y a-t-il pas dans ce déguisement la plus sublime et la plus amère ironie ? Pourquoi Wiliams allait-il donc à ce grand tournoi d'idées révolutionnaires ? Pourquoi ce jeune homme touchait-il de si près à l'échafaud ?

Le secret de Williams était à lui; il lui appartenait, il l'avait bien acheté ! Lui seul savait pourquoi, pouvant se faire juge de cette révolution de France, révolution toujours incessante et malheureuse, il s'en était fait le complaisant; lui seul avait le secret de ce dévoûment factice à des idées que sa raison froide et juste, sa raison d'Anglais, n'avait condamnées que trop ! Le secrétaire Barbeau avait seul la clé de Williams.

Avant de descendre au jardin, il avait eu soin de

demander à Bourguignon si son *camarade* s'était levé. Le concierge répondit que, la veille au soir, le citoyen Marat avait pris médecine et qu'il dormait. En remontant le perron, Williams crut entendre un léger bruit près de la salle à manger; il distingua même la voix cassée d'une vieille femme : c'était sans doute la lingère dont Bourguignon leur avait parlé. En ce moment retentit au sommet de l'escalier la voix de Marat.

— Barbeau, citoyen Barbeau !

Williams connaissait deux voix à Marat, sa voix ordinaire, malade et couverte par l'enroûment ; sa voix de club, gonflée, foudroyante : c'était cette dernière qui venait de l'appeler.

Le secrétaire monta vite et trouva le président des Jacobins qui l'attendait. Marat demeurait au lit, le front recouvert d'un mauvais mouchoir. A ce propos, on ne saurait trop remarquer la rudesse véritable et la pauvreté vraiment étrange de ces temps. L'égoïsme d'argent, caractère infamant de ce siècle-ci, cet égoïsme pillard qui remonte à l'époque même de l'empire, égoïsme d'or, de richesse, d'habits et de tableaux, ne fut pas le vice des hommes influents d'alors : la dictature républicaine avait à peine des bottes. L'habit fastueux et couturé d'or d'un général de l'empire eût fait lever alors les épaules à ces tribuns ; ils pouvaient bien copier Rome et cacher au besoin le sang de leurs mains sous la toge, mais ce ne fut point à eux que la guillotine profita.

Marat se leva donc à demi sur son matelas. Il tenait

à la main le cahier d'épreuves qu'il venait de chercher lui-même dans la chambre du secrétaire où elles étaient restées sur le bureau de cuir toute la nuit.

— Dites-moi, Barbeau, vous arrive-t-il quelquefois d'être ivre ?

— Jamais, Citoyen.

— De confier ces épreuves à qui que ce fût ?

— Jamais.

— Soupçonneriez-vous quelque homme assez hardi pour vous les avoir soustraites?

— Je ne vois personne, citoyen.

— Comment donc alors se trouvent-elles annotées en marge à l'encre rouge? Qui a fait ces lignes? Voyez !

La stupeur et la rage entrechoquaient les dents de Marat pendant qu'il prononçait ces paroles : il venait de jeter le cahier à la tête de Williams...

Le jeune homme mordit ses lèvres déjà blanches : c'était un outrage de plus à ajouter à tous ceux de son martyre. Lui, Anglais, fils de gentilhomme, se voir insulter par Marat !

— Tu ne réponds pas, Barbeau? tu ne réponds pas. Tu sais pourtant que c'est moi qui *fais tout* à l'heure qu'il est. Qu'as-tu à me dire? Parle.

— Citoyen, ce que je puis affirmer, c'est que le cahier n'a jamais quitté mon pupitre ; c'est à Paris et rue Hautefeuille que de pareilles annotations ont dû avoir lieu. Elles sont, j'en conviens, dit le secrétaire en es parcourant d'un œil terrifié, elles sont blasphématoires et attentatoires à la dignité comme au maintien de la république. J'ose présumer que vous ne m'en croyez pas l'auteur?

— Je crois tout, je veux tout croire, dit-il en se renfonçant sous la couverture ; tout croire, Barbeau, des aristocrates et des traîtres. Je voudrais en tenir un, ce duc de C..., par exemple, que tient la tombe à cette heure! Ce sont eux qui sont cause que je souffre... Je souffre cruellement, Barbeau. Cette nuit, j'ai cru que j'allais mourir. Les médecins me feront crever comme un chien à force de drogues! C'est la lèpre, la lèpre des Juifs, Barbeau! Et cette Convention qui me fouette toujours le sang! Verse-moi un peu de café, Barbeau!

Williams, d'une main tremblante, remplit jusqu'au bord la tasse de Marat; il chercha ensuite à s'approcher de la fenêtre, la fétidité de cette chambre l'étouffait.

— Eh bien, tu t'es promené ce matin, enfant; tu as vu le parc : je t'ai entendu chanter. Tu chantes, toi! Pardieu, il devait être assez plaisant, ce château ; j'en juge d'après sa bibliothèque. Voilà un Massillon qui porte un bien joli nom sur la première feuille : *Eugénie!* La comédienne Fleury, qui m'a caché dans le temps, portait ce nom-là.

Williams pâlit.

— Es-tu bien certain, citoyen Barbeau, qu'il n'y ait que ces deux femmes ici? Dans tous les cas, ce seraient de bonnes *tricoteuses*. Je ne sais si j'ai rêvé ; mais cette nuit, ne dormant pas, j'ai cru entendre par le diable ! les sons d'une harpe auprès de ma chambre...

— Le concierge nous a dit qu'il ne restait qu'une lingère.

— Une lingère qui sait la harpe ! dit Marat avec un ricanement sourd.

— Pourquoi pas ? ta blanchisseuse a bien fait la déesse Raison.

Les yeux de Marat se tournèrent alors vers le cahier qu'il venait de jeter sur ses draps. Il le prit des mains de Williams et lui en montra les additions. C'était un système de réfutation, à l'encre rouge. L'écriture en était nette, concise, quelque peu hâtée, moqueuse surtout. On eût dit le doigt de Dieu sur la muraille de Balthazar.

— Et tu n'as pas vu cela, Barbeau ; non, tu n'as pas vu cela ? Tu manges, tu dors chez moi depuis cinq mois, et tu n'as pas vu cela ? La veille du décret contre ce duc de C..., tu es venu, suppliant, me prier de te prendre pour copiste, et tu n'as pas vu cela ! Barbeau, Barbeau, il y a un homme à Paris auquel je t'enverrai porter ces feuilles : il n'y a que lui, vois-tu bien, qui écrive à l'encre rouge. Cet homme, c'est mon ami, mon correspondant, le bourreau !

Le café et la médecine du matin soutenaient alors sa fièvre. Le café, la fièvre, se disputaient jour par jour le cadavre de Marat. Il retomba assoupi sur son oreiller.

Williams s'était hâté de sortir. Voir dormir Marat était peut-être plus hideux que le voir veiller !

Hébété de peur, le secrétaire rentra dans sa chambre : sa stupeur égalait au moins son effroi. Comment s'expliquer les audacieux changements du manuscrit, et quel était le mystérieux correcteur de ces épreuves ? L'ironie des notes que Williams parcourait, notes à demi effacées déjà par le crayon de Marat, aurait suffit pour faire décréter de mort quatre-vingt têtes. Ce n'était pas seulement les propositions de Marat, mais jusqu'à son style boursouflé qu'on inculpait. D'autres fois, *toujours à la marge*, on l'accusait de crime et de lâcheté. La bave irritée du monstre semblait avoir coulé sur ces notes même ; l'empreinte terrible de son pouce montrait qu'il avait passé déjà plus d'une heure à retourner ces feuillets coupables, feuillets heureusement écrits d'une autre main que celle de son secrétaire Barbeau.

Mieux que tout autre, sans connaître l'auteur de ce délit, Williams savait pourtant que nulle de ces lignes n'avait été écrite à Paris ou dans le voyage : c'était la veille même qu'il avait collationné les épreuves. Il fallait donc que quelque main invisible eût fait le coup.

Bien que Williams ne fût pas superstitieux, il éprouvait cependant une certaine frayeur de ces choses. D'ailleurs, il y allait de sa tête et de sa place de secrétaire près Marat ; sa place de secrétaire, à laquelle il tenait tant ! Sur les neuf heures, il alla donner le bonsoir à Marat ; il eut bien soin, avant d'y aller, par une de ces frayeurs que l'on ne s'avoue jamais, d'emporter la clé de sa chambre. Marat se tenait debout et habillé.

— Citoyen Barbeau, lui dit-il, nous partons demain. Voici des dépêches à lire ; je me charge de celles du comité qui m'en écrit long et est fort penaud de la mort de ce duc de C... Il paraît qu'ils y tenaient à ce brave duc ! Tu vas t'occuper, toi, de mes épreuves ; les protes attendent : c'est Fréron qui me l'écrit.

En se couchant, Williams plaça, comme la veille, sur le bureau le livret d'épreuves. Pour se tenir prêt au moindre caprice du maître, il s'étendit, botté et demi-vêtu, sur son lit.

Il n'avait pas eu de peine à remettre en ordre le manuscrit ; il couvrit de lignes noires, les implacables lignes rouges. Il ne pouvait s'empêcher en les relisant de frémir à la seule idée qu'un être humain avait osé écrire côte à côte de Marat ! Et cela pour le censurer, pour raturer Marat et le bafouer insolemment ! Williams interrogeait vainement ses souvenirs de Paris : il ne voyait que le concierge de Marat, et Williams, qui eussent le droit d'entrer dans sa chambre, le bouleversement de ses idées était inouï...

Ne pouvant dormir, le secrétaire repassait alors en lui-même toute sa vie. Elle était déjà bien pleine, cette vie de jeune homme ; déjà semée de luttes courageuses, de bienfaits obscurs, d'ardents sacrifices... celui de son abjection et de sa misère surtout !

Il en était donc à ce demi-sommeil qui est le repos sans être pour cela l'oubli ; il distinguait le froisse-

ment de ses oreillers et le bruit de ses rideaux qu'agitait le vent ; il voyait aussi le cercle agité que décrivait
au plafond la petite lampe qui brûlait sur le bureau.

Cette nuit, la chaleur était étouffante, malgré le
mois de mai et l'épaisseur même des pierres de cette
chambre gothique. Tout à coup Williams, se frottant
les yeux blessés par une lumière plus vive, et prêtant
l'oreille comme si elle venait d'être frappée par un pas
soudain, vit un personnage singulier à son bureau.

Cet homme s'asseyait à la place même de Williams,
il touchait le carton et les épreuves de Williams. A le
voir ainsi, bien qu'il ne fût alors qu'accoudé, on pres-
sentait qu'il devait être de haute stature ; il avait le
teint pâle et les joues fort amaigries. De longs cheveux blancs pleuvaient sur ses tempes ; son habit
brodé de perles conservait un vieux nœud d'épaule
et de larges basques à la Louis XV. Williams, stupéfait, n'osait bouger...

Et cela, parce qu'en même temps que l'homme écrivait, en même temps que sa plume allait et raturait
de nouveau le manuscrit, Williams entendait fort distinctement à gauche le sifflement aigu d'une autre
plume dont le bec fatal sillonnait aussi des pages. Cette
plume était celle de Marat qui écrivait à côté !

Ayant enfin jeté un regard de mépris sur les feuillets, l'homme se leva et fit mine d'approcher le livre
de la lampe... N'hésitant plus, Williams sauta du lit.

— Qui que vous soyez, je vous arrête au nom de la
loi, dit le secrétaire d'une voix glacée ; car sa voix

tremblait et le jeune homme ne pouvait s'expliquer à lui-même sa torpeur magique, il ne pouvait s'expliquer par quel prestige, les portes étant fermées, cet homme arrivait à lui.

— Williams! dit l'homme.

— Le duc! dit à genoux Williams.

Le duc et le jeune homme venaient en effet de se reconnaitre... Williams croyait voir une apparition ; le duc conservait un air à la fois paisible et dédaigneux.

— Sir Williams arrête donc les morts à l'heure qu'il est? dit le duc; il est de la secte des résurrectionistes?

Le secrétaire était pâle et n'osait lever les yeux. Il y avait quatre ans qu'il n'avait vu ce vieillard. Le duc lui tendit affectueusement la main.

— Et l'étudiant de Cambridge, reprit-il lentement est devenu le secrétaire de Marat !

— Son secrétaire, dit le jeune homme froidement. Il ajouta : Vous êtes, monsieur, sous le poids d'un mandat d'amener.

Le vieillard baissa la tête.

— Vous paraissez, de plus, ignorer qui vous logez?

— Je le sais, jeune homme ; je sais que ce n'est pas sir Erkston, votre père, ni le fils de sir Erkston : c'est le citoyen Barbeau et le citoyen Marat.

— Les moments sont chers, M. le duc; ajournez donc vos mépris. Ce n'est pas le temps de me justifier, mais de sauver votre tête. Dieu m'est témoin que je bénis le ciel de vous voir vivant. Mais entendez-vous ces pas dans la chambre à gauche? c'est Marat qui veille, M. le duc, c'est Marat!

— Et c'est moi aussi, Williams, c'est moi qui veille pour vous, continua le vieillard à voix plus basse; moi qui viens vous dire du fond de la tombe : Quittez cette voie, enfant; quittez ce jongleur de mots et de phrases, ce professeur de mensonge et d'échafaud. Brûlez son livre, Williams, brûlez son livre! Songez à votre père... Comment et pourquoi l'avoir quitté? Pourquoi cet habit de sang, cette plume de sang, ces lignes de sang? Savez-vous, monsieur, que j'ai le droit de vous demander compte d'une telle conduite? Je vous aimais, Williams, comme jamais père n'aima son enfant unique, comme à cette heure j'adore et regrette ma fille. Ma fille! Mais par quel coup du sort nous revenez-vous ainsi?

— Oh! dit Williams avec un sourire amer; oh! M. le duc, vous ne le saurez jamais. Vous seriez, voyez-vous, le dernier à le savoir. Demain, cependant, nos mains nouées, à tous les deux dans la fatale charrette, je vous le dirais peut-être. Ce n'est pas pour rien que j'ai bu tant de mépris! Le mépris, sachez-le, est bon quand il sauve, et l'idée de la sauver, *elle*, m'a tout fait braver. La faillite de mon père venait de renverser mes espérances; il était mort vieux et déconsidéré; c'est une tache affreuse, n'est-ce pas? Or vous qui m'aimiez, pourtant, vous ne m'auriez jamais donné votre fille! Je me savais donc séparé de cet amour par d'insurmontables barrières; il me semblait, à moi, perdu dans la foule, que je ne pourrais jamais que suivre la vague sans remonter au dessus. La révolution fauchait tout dans ce pays. Qu'étaient mes succès de barreau ? Stériles, impuissants, près de ces luttes et de ces victoires turbulentes. Je me jetai donc au milieu de ces tempêtes; je pensai qu'il viendrait peut-être un jour qui ferait tomber entre mes mains une puissance, un hasard qui me soumettrait des têtes. Entre ces têtes, me disai-je, belles et nobles têtes esclaves nées de la hache républicaine, il s'en élèvera peut-être une jeune, une adorée... elle priera comme l'ange et lèvera sur moi ses belles paupières. Ce jour venu, il sera temps : j'apparaîtrai ! Cette seule pensée, M. le duc, a fait, quatre ans, mon courage ; pour elle, j'ai rampé jusqu'à cet homme, je me suis fait le domestique de cet homme ! C'était mon élu entre eux tous ; car il est roi, à cette heure, en fait d'échafauds ! Dès que je vous ai su poursuivi, j'ai sali mes mains de toute sa correspondance... vingt fois votre nom a passé sous ses yeux, inaperçu, rayé qu'il était par moi de ces listes de proscription. Pour épier une seule de ses pensées, à cet homme, pensées de mort qui pouvaient planer jusqu'à votre fille, j'ai flatté, rampé, monsieur le duc, j'ai souri. Cet avis enfin, l'avis du 31, donné sous le nom d'un ami, était de moi.

— Williams !

Ils s'embrassèrent. En ce temps, des lèvres de jeune homme touchaient souvent les froides lèvres d'un vieillard.

— Le bruit d'une harpe ! dit Williams.

Tous les deux, penchés, écoutèrent... Les notes éclatantes de l'air de Richard enchantaient de leur téméraire mélodie cette solitude nocturne... La harpe s'arrêtait, planait comme l'aigle et s'abattait de nouveau. Tout à coup elle cessa.

—Eugénie ! dirent-ils. Ils s'étaient compris tous deux.

Et alors le duc raconta aussi à Williams son stratagème ; le duc, à son tour, fit à Williams sa confession. — Pour cette enfant le malheureux père s'était rayé lui-même du livre des hommes ! Voilà, disait-il en montrant du doigt le livre odieux, voilà quelles sont vos lois ! Placé entre l'échafaud et la confiscation, devais-je hésiter ! Émigrer, c'était laisser confisquer les biens de ma fille ; monter à l'échafaud, c'était la faire orpheline. Williams ! Williams ! comprendras-tu bien mon dévoûment ? Je l'embrassai froide comme si elle eût pressenti ma fin prochaine. Quand je lui écrivis et lui parlai, ce fut avec la main et la voix d'un moribond : je reçus ses larmes comme je les recevrai peut-être un jour, si Dieu m'accorde la félicité de mourir près de ma fille ! Ma mort, Williams, me coûta pourtant plus de deuil qu'à elle. La nuit encore, et quand le fidèle serviteur qui est mon seul confident soulève la trappe que tu vois, la nuit, Williams, avec l'aide de cet homme, je rampe jusqu'à sa chambre, je l'écoute dormir ou prier ! Une nuit, Williams, nuit terrible ! j'ai cru qu'on me l'enlevait. Quelle était cette nuit ? je ne puis trop me la rappeler..... c'était quelques jours après mon deuil, ce deuil qui seul me sauva... Madame de Sivrac, sa tante, voulait peut-être l'emmener ; j'entendais partout des pas... La trappe, tu le vois, conserve deux battans, malgré sa forme d'oubliette ; la surface se marie aux carreaux de forme ronde qui pavent ce terrain. Si tu prenais cette issue, trente degrés te conduiraient à une voûte large d'une toise ; elle aboutit dans la calle de Corbie (1). Peut-être cette issue, dont les coudes obscurs forment une chambre, servait autrefois à se procurer des vivres en cas de siége : deux ou trois châteaux du pays sont ainsi faits. Caché dans ce caveau, je brave leurs persécutions..... Le jour se passe pour moi bien lentement, heure à heure ; je pense à ma fille, à ses destinées autrefois si libres et si heureuses, à l'époux de mon choix que j'eusse voulu lui donner ! Ma vie s'écoule patiente et résignée, grâce aux petites ruses que j'emploie pour dompter l'ennui de ma prison volontaire..... J'écris des mémoires sur ce que j'ai vu, je m'amuse à réfuter tranquillement et avec la plume les discours des énergumènes de Paris, que chaque semaine, m'apporte mon fidèle Bourguignon... Non, je ne puis croire encore que le peuple Français, ce peuple moqueur avant tout, ne se dégoûte pas bientôt de ces tribuns en guenilles, de ces charlatans de mots qui le mènent à la bouche-

(1) Le monastère de Corbie était autrefois célèbre. Corbie est la fameuse abbaye de Bénédictins de Saint-Maur, fondée par sainte Bathilde, reine de France. Ce bourg, place forte, fut démantelé sous Louis XIII.

rie! Tu ne saurais croire, Williams, à tout mon bonheur en corrigeant le manuscrit de cet homme nommé Marat! C'était de l'orgueil, du délire! Il me semblait qu'en insultant ce tigre, j'insultais à cette révolution hideuse qui me prive de mon enfant! Je la tenais en laisse, je la foulais et la trépignais sous mes pieds à chaque ligne! Marat littérateur! Marat près de Mirabeau et de Chénier! C'est par trop fort! Que cet homme fasse de la guillotine, c'est son lot!... mais des livres, des livres!...

Il fut interrompu par des cris partant de la chambre à gauche. Le bruit d'une table renversée et d'une voix faible firent tressaillir le duc : ils sortirent tous deux, le duc et Williams, par un mouvement spontané, irréfléchi. Williams, brisant la porte d'un coup de pied, vit une jeune fille, belle et pâle, les mains liées au bois du lit de Marat.

— Quelle est cette femme? cria-t-il en frémissant.

— Ma prisonnière, la fille de feu le duc de C..., aristocrate. Laisse-moi, va-t'en, Barbeau.

Williams présenta son pistolet aux lèvres vineuses et impures du monstre.

— Citoyen, ta signature!

Marat, éperdu, n'avait pas eu le temps de courir à sa valise pour saisir ses armes... Le duc, à son tour, abattait le chien des deux pistolets de Marat laissés sur cette valise. Il le couchait en joue comme Williams, et dégageait Eugénie de ses liens... Madame de Sivrac était évanouie sur la marche même de la porte...

— Ta signature à ce laisser-passer, dit Williams. Marat, qui n'osait détourner l'arme, signa. Maintenant, cria le jeune homme au duc, vous êtes libre! Son pistolet menaçait toujours le président des Jacobins.

— Partez avec elle, ajouta Williams ; partez par cette issue, M. le duc.

Marat fit un bond. Non-seulement la fille du noble, mais le noble lui échappait !

— Barbeau, cria-t-il, infâme Barbeau !

Sous le bras terrible de Williams, il rugissait et mordait ses draps ; mais, dans cette lutte, il était miné par la fièvre ; il se laissa nouer sur le lit avec les cordes destinées à sa victime...

— Et à cette heure, cria le jeune homme en le quittant, retiens bien ceci : Le duc de C... n'est pas mort ; c'est lui, Marat, lui seul qui s'est fait le correcteur de ton livre. Quant à moi, mon maître, je suis Williams Erkston, et non pas Barbeau ; Williams Erkston, qui t'a servi, qui a refait tes phrases et copié tes arrêts de mort pendant cinq mois ; Williams, l'Anglais, qui avait pris service chez le plus hideux maître de France ! Pour prix de ceci, Marat, pour mes gages, je n'ai voulu que ta signature. Ah ! tu as eu confiance en Barbeau, toi qui ne connaissais pas Williams ! Tu l'as chargé d'absoudre ou d'exécuter en ton nom ? Eh bien! il a exécuté et absous : ce matin encore, il a froidement essuyé l'affront dont tu as marqué son visage. A présent, adieu ! Williams te jette à la tête ce que reçut ce matin sur le front le secrétaire Barbeau !

Du revers même des épreuves, il souffleta la joue brûlante de Marat... puis il regagna l'issue cachée, les cris de nombreux sans-culotte ayant retenti dans l'avant-cour...

Deux grands mois après ceci, l'un des guichetiers ordinaires du Luxembourg annonça la charrette aux détenus. L'apothéose de Marat, assassiné en juillet, bien plus encore que celle de Lepelletier, donnait prétexte à de nouvelles exécutions. Entre les victimes qui se croyaient à l'abri et que la visite scrupuleuse des papiers de Marat fit ressaisir, se trouvait le duc de C... Le portefeuille du président des Jacobins portait ceci : *Épreuves, 1792, château d'H... Picardie.*

Pour Williams, il faut croire qu'en sa qualité d'Anglais, ou peut-être à cause de son départ présumé, Marat n'avait pas pensé à lui.

Le duc de C... devait être de la troisième *planchée*. Il priait dans sa chambre en attendant la charrette; les guichetiers ne devaient l'avertir de descendre que sur les quatre heures. A deux heures précises (l'heure du dîner des prisonniers), une vieille laitière en jupe normande frappa avec deux paysans à la grille intérieure de la deuxième cour. Comme le concierge venait de voir entrer ce groupe, il le laissa ressortir. Le coin de la rue de Condé était alors flanqué d'un sale et noir corps-de-garde; un factionnaire en veste rouge se tenait dans la guérite.

Les trois personnages dont j'ai parlé marchaient en silence mais avec promptitude. Tout à coup, un petit médaillon tomba de l'une des poches de la laitière : celle-ci ne le vit pas.

— Votre médaillon, *monsieur le Duc*, dit l'un des paysans qui se baissa.

— Aux armes ! cria la sentinelle qui l'entendit. Elle tira en l'air, et l'on battit le rappel.

La laitière était le duc de C... les deux paysans Bourguignon et Williams.

La femme que la détonation de ce même coup de feu fit tomber à la renverse, à l'une des fenêtres de la rue de Tournon, s'appelait lady Erkston. Eugénie était donc mariée depuis deux mois ! Le médaillon que laissa tomber le duc était celui de sa fille.

Bourguignon pleurait souvent disant que c'était lui qui avait vendu son maître. C'était lui qui avait été entendu de la sentinelle. Le duc porta sa tête noblement à l'échafaud ; il savait sa fille mariée, heureuse ; il avait aussi vu mourir Charlotte Corday !

En proie au délire et à la fièvre, son pauvre serviteur mourut chez le garde-chasse, entre mes bras, en balbutiant ce mot :

— Votre médaillon, M. le duc !

. . . .

V

Ce garde m'a vendu trois francs le livre de Marat.

LA MARQUISE DE FLORY [1]

Permettez-moi d'en prendre congé comme vous, de ce siècle de bergeries, de porcelaine et de paniers; il y a vraiment assez longtemps que les parfumeurs et les mémoires vendent des mouches, assez longtemps que Crébillon fils fait de la détrempe et des couplets. Grâce à ce revirement d'époque, les marchands de curiosités sont devenus éligibles, je le sais ; les costumiers sont en passe d'être députés.

Mais en regard de cela nous avons certains esprits qui ne veulent rien concéder et qui nient le progrès :

[1] Quelques libelles de l'époque s'étant emparés de cette anecdote pour en altérer les détails, nous sommes heureux d'annoncer que la correspondance du marquis de Firm..... a servi de rectification directe à ces mensonges in-18 ou in-12 datés d'Amsterdam ou de La Haye. Le châtiment tragique et imprévu de cette vanité de femme est un fait que ces lettres seules prouveraient.
(*Note de l'Auteur.*)

esprits moroses qui nous accusent de mal revernir les trumeaux et les tabatières. Il est vrai de dire que ces envieux lisent des mémoires, ils ont des ongles à déchirer les basanes, et ne vont au Vaudeville qu'après avoir pris une dose de Soulavie ou de Laclos. Dignes gens !

L'un d'eux, mon ex-tuteur, honnête Dijonnais que je prends quelquefois plaisir à visiter, manque rarement de s'emporter devant moi contre le théâtre. Le théâtre, ce grand faussaire de mœurs et d'époque, comme il l'appelle, devrait, ce lui semble, être poursuivi criminellement. En parodiant ainsi chaque soir ce dix-huitième siècle qu'on fait à plaisir plus poudré de vices et de ridicules, plus guindé, plus ravisseur, plus *régence* enfin selon les affiches, qu'il ne le fut jamais, le théâtre nous remet en mémoire ces grands laquais singeant leur maître sous sa dentelle et son frac.

Ce qui paraît indigner surtout mon ex-tuteur, c'est la convention de ce mot *marquis*.

Marquis !... toujours des paillettes, toujours des gens qui, de temps immémorial et longtemps même après Molière, auront des portraits de femmes jusqu'au coude, le nez farci de tabac d'Espagne, de l'or et des lettres de cachet ! De l'or surtout, de l'or plein leurs poches ; ou, s'ils n'en ont pas, des créanciers qui leur en prêtent à chaque acte.

Marquis ! Ils croient avoir tout dit avec ce mot-là.

— Je veux te prouver, me dit-il un jour, combien

on s'abuse sur le sort *doré* de tous ces pauvres marquis. D'abord je puis me flatter d'en avoir connu bon nombre, sans compter ceux que les livres m'ont fait connaître.

— Et les marquises ?

— Ah! pour les marquises, cette histoire-ci n'est faite que pour elles, les pauvres femmes! Et j'en connais, reprit-il, que ces dates rajeuniront.

Je m'assis en face de sa bergère; mon ex-tuteur se recueillit trois minutes, après avoir extrait un parchemin de sa bibliothèque de laque à grilles dorées.

Il commença :

— M. Boucher, premier peintre de Sa Majesté, me mena voir un matin l'un de ses portraits dans un hôtel de la rue Saint-Dominique. Le pastel en question était fort délicatement traité : un buste noble, des traits fins et tout de roses, des dents de perle, et le plus beau bras du monde. Tu vas penser que cette femme (c'est d'une femme qu'il s'agit) n'avait pas encore passé ses vingt-six printemps, eh bien! tu te trompes : mademoiselle Defresne, autrement dit la Defresne (bien qu'elle ne fût pas actrice), avait alors bien davantage. Ce qu'il y a de non moins certain, c'est qu'à cette époque même sa toilette et sa figure eussent fait encore au premier coup d'œil d'incroyables ravages dans le cœur d'un traitant, et que nombre de femmes en étaient jalouses. Sa maison, ouverte aux gens de lettres et aux comédiens, comme celle de M. de la

Popelinière, avait été dans le temps une des mieux fréquentées de Paris ; jamais on ne recueillit autant de bons mots et d'indigestions qu'à la table de la Defresne.

Cent mille écus de pierreries, une garde-robe de 30,000 livres, une vaisselle de Germain supérieure à celle de M. Beaujon (pour le travail, si ce n'est pour le nombre des pièces) et le protectorat du fameux Bonier de la Mosson, trésorier-général (1) des états de Languedoc l'avaient mise sur un pied de fortune qui l'égalait aux duchesses et même aux femmes de finance les plus en renom. Bonier était mort pourtant, et mort de chagrin de n'être pas né gentilhomme, bien qu'il eût payé 50,000 livres une charge de *languéyeur de porc* au service de bouche de monsieur le dauphin.

La vie de la Defresne avant Bonier avait du reste été celle de toutes les *demoiselles du monde,* nom merveilleusement créé pour correspondre alors à celui de fille entretenue. La voyant à peine âgée de seize ans, sa mère, blanchisseuse, rue Montmartre, l'avait vendue. Le marquis d'Ormoi, colonel du temps de la régence, et par conséquent militaire très-désœuvré, ayant trouvé d'aventure, dans le code de la Fillon (1), un article sur la Defresne, avait, pour conquérir la fille, confié

---

(1) Place quatre fois supérieure à celle d'un fermier-général.

(2) Appareilleuse célèbre de la régence, la même qui découvrit la conspiration de Cellamare et du duc Du Maine contre le régent. Un libraire, nommé Coutelier, a publié les *Lettres de la Fillon,* ouvrage fait pour la *livrée.*

le soin de sa cuisine à la mère. Bientôt il la céda à un riche garçon nommé Lebret, enfermé comme fou depuis neuf ou dix ans chez les frères de Charenton ; vint ensuite un président à mortier au parlement de Provence ; puis Bonier, et après Bonier le marquis Giacomino, Génois aussi aimable et aussi dissipé qu'un Français. Un petit auteur nommé d'Arnaud, que ce malheureux Bonier avait la fureur de traîner avec lui, et quelques beaux esprits auxquels il disait pesamment : *Faites-moi rire*, avait trouvé plaisant de supplanter le Plutus de cet Olympe, et de plaire à la Defresne, qui de son côté raffolait du petit d'Arnaud avec une telle rage que, pour parer au déficit de cet imberbe traducteur d'Ovide et de Catulle, elle s'en était prise à cette belle vaisselle dont j'ai parlé, et que plusieurs pots-à-oille en avaient retourné de son buffet chez l'orfèvre.

Après cela ferai-je étalage de mille autres succès de la Defresne? Elle avait eu des maréchaux de France, des guidons de mousquetaires, des chanteurs italiens et des abbés. Le Maignant et Lempereur (1) remontaient tous ses écrins. Pour comble d'honneur, je te l'ai dit, François Boucher était son peintre ordinaire.

Avec tout cela, ou plutôt en dépit de tout cela, le jour que je la vis, mademoiselle Defresne était réellement triste. Ce n'est pas que son épagneul, ou que le prince de Revel, avec lequel elle rompait et renouait tous

---

(1) Joailliers du temps.

les deux jours, fussent en danger; mais la *réflexion,*
ce monstre inconnu des jolies femmes, fanait, au dire
de Boucher, son teint de lis et de roses-pompon. Non
pourtant qu'elle écrivît ses mémoires, grand Dieu ! et
s'occupât de l'ordre de succession dans ces amants;
non qu'elle fît des couplets pour la Foire, ou des tra-
gédies ; ni même que l'Église et l'affaire de son salut
la préoccupassent le moins du monde ; mais elle avait
été la veille à l'opéra de *la Guirlande,* ouvrage *im-
mortel* du sieur de Marmontel, et sur les degrés du
cul-de-sac, l'*Aboyeur* (1) lui avait manqué !...

Voici comment :

Au lieu de demander le carrosse du prince de Revel,
avec qui la Defresne était sortie, cet homme, la voyant
venir, avait cru bien faire en criant de tous ses poumons : — La voiture de mademoiselle Defresne ! Là-
dessus mille chuchotements, et mademoiselle Lucrèce
Brillant, actrice de la Comédie-Française, de dire alors
que ce nom de *demoiselle* aurait bien mérité d'être
échangé pour celui de *dame,* après trente ans d'exercice.

Cette scène, et les propos qui suivirent, piquèrent
au vif l'amour-propre de la Defresne. Depuis longtemps elle *réfléchissait,* vous le savez, et certain ver-
nis de décence qu'elle s'était donné semblait recouvrir
de très-sérieux projets. Elle était déjà poudrée et corsée

---

(1) L'aboyeur n'était autre que le commissionnaire du péristyle
qui appelle les équipages.

toute droite quand elle entra au salon ; un petit bout d'abbé gros et court l'accompagnait.

— Bonjour, monsieur Boucher ; ne me regardez pas, j'ai mal dormi.

On apporta le déjeuner.

— Il ne serait donc pas possible, dit-elle au peintre en lui indiquant le tableau, de couvrir ce fond par autre chose que des arbres ?

— Je vous ferai observer, mademoiselle, que je vous ai faite en Diane, et que ce croissant qui se détache sur votre tête nécessite ces jolis bosquets bleus.

— Vraiment, avec ce carquois, monsieur Boucher, je ressemble à madame de Péry, la vieille plaideuse du Pilier des consultations ! D'ailleurs ce grand paysage m'écrase, je voudrais autre chose à la place de ce vilain fond-là.

— Ces dames, reprit le peintre un peu piqué, y font mettre quelquefois des semblants de boiseries, leur *carreau* d'armoiries. Voudriez-vous me donner le vôtre ?....

Mademoiselle Defresne lui tourna le dos en faisant une moue horrible. En ce moment sa mère entra. C'était quelque chose d'énorme, entortillé dans une mantille à six rangs de falbalas *à la cloche*, avec une figure luisante et vermillonnée. Elle avait été *cuisinière* de M. d'Ormoi.

— Ma *petite tante*, lui dit la Defresne, il faut partir. Voici 1500 livres que va te compter l'abbé ; il t'expliquera comment et pourquoi je ne saurais te garder ici. Je vais remettre ma maison sur un autre pied ; va donc à Limoges ; j'aurai soin que tu ne manques de rien.

La *réflexion* avait conduit la Defresne à s'affliger démesurément de ce nom de *cuisinière*, nom que sa mère semblait prendre à tâche de conserver et d'afficher par son ignoble tournure. Le nom de *cordon bleu* ne serait pas même parvenu à la relever. L'abbé Lacoste (car c'était lui) rentra triomphant.

Les mémoires du temps appellent cet abbé un grand *marieur de filles*. Arouet de Voltaire en fait un commensal des galères de France. J'aime à croire qu'il y a ici erreur de nom. L'abbé, que j'ai approché souvent, était un homme très-fin, aussi bon négociateur que Chavigni (1) généalogiste redoutable, et brodant au *tambour* avec l'adresse d'une fée. Depuis six ans que la Defresne lui donnait la table et le lit, il entrevoyait clairement le projet formé par elle de devenir *honnête femme*. Il n'y a pas de fille un peu sensée que ce projet ne tourmente. L'abbé, qui passait sa vie à dessiner les arbres généalogiques du révérend père Ménétrier, avait mis dès lors en œuvre toute sa science.

L'aventure récente de l'Opéra rendait la Defresne la plus maussade hôtesse du monde. Son orgueil humilié fit à ce sujet à l'abbé mille ouvertures. Une dernière eut pour but de lui demander un mari.

(1) M. Scribe, en choisissant ce nom pour type de sa jolie comédie du *Diplomate*, n'a fait, comme on sait, que le restituer au fameux négociateur.

Un mari tel que l'entendait la Defresne, c'est-à-dire un nom, un nom qu'elle pût écrire sur sa chaise et qui pût lui donner des livrées, un nom à deux pieds qui lui touchât la main et qui la fît noble, entendez-vous?

Car, avant tout, la Defresne voulait être noble ; elle voulait humilier à son tour les femmes de finance qui riaient d'elle ailleurs même qu'à l'Opéra.

En ce temps-là les petites affiches n'étaient pas encore inventées. Les *Moncades* pouvaient s'encanailler au théâtre ; à la ville on en trouvait peu. Comment faire de bonne foi pour émailler au blason la fille d'une cuisinière ? L'abbé remua tout Paris. Il courut avec les *devises* du père Ménétrier sous le bras, pour flairer son gentilhomme, et un beau jour que la Defresne entrait aux Feuillans, donnant le bras au petit poëte d'Arnaud, il risqua d'aplatir un de ses paniers en lui serrant le coude avec ces deux mots : *Le voici !*

Le petit homme qui survint alors, et que désignait l'œil de l'abbé, ne ressemblait pas mal à ces figures de mardi gras qui tirent des *sottisiers* de leur poche à l'encontre des passants. Il avait l'air rogue et jovial. Sa bourse de perruque et le collet de son pourpoint étaient gras et sales ; ses manchettes d'un ton d'ocre désespérant. Il avait du reste beaucoup de poudre, le teint et le nez d'un lumineux remarquable. Vous saurez encore que sa taille était bien prise, quoique un peu voûtée. Il se dandinait complaisamment sur ses hanches, affectant des airs évaporés malgré ses rides et ses gros sourcils grisonnants.

Une espèce d'ami ou de domestique le suivait. Celui-là, très-joufflu, habit brun à boutons de cuivre, veste et culotte de prunelle, col de basin, bas gris, gros souliers, et marchant toujours à deux pas de distance du *marquis.*

Car c'était un marquis, un marquis véritable que la silhouette grotesque qui paraissait d'intelligence avec l'abbé pour cette parade. La Defresne, en voyant cet homme, s'éventait à coups démesurés, et d'Arnaud, sans le connaître, pouffait de rire. L'abbé seul, d'abord comme abbé, puis comme généalogiste, avait la plus sérieuse mine du monde. Ce gentilhomme s'appelait M. de Flory. Ayant perdu l'espoir de récupérer de gros biens qu'il avait en Savoie, d'où sa famille était originaire, il poursuivait à Paris ce délabrement de procédures avec une insouciance d'oisif, et restait livré, par le fait, à la misère la plus profonde. Il en était venu à recevoir un écu, n'importe par quelle main il lui fût prêté.

Il n'avait du reste rien changé à son ancien genre de vie, si ce n'est qu'il l'avait descendu au niveau du peuple, comme un lord au cabaret. Les parades du boulevard, *maneselle Zizabelle,* et même Ramponneau faisaient ses délassements ordinaires ; les choux vinaigrés et les saucisses, ses grands plats. Il n'avait pas six chemises, et faisait par jour huit parties d'hombre. L'hôtel du guet de Paris se le serait adjugé sans que la société de Paris eût eu l'idée de le réclamer.

C'était vraiment, pour un amateur de contrastes,

un objet pitoyable et curieux d'analyse que ce marquis *dépenaillé*. Sans pommade, sans breloques et sans *cachet;* par conséquent sans nœud d'épée, sans nœud d'épaule sans chaîne à sa montre. Eh bien, il trouvait moyen d'être encore *marquis*, et, qui plus est, d'avoir l'air d'un *marquis*. Il avait des *talons rouges* à ses vieux escarpins; il jouait de petits airs de Venise sur le clavecin, et sentait le musc. Il savait son Gluck, et levait soixante aiguillettes à table d'hôte sur l'abdomen d'un canard. Cet étrange Moncade avait par dessus tout une masse accadlante be créanciers. La Defresne l'envisagea.

La seule discussion imaginable devant cette étrange parodie de noble était celle de ses *quartiers*. Il fut démontré par l'abbé (même à d'Arnaud), d'après un armorial de Savoie, que les fiefs de la Maurienne qu'il réclamait étaient siens, et avaient de tous temps constitué son marquisat.

Quand la Defresne quitta le jardin, elle eut peine à le retrouver, perdu qu'il était, comme un nain de Paul Véronèse, dans un essaim de grands seigneurs dont le marquis de Villette, le marquis de Giambonne, le marquis de Bièvres, le comte de Cagliostro, le baron de ta Garenne et le chevalier Nansitromi faisaient partie. Lorsqu'il revint près de mademoiselle Defresne, il fit signe à son compagnon, lequel abaissa lui-même le marche-pied du carrosse. Ce singulier office de la par d'un homme qu'elle estimait l'*égal* ou l'*ami* du marquis étonna beaucoup cette demoiselle.

M. de Flory serra affectueusement la main de l'abbé.

Tout fut alors décidé du côté de la Defresne ; le marquis en quelques heures capitula. Le marquis de Flory, languissant sous le poids de la misère, accepta une proposition d'hymen et de rente avec transport. La vie de ce seigneur était fort triste, celle de la Defresne était brillante et fastueuse. La Defresne lui envoya le soir même par l'abbé les *conditions* auxquelles cette union devait se faire. Les voici sur parchemin, et telles qu'elles furent présentées par elle et acceptées par le marquis.

(Ici mon historien déploya le diplôme original de la famille des Flory, juges-mages héréditaires et patrocinants de la châtellenie de Saint-Jean de Maurienneauquel il appendait quatre bulles en cire verte attachées en lacs de soie rouge, avec les armes du bienheureux Amédée de Savoie, surnommé le Petit-Charlemagne.)

CONDITIONS AUXQUELLES JE VEUX BIEN ME MARIER AVEC M. LE MARQUIS DE FLORY.

ARTICLE PREMIER.

M. le marquis de Flory m'épousera mardi, 28 de ce mois, à l'église de Saint-Roch, ma paroisse : et comme je n'ai pas le temps de songer aux dispenses et aux publications des bans, M. de Flory se chargera de ce soin moyennant cinquante écus que je lui ferai remettre après la signature de ces conditions.

RÉPONSE.

Accepté pour le mardi 28. Si les cinquante écus suffisent, je me mêlerai de tout ; mais je prie mademoiselle Defresne de faire attention que je ne puis sortir, *faute d'habit et de perruque.*

ARTICLE II.

M. le marquis se trouvera mardi 28, à quatre heures du matin, dans l'église de Saint-Roch, à l'entrée de la chapelle de la bonne vierge, avec un de ses

RÉPONSE.

Accepté pour l'heure et le rendez-vous, quoiqu'il soit humiliant pour moi de ne point vous prendre dans votre maison ; mais refusé pour l'*ami*, ma amis connus; et, aussitôt qu'il me verra avec un des miens, il me donnera la main jusqu'à l'autel où l'on nous mariera.

ARTICLE III.

Immédiatement après la signature de l'acte, je remettrai 300 livres à M. le marquis pour le premier quartier de la pension viagère de 1,200 livres que je m'engage à lui faire jusqu'à ce qu'il plaise à Dieu de l'ôter de ce monde : hypothéquant, pour sûreté de cette pension, un contrat que j'ai du marquis de Firmacon, de la somme de 24,000 livres.

M. le marquis aura soin d'avoir en poche sa quittance de 300 livres toute signée.

ARTICLE IV.

M. le marquis s'engagera, le plus solennellement qu'il sera possible, de reconnaître ma fille et mes trois garçons, de s'en avouer le père et de leur permettre de prendre, ainsi qu'à moi, les titres, le nom, les armes et la livrée de la maison de Flory.

ARTICLE V ET DERNIER.

M. le marquis me *quittera* au sortir de l'église, prendra un fiacre pour se retirer où bon lui semblera avec son ami, et s'engagera ici par écrit à ne jamais mettre le pied chez moi ni dans tous les endroits où je pourrai me trouver.

Fait à Paris, le 22 octobre 1755.

Signé ;

DEFRESNE.

triste situation ne m'ayant conservé que mon *cordonnier*, que j'amènerai à tout événement.

RÉPONSE.

Bon pour les 300 livres, dont j'ai grand besoin, mais refusé le contrat, à moins qu'il nes oit garanti par une personne solvable, ou que mademoiselle Defresne ne me donne en place des actions sur la Compagnie des Indes ou un contrat sur la ville : car enfin il n'est pas juste que je donne mon nom pour *rien*.

RÉPONSE.

Accordé, puisqu'il le faut ; mais c'est se faire père de quatre enfants pour un morceau de pain.

RÉPONSE.

Accordé de grand cœur : aussi bien à mon âge vous serai-je inutile. Ainsi comme il vous plaira.

Fait à Paris, le 22 octobre 1755.

Signé :

Le marquis de **FLORY.**

Ainsi que l'avait prévu l'abbé, M. de Flory n'hésita pas à souscrire à tous ces préliminaires. Un mari de 1200 livres n'a pas trop la voie de représentation en fait de droit; le mariage suivit donc de près ces signatures. Mademoiselle Defresne prit le nom et les armes du marquis de Flory; sa fille l'imita, l'aîné de ses garçons, alors au collége de Clermont, chez les jésuites, est devenu marquis; le second a pris le titre de vicomte; le troisième est chevalier.

La Defresne eut des armoiries couronnées à son portrait; elle eut un sac de velours pour faire porter ses livres de prières à la messe paroissiale.

> Enfin elle exigea, devant le dieu jaloux,
> Qu'un fastueux carreau fût vu sous ses genoux (1).

Le père putatif de cette couvée d'arlequins n'en fut guère plus heureux. Son ordinaire s'en améliora pourtant: mais *son ami* le cordonnier entraînait encore le marquis chez Ramponneau.

Une fois l'*Ite, missa est* prononcé, M. de Flory quitta sa femme.

Il ne fut pas rare de le rencontrer dès lors entièrement vêtu de neuf, et surtout rue de l'Échelle, où il se rendait tous les trois mois chez le sieur Le Noir, notaire, pour toucher sa pension des 300 livres. Ses goûts de taverne ne l'abandonnèrent pourtant pas. Ce singulier accouplement d'un marquis et d'un cordonnier

(1) Boileau.

se soutenant tous deux au sortir des marionnettes et du cabaret causa du reste moins de surprise dans Paris que les étalages nobiliaires de la Defresne opposés à tant de dégradation.

Ainsi que vous l'avez lu, il avait été stipulé dans ce curieux contrat que le marquis éviterait de la rencontrer. Les habitudes de M. de Flory, habitudes si populassières et si basses! éloignaient d'ailleurs en ce cas toute possibilité de rapprochement. Une fois pourtant qu'un vis-à-vis à sept glaces ébranlait le pavé du pont Royal, et que la marquise sortait du bal avec deux Allemands, son griffon et le petit poëte d'Arnaud, le cocher ramena vivement ses guides sous la lueur douteuse d'un réverbère. Une masse humaine gisait sur le pavé.

Ce corps ramassé poussa d'abord un grand cri à l'approche des roues, puis se releva prestement en cherchant, au reflet des lanternes, à ne point imprimer ses talons rouges dans la boue. Son gilet en mosaïque était recouvert de lie. Ayant reconnu de près les armes du carrosse, il passa maigre et honteux en se serrant contre la muraille.

— M. de Flory! cria la marquise dehors la portière. Un peu plus, d'Arnaud, dit-elle en rentrant, j'écrasais M. de Flory!

. . . .

Dix jours, je crois, après ceci, un mauvais petit corbillard tournait le flanc de Chaillot. Le cordonnier Gervais était le seul homme qui suivit. La cérémonie faite, Gervais détacha l'épée du mort, et retourna dans son échoppe, à laquelle il la suspendit. Ce cordonnier Gervais aimait M. de Flory à sa manière, et en voici la raison. Le marquis, pour fortes sommes, lui avait été adjugé, corps et biens, par sentence expresse du sénat de Chambéry ; Gervais se trouvait son propriétaire inamovible. A lui M. de Flory, homme insolvable, à lui le marquis : mais qu'en faire ? Gervais le cordonnier s'en était déclaré l'Oreste ; il lui présentait sa chaise et portait sa canne en société, lui chantant des noëls grivois et s'enivrant périodiquement avec cet homme qu'il nommait son *talon rouge*.

La vanité de l'homme du peuple trouvait son compte à cette perpétuelle satire. Disons-le pourtant : Gervais le cordonnier n'en continuait pas moins à chausser M. de Flory. Un jour même que, voulant porter le deuil de monseigneur le duc de Normandie, M. de Flory lui semblait embarrassé, Gervais emprunta à son voisin pour trois jours un habit noir...

Chose étrange ! la révolution, qui venait saisir aux cheveux les survivants de cette misérable époque, les surprit environnés d'almanachs des Muses et des Grâces. En échange de toutes ses belles inventions d'aérostats et de paratonnerres à la Franklin, le siècle avant de finir inventa, par une ironie sanglante, son meuble à lui, et ce fut la guillotine. Avant de les rendre froides, ce couperet de boucher glaça d'avance bien des lèvres de vieille femme. Mais la plupart en se regardant parées du fard et des roses de Boucher, avaient eu bien de la peine à rêver de sang et d'échafaud.

Mademoiselle Defresne, s'avançant vers la vieillesse, avait cent moyens de faire *une fin*, le couvent d'abord, ou la province; mais elle ne pouvait vivre sans coquetterie et sans rouge de Jollifret ; il lui fallait cet enivrement de Paris, ses abbés et ses financiers à elle, tout ce monde qu'elle ne pouvait se résoudre à quitter, et qui la quittait. Le poëte d'Arnaud lui faisait encore de petits vers innocents ; mais le dîner se bornait au triste poulet et à la compote ; la vaisselle d'argent dont la marquise s'était défaite en bonne *citoyenne* ne lui permettant plus d'envoyer des pots-à-oille à l'usurier, sa ruine était consommée.

Il arriva qu'un samedi, et la *Samaritaine* (1) venant de tinter quatre heures, la foule qui encombrait ce pont me poussa sous les barreaux rouges d'un cabaret. Par un mouvement machinal, je montai sur une chaise. La Grève était encombrée; j'avais à ma droite une vieille femme, et à ma gauche un représentant du peuple en bonnet de peau de renard qu'on appelait citoyen Mutius. Il me parut gris, et il chantait en ce moment à tue-tête. Je le remarquai d'autant mieux qu'il m'offrit un verre de piquette que je bus d'un trait, crainte de passer pour *suspect*.

---

(1) Ancienne horloge du Pont-Neuf, que Bonaparte a fait démolir en 18.0. On en conserve le carillon dans le clocher de Saint-Roch, et l'on peut en retrouver la façade dans les anciennes vues d'optique. Il ne faudra pourtant pas en conclure que ce monument fût d'or et d'azur, ainsi qu'il se trouve représenté dans ces charmantes images *ad usum Delphini*.

En même temps à ce grand bras rouge de la guillotine je vis flotter un bonnet de femme.

— Encore ce godet, la mère, disait Mutius.

— Buvons, reprenait la vieille femme.

Un crieur public qui vint à passer hurla dans la foule : *Arrêt et exécution de la marquise de Flory, née Defresne, femme d'un ci-devant.*

— Bonne frime, dit Mutius, ils croient pendre une véritable marquise, dites donc, la mère. Ah ! pauvre peuple, va, comme on te trompe !

La vieille femme était tombée par terre ivre-morte, en tenant toujours son godet d'étain.

C'était la mère de mademoiselle Defresne. Mutius ressemblait à Gervais le cordonnier.

LES CONVULSIONNAIRES

AVANT-PROPOS

Ce fut vraiment une chute fastueuse que celle de l'Écossais Law, Law le marchand de papier et de belles promesses, Law en faveur duquel un duc d'Orléans exilait le parlement de Paris à Pontoise, Law devenu à tout jamais, et peut-être sans que la faute en fût à lui, le type de la banqueroute politique et de la friponnerie ministérielle !

Quatre mois et plus, les caquets de Paris avaient vécu sur cette malheureuse banqueroute. La rue Quincampoix une fois déchue de sa vogue, et Law exilé, la curiosité de la capitale ne trouve plus d'aliment. La régence, avec ses mousquetaires et ses pages, semble s'être barricadée en ce palais Cardinal ou Royal qu'on aurait pu nommer plus justement une taverne. Autant le grand siècle, dans ses somptueuses folies, s'était éloigné des *tabarinades* de la foire, autant celui-ci prend plaisir à courir en chapeau de cocher et en souquenille de laquais. Le peuple de ce temps, ce qu'on appelle le peuple, n'épouse aucune couleur ; ce peuple reste indifférent aux vices du maître, comme aux querelles de la Sorbonne, qui commence à s'ébranler sérieusement sur ses pilotis. C'est qu'il se ménage, le peuple d'alors, ou plutôt c'est que ses véritables dominateurs, les philosophes, le tiennent en laisse pour la grande épreuve de la révolution qu'ils méditent.

Vous avez vu que la Sorbonne s'agitait. De la Sorbonne, en effet (et par ce mot de Sorbonne, j'entends spécifier l'Église de Paris), vont s'élancer les discussions et les arguties, les pamphlets et les chansons liturgiques ; Cornélius Jansénius, évêque d'Ypres, provoque en duel le jésuite espagnol don Luis de Molina y Sotomayor!

C'est-à-dire qu'à cette période de débauche succède une période incrédule et tracassière, confuse, enthousiaste et burlesque dans ses croyances ; c'est l'époque des in-folios sur les miracles, et des schismes sur la tolie : chacun veut avoir son saint, et le fanatisme en arrive à produire des coliques et des convulsions. Le cardinal de Fleury, ce patriarcal vieillard, que Voltaire appelle le plus *aimable* et le plus *désintéressé* des courtisans, va voir son ministère soumis aux dissidences de la *constitution* et du *formulaire*, ce ministère dont chaque protocole lui rappelle le cardinal Dubois!

Ainsi le voudra la bulle *Unigenitus*.

La bulle *Unigenitus* traversera ce siècle comme un météore ; il y aura des arrêts du parlement et des comédies pour et contre la bulle *Unigenitus*.

Heureusement pour vous et pour moi qu'il existe des livres enfumés et ténébreux, atlas de science et de discipline cléricale, où ce mot terrible, *Unigenitus*, ce mot se trouve traduit, commenté, fixé. La bulle *Unigenitus*, à l'heure qu'il est, fournit encore au long quai des Augustins des parapets de doctrine, de dissertations, de commentaires, d'argumentations et de contestations : c'est une encyclopédie aux mille têtes qui a produit plus de livres et enrichi de libraires que n'en consommera la présente génération. Il fut un temps où la bulle *Unigenitus* acquittait à elle seule le loyer, l'habillement, la nourriture et le mariage des filles de ses typographes. Venez donc nous vanter l'Encyclopédie de M. Diderot !

Or, maintenant, vous voici bien prévenus qu'il ne reste plus rien du grand siècle, rien, pas même la marquise de Maintenon, qui vient de s'éteindre dans un dortoir de Saint-Cyr (1). De la régence à peine un souvenir tiède ; le siècle est devenu gourmé comme un docteur janséniste ; il a les yeux louches et le front baissé. Siècle de comédie ascétique et de théologie folle, bouffon dans sa gravité ; siècle malheureux et passionné, malhabile et décrépit, dernière lueur de ce

(1) 1719.

feu sacré de la foi, auquel devait succéder une période d'impiété féroce, et finalement notre siècle d'indifférence.

On me pardonnera ce précis de réflexions nécessaires au ton de cette histoire...

I. — LA CROIX.

Le jeune garçon qui descendit du coche de Péronne, rue des Poules, à l'hôtellerie de la Corne-Double, au mois de mars 1728, et par une pluie aussi pénétrante que possible, avait nom Gervais Robin. Malgré son air ingénu, son toupet cardé, son habit perdrigon, et, de plus, quelques écus sonnant dans sa valise, il parut d'abord très-suspect à la demoiselle Léonarde, logeuse en garni, attendu que ses cheveux étaient noués à la *catogan,* ce qui annonçait les habitudes d'un soldat, quoiqu'il se dit *menuisier*. Il parlait peu, ce qui n'en disposa pas mieux la demoiselle Léonarde. Quand il eut soupé (ce qui ne fut pas bien long), il se fit indiquer sa chambre, en priant qu'on voulût bien l'éveiller de grand matin, désireux qu'il était sans doute d'accomplir un message dont il paraissait chargé. C'est du moins ce que supposa la demoiselle Léonarde en le voyant placer auprès de sa valise un certain coffret du *Havre,* sur lequel on peut bien croire qu'il se trouvait figuré, ainsi que de coutume, un assez bon nombre de perroquets verts et de serins jaunes.

Le lendemain, en effet, et de fort bonne heure, on vint frapper à la porte de Gervais Robin, qui était déjà sur pied. Un rayon de soleil venait par bonheur de traverser les volets de sa chambrette. Gervais salua cette lueur propice comme aurait fait un matelot après la tourmente; il sauta les degrés et enjamba l'huis de la rue, guêtré, boutonné, courant et content.

Muni du coffret, il se hasarda bravement sur la place de l'Estrapade. Quand il se fut assuré que cet espace bifurqué qu'il avait devant les yeux portait bien ce nom, il prit le coffret, cherchant vainement à lire une carte d'adresse qu'on avait clouée sur son couvercle et que le frottement des marchandises avait effacée. Pour comble de malheur, sa cassette n'offrait aucun autre indice. Gervais préféra donc se résigner à attendre de nouvelles informations paternelles (ou maternelles) de sa province, plutôt que de se risquer dans l'interminable chapitre des méprises, ce qui était judicieusement raisonné.

C'était la première fois que ce jeune homme voyait la grande ville. S'il s'était levé de grand matin, c'est qu'à part même le soleil, il avait pour cette diligence insigne mille bonnes raisons : une foule d'outils à acheter, des maîtrises à visiter, un trousseau à compléter, et puis ce désir inné à tout provincial de voir les monuments et les églises d'une ville, de les voir brusquement et tout de suite, comme si le lendemain la ville aux cent clochers devait être emportée, ainsi qu'un jouet, dans le manteau de la fée! Gervais courut donc, et épuisa ce singulier plaisir de se lasser pour ne rien voir. En quelques heures il marcha plus que vous et moi nous le ferions pendant un mois; aussi quand il revint, le soir, à l'Estrapade, il était plus ébloui que s'il eût vu la cour et les bougies du grand couvert de Versailles; et, le lendemain, sans perdre de temps, il avait fait peindre en lettres rouges (du consentement de son hôtesse) sur la muraille de l'auberge même :

GERVAIS ROBIN, MENUISIER,

A LA GRACE EFFICACE,

FAIT TOUT CE QUI CONCERNE SON ÉTAT, ACHÈTE, ENTREPREND, RACCOMMODE ET RESTABLIT, TRAFICQUE ET BLOCQUANTE,

AU PLUS JUSTE PRIX.

Et en conséquence, le rez-de-chaussée de la vieille maison lui avait été dévolu.

Quant à cette enseigne théologique de la *grâce efficace*, disons-le hautement, à la satisfaction des mânes de la demoiselle Léonarde, c'était à sa pieuse instigation que Gervais avait cédé, et cela sans déplaisir et sans hésitation, le digne jeune homme! et seulement sur la représentation de ladite demoiselle qui lui avait pronostiqué la bénédiction de Dieu, d'après un pareil titre, titre que Gervais ne se donna pas même la peine de se faire expliquer, tant il était pressé de jouir déjà de sa location. Quand vint le souper, la demoiselle Léonarde trouva Gervais très-allègre. Dans la journée, il écrivit à ses parents et alla voir manœuvrer avec une joie indicible les hallebardiers de M. le maréchal de Saxe.

Cependant, si grande que fût la curiosité de Gervais, le quartier dans lequel il logeait n'était guère de nature à le satisfaire. Son chantier le laissant bientôt distrait et inoccupé, ce jeune homme ne tarda pas à prendre goût à ces promenades sans but, détours capricieux d'une existence parisienne, passe-temps d'un désœuvré ou d'un poëte; mais chez Gervais il n'y avait d'autre poésie que celle du hasard. S'il s'aventurait ainsi le soir dans les rues, c'était par envie naturelle de voir et sans préméditation romanesque. Il marchait, il s'étonnait, il écoutait, il regardait surtout, et voilà son but.

Le malheur voulut que les pratiques sur lesquelles avait compté la demoiselle Léonarde, *auteur* de l'enseigne, ne se présentassent pas dès les premiers jours, ainsi qu'elle l'avait prédit à Gervais; ce qui, joint à son indolence naturelle, acheva d'entretenir le jeune homme dans son inaction et ses goûts de promenades crépusculaires. Une fois l'hameçon de l'enseigne émoussé, Gervais s'abandonna plus que jamais à la pente de son caractère oisif. Il fut, depuis maître Adam, le plus négligent des menuisiers; en revanche aussi, il posséda bientôt mieux que personne la statistique du plan de la *Tapisserie,* autrement dit celui des rues de Paris.

Sous le minstère de monseigneur André-Hercule de Fleury, les rues n'avaient cependant rien qui les distinguât du Paris des autres règnes, si ce n'est que dans un angle boueux du faubourg Saint-Marceau ou entendait quelquefois un singulier vacarme. La rue Gracieuse, par exemple, la rue de l'Épée-de-Bois et surtout celle de Saint-Médard, voisine de la demeure du menuisier, laissaient quelquefois percer au travers de leurs vitres grasses des éclats de lampes ou de chandelles qui les auraient fait ressembler aux palais fantastiques des contes de fées, n'eussent été l'horrible saleté de ce faubourg et la méchante mine des murailles et des toits. Des voix nasillardes y psalmodiaient à l'envi des espèces de noëls et de cantiques. Il n'était pas rare de s'y voir réveillé subitement, au coup de matines, par de grands cris ; et par dessus tout, le guet de Paris, aussi valeureux et aussi éveillé que possible, y faisait sa ronde d'un air mystérieux et animé.

La physionomie exceptionnelle de ce quartier ne ramena pas cependant le jeune provincial à des habitudes plus laborieuses dans son enceinte. Ses deux apprentis parlaient déjà de le quitter, et ses ressources diminuaient à vue d'œil A peine avait-il monté, dans un mois, deux jalousies pour la fenêtre de monsieur le recteur de la Sorbonne.

L'insouciance de Gervais s'effraya néanmoins de ce

décroissement subit de ses pistoles et de ses écus. Avant de manier le rabot, Gervais avait porté le mousquet pendant trois ans. Son père, retiré en Picardie, avait servi sous le maréchal de Boufflers et emporté les postes de Rovère et d'Ostiglia avec le chevalier Folard. Gervais aurait donc pu s'appuyer de noms honorables et de protections illustres, mais, comme tous les jeunes gens curieux et dissipés, il n'avait suivi que les lois de son caprice, et il avait quitté le mousquet, sa province et son père, qu'il craignait beaucoup, afin de se faire une fortune, à ce qu'il disait. Le métier de menuisier lui avait paru fort encourageant; il avait trafiqué de quelques bois rares et précieux des Indes; il connaissait à fond la partie, et, quant aux commandes et à l'argent, il s'en reposait sur le hasard et l'avenir. Son intention avait été d'abord de travailler des armoires et des buffets de sacristie; et, de fait, il en avait exposé quelques-uns sur sa devanture, qui attiraient les regards de tous les passants. Il achetait aussi, dans le commencement, quelques vieux meubles, et le jour que sa première pratique (un petit vieillard à l'air janséniste) frappa à sa porte, Gervais reclouait une vieille armoire à *lit renversé.*

— Jeune homme, dit celui qui entrait, et qui tira de sa poche un petit cornet de fer-blanc (comme pour avertir qu'il était sourd), jeune homme, ne sauriez-vous pas d'où vient cette armoire?

— Aucunement, Monsieur; c'est un confrère de la rue du Petit-Bac qui me l'a vendue.

— La rue de Sèvres ! c'est cela ! Je savais bien que le meuble provenait de la vente de M. Pàris ! L'armoire à coucher du bienheureux saint ! C'est elle-même ; il ne manque que les clous. *Durum cubile,* comme dit l'Ecclésiaste.

— Je ne sais ce que vous voulez dire, Monsieur ; j'arrive d'Abbeville, et je ne connais par M. saint Pàris. C'est peut-être quelque seigneur de la cour ?

— Comment dites-vous là ? Six écus ! Mais vous êtes un ignorant mon bon ami ; en voici douze : douze, et c'est bien le moins que douze écus pour acquérir la couchette d'un saint ; car c'est un saint, jeune homme, *clarus et ipse miraculis !* Et le petit vieillard leva l'index en rapprochant le même cornet de fer-blanc de son oreille pour mieux ouïr ce qu'allait lui répondre Gervais.

Le jeune ouvrier, ne comprenant rien à tout ceci, se mit à démonter la grande armoire, pendant que l'acheteur, assis sur une escabelle, tirait de la poche droite de sa veste de panne une escarcelle de cuir, dans laquelle il prit douze écus *à la vache,* et bien intacts.

Gervais eut alors le temps nécessaire pour examiner ce singulier chaland. Il portait, par dessus son frac à boutons dorés, une sorte de manteau ou de soutanelle de serge d'Aumale, des souliers fort gros et *négligés,* un chapeau sans cordon, et sous le bras gauche un petit panier contenant ses herbes, ses légumes et son pain pour la semaine ; ce garde-manger entremêlé de livres et d'estampes, dont il venait de faire emplette chez l'imagier en face. Gervais ne put résister à la tentation d'en regarder quelques-unes.

— Monsieur, lui cria-t-il de toute la force de ses poumons, vous ne faites pas gagner seulement les menuisiers, à ce qu'il paraît; voici de bien belles estampes! Que figure celle-ci?

— Erreur! jeune homme, erreur! reprit le petit vieillard, je demeure rue de l'Épée-de-Bois, au quatrième. J'ai changé mon genre de vie. Ne m'appelez plus, je vous en prie, le chevalier Folard.

— Je vous ai peut-être offensé, monsieur, dit Gervais avec toute la politesse sérieuse qu'on doit à un sourd.

— Celle-ci, jeune homme, reprit alors le vieux chevalier en déroulant tout d'un coup une de ses estampes, rentre dans les images communes. Je veux bien vous la montrer, puisque vous êtes des nôtres, ainsi que votre enseigne le dit assez. C'est le navire représentant les vénérables pères Quesnel, Jansénius, Saint-Cyran, d'Arnauld et le bon monseigneur d'Utrecht!!. Ne venez pas me dire que ce théatin-là n'est pas correct, parce que la jambe est de travers. Apprenez, mon cher enfant, que les théatins, les minimes et surtout les jésuites, ont presque toujours les jambes de travers, comme la cervelle. Bien! bien! vous reconnaissez celle-ci : c'est Escobar avec son air hideux et tétrique ; son confrère Molina, avec son vilain nez retroussé et son bonnet à trois cornes de Beelzébuth ! Cela fait rire au possible toutes les bonnes âmes de la rue

Saint-Antoine ! Oh ! oh ! et celle-ci ! l'interminable procession qui va choir du pont dans la rivière : comme c'est historié ! Cela me rappelle mon *Système des colonnes et de l'Ordre profond contre l'Ordre mince.* Voyez donc ces papes alignés en tête de la procession, avec tous les cardinaux, le concile romain et tous les évêques de l'église. Tandis que les papes marchent en triomphe sur ce pont, voilà quatre docteurs, deux ou trois évêques et un moine qui travaillent à le saper. Ils ont encore leurs outils à la main. Comprenez-vous bien, vous qui êtes charpentier ?... Ils en sont venus à bout, les braves pères ! et *patatra !* voilà les papes dans la rivière, avec les cardinaux et toute leur séquelle ! Voyez, voyez comme les jésuites barbottent pour se sauver à la nage ! Toute l'église est à vau-l'eau ! N'est-ce pas que c'est malicieux ?

— Qu'est-ce que c'est, jeune homme, vous riez devant celle-ci ? C'est pourtant un jeu fort moral d'escarpolette. Vous voyez sur le bout de cette poutre le pape avec tous ses évêques entassés les uns sur les autres, et en bas une multitude infinie de prêtres et de docteurs qui tirent de toutes leurs forces. Naturellement la corde casse, et ils tombent pêle-mêle comme mes anciens opposants militaires à l'attaque de la cassine de Bouline. Quelle belle attaque jeune homme ! Je suis payé pour m'en souvenir, car c'est là que j'ai perdu ma traduction de Polybe ! une traduction charmante, et que je paierais mille écus, si j'en retrouvais seulement quatre cents feuillets ! Mais je ne dois plus penser qu'à mon salut; Dieu m'a fait la grâce de m'illuminer !...

Où est l'armoire du bienheureux diacre ! *Sancte Paris, expande tua brachia !...*

Et comme Gervais restait muet devant le vieillard :

— Mon ami, regardez-moi bien : je suis Jean-Charles. Folard, QUENELISTE, et APPELANT au futur concile contre le jugement erroné du pape. Ne venez pas me dire encore une fois que je suis le chevalier de Folard ! Quand vous viendrez chez moi, je vous ferai voir la sainte perruque du saint diacre ; je ne la mets qu'aux jours de fêtes, et quand je vais à la grand'messe à Saint-Séverin. Bonne église et bonne paroisse, en vérité !... J'ai aussi la pantoufle droite et les matelas du bienheureux ! *Exultemus et lœtemur !* dit encore l'Ecclésiaste. J'ai la convulsion...... je veux dire la conviction intime, que dans peu le pape sera supprimé. Le pécheur sans la grâce n'est libre que pour le mal. Et comment trouvez-vous les molinistes qui voulaient faire croire que j'étais privé d'entendement ?... Bonsoir, mon bon frère !...

Puis cet étrange chevalier, leste et réjoui malgré son âge, remit en poche son cornet, reprit son panier, et descendit prestement la rue des Postes.

En ce moment, les regards de Gervais tombèrent je ne sais comment sur le coffret sans adresse. Dans l'espoir d'y trouver quelques renseignements, il l'avait ouvert la veille, et avait été surpris de le trouver vide.

— Bon ! se dit-il, c'était un tour que voulaient

me jouer mes pays, et mon père tout le premier, à la fin de voir si j'étais exact! Allons, le coffret n'est pas trop mal, et je ne manquerai pas de le vendre bientôt à ce brave bonhomme. Douze écus! C'est de quoi me faire bien venir de mes amis, que je vais retrouver à la porte Montmartre ! Et cette belle fille que j'ai rencontrée l'autre soir aux vêpres de Saint-Médard... voilà un port de reine ! Mais elle est fière comme un fifre de régiment, avec son casaquin de siamoise et ses bas à damier rouge et noir ! N'importe, si je la retrouve, je risquerai de lui faire ma déclaration.

Il en était là de ce monologue lorsqu'il reçut le billet suivant :

« *Votre enseigne anti-papale et la précieuse acquisition que je viens de faire chez vous m'ont fait penser, cher Frère, à vous confier la commande suivante. Il s'agit d'une croix de moyenne hauteur que vous charpenterez le plus hastivement possible et le plus proprement. Monsieur l'abbé Jacquemont* (1), *au nom duquel je vous parle icy, désirerait que la croix eût six pieds de long sur trois de largeur, qu'elle fût de préférence en bois peint de rouge, ornée vers le sommet des lanternes, clouds, marteaux, et autres instruments de la Passion. L'ouvrage est pressant, et devra être achevé*

---

(1) L'abbé Jacquemont, ancien curé au diocès de Lyon, partisan déclaré des miracles et des convulsionnaires.

pour la nuit du 27. Voici à-compte douze écus que le porteur vous comptera.

Signé :

L'acquéreur de l'armoire du bienheureux Pâris. »

— C'est sans doute un cadeau pour quelque église, pensa Gervais, un *ex voto !*

Et il répondit qu'il n'aurait garde d'y manquer.

II. — FRANÇOISE LA PICARDE

A quelques jours de là, Gervais, rentrant chez lui, fut très-surpris de voir la place de l'Estrapade obstruée par une foule de vieux carrosses, la plupart tristes et sombres, mais quelques-uns plus coquets et plus brillants. Cet attroupement étrange d'équipages entourait une chaise de poste, d'où ressortait la perruque volumineuse d'un conseiller au parlement de Paris, qui débarquait à l'heure même de Versailles en robe rouge, avec épitoge, et qui saluait du bonnet, ni plus ni moins qu'à l'audience de la Tournelle, pendant que son cocher attendait sans doute, devant la porte de son hôtel, que le suisse en ouvrît la grille massive, à trois battants noirs. Ses deux laquais distribuaient au peuple de petits imprimés sur papier rose, que Gervais ne se montra guère soucieux de recueillir, dans la crainte d'y retrouver peut-être des allégories aussi peu divertissantes que celles du vieux chevalier, sa pratique.

Le conseiller (1), que Gervais apprit s'appeler M. Carré de Montgeron, se donnait depuis quelque temps en spectacle par des démarches et des discours qui semblaient provenir d'un cerveau malade. Il lui arrivait de sortir parfois à peine vêtu, et de lire tout haut dans la rue, au premier passant venu, la *Merveilleuse guérison d'Anne Lefranc et les Dissertations précieuses qui la suivirent;* et depuis même son exil en Auvergne, cet intrépide prôneur du cimetière Saint-Médard avait accueilli publiquement de son suffrage les extravagances d'une fille convulsionnaire. En ce moment, où ce concours devait le flatter le plus, il ôta familièrement sa perruque, et la posa sur son pouce; puis, voyant l'inextricable embarras de tous ces carrosses, il commanda à son cocher de détourner au coin de la rue Saint-Hyacinthe, ayant oublié, disait-il,

---

(1) Ce ne fut que le 29 juillet 1737 que M. de Montgeron (Louis-Basile-Carré) se rendit à Versailles pour présenter au roi son livre de *la Vérité des miracles du diacre Pâris,* in-4°, avec vingt planches. Le roi Louis XV se voit encore figuré en grande perruque, recevant l'ouvrage de M. de Montgeron qui, en sa qualité de conseiller, d'appelant et de thaumaturge, a derrière lui la Vérité nue et sans nuages. Le roi reçut le livre sans savoir ce qu'il contenait. La nuit suivante (du 29 au 30 juillet) le conseiller Montgeron fut mis à la Bastille. Sa compagnie voulut bien présenter des remontrances en sa faveur, mais elles n'eurent pas de suite, et le magistrat fut exilé à Villeneuve-lez-Avignon, peu après à Viviers, et enfin à Valence, où il mourut.

Extrait de la *Vie et des suffrages en faveur* de M. de Montgeron, 1749, in-12. (

d'aller porter des exemplaires de son livre au duc d'Orléans, au premier président et au procureur général.

Pendant que les équipages s'ouvraient pour lui frayer la route, ses laquais distribuèrent encore au peuple de grands coups de canne et des exemplaires brochés de sa *conversion* ; car les laquais de cet autre vendeur d'orviétan janséniste étaient très-ferrés sur le *dogme*, et leur doctrine touchant la grâce entrait à compte dans leurs gages et leurs pourboires. Il n'y eut pas jusqu'à son cocher qui, furieux de voir au départ ses chevaux si peu en train, et ne sachant plus quelle injure leur dire, les appela *molinistes*.

— *Molinistes !* pensa Gervais, c'est là tout de même une drôle de sottise pour des chevaux !

Il n'en continuait pas moins à s'acheminer vers la rue des Poules, au milieu de tout ce concours de peuple, quand il entendit un bruit de voix criardes à l'angle de cette grande place, sur laquelle de vieilles bourgeoises Marcelines étaient en pourparler.

— C'est une horreur, une indignité mam'selle Flippart, cette pauvre Françoise que son maître renvoie, après cinq ans d'exercice !

— Une fille, mam'selle Castagnet, qui n'avait au plus que dix-sept ans quand il l'a fait venir de Péronne, le vieux renard, pour mettre en état ses nippes et son linge !

— Jarnigué ! qu'elle était faraude la demoiselle Françoise quand elle passait devant Saint-Médard avec ses paniers renflés ! Dam ! c'est que l'on dit aussi qu'elle sait écrire, et aurait fait au besoin une fille de boutique... Y gna qu'heur et malheur dans ce monde-ci, c'est bien vrai.

— Doux Sauveur, si je m'en souviens ! c'était une perle à *farciner* les yeux d'un apôtre, sans compter qu'elle était sage comme une tourtière de couvent.

— C'est encore votre saint Pàris qui est cause de ceci, mam'selle Flippart.

— Que voulez-vous donc dire, mam'selle Gastagnet? Saint Pàris, celui qui guérit tous les malades de France à son cimetière? J'devons ben le savoir, j'espère, nous qui avions sur notre palier la nièce de M. Piochon, une fille muette..... C'est ça qu'était un miracle ! eh bien ! on lui a mis sur la tête une pincée de terre du tombeau de saint Pâris, et elle parle à l'heure qu'il est comme vous et moi.

— Vous adonisez les *jansénitres*, mam'selle Flippart ; mais savez-vous, par exemple, que j'ai mon petit bonhomme de Jean dont la jambe depuis son pèlerinage est devenue plus courte que l'autre de près d'un pouce? Cela me coûte assez, pourtant, et j'ai déjà brûlé de fameux cierges en l'honneur de votre bienheureux saint Pàris !

— Est-elle donc pressée, cette mam'selle Castagnet! pour Dieu ! Mais attendez donc. Ne savez-vous pas que dans un pouce il y a douze lignes? Et vous imaginez-vous qu'un saint d'aujourd'hui vous pourra faire en un jour un alongement de douze lignes à une jambe?

Cela était bon autrefois que les saints faisaient des miracles à la douzaine. Parbleu, donnez leur le temps.

— Ah bien ! oui, votre saint n'aura plus de mes chandelles, mam'selle Flippart. Écoutez plutôt la chanson de la duchesse du Maine, sur l'air de la *Pintade ajustée :*

> Un décroteur à la royale,
> Du talon gauche estropié,
> Obtint par grâce spéciale
> D'aller boiteux de l'autre pié!.

— Vous dites là de vrais blasphèmes, mam'selle Castagnet !...

— Eh ! mon Dieu, depuis quand, vous autres, avez-vous tant de dévotion pour les saints ? Vous nous la donnez belle, à l'heure d'aujourd'hui ? Et puis est-ce qu'il n'y a pas assez de saints dans notre paroisse sans aller déterrer votre saint Pâris, qu'on dit qu'il ne voulait seulement pas faire ses pâques par dévotion ? Voyez la belle religion qu'il avait ! C'est tout juste comme saint Greluchon qui faisait bassiner son lit et qui couchait avec une couronne de papier doré par humilité chrétienne.

— En voilà assez, mam'selle Castagnet; je ne vous fréquenterai ni ne vous parlerai plus de ma vie. On voit bien à votre bonnet à grands papillons ce que vous êtes, une écervelée moliniste, une ennemie des saints !

— En attendant, je vous conseille de vous faire

plisser un bonnet à papillons pour aller à la comédie qui sera bientôt donnée à la Bastille par tous les sauteurs de saint Pâris. Cela ne sera pas long !

— Miséricorde, quelle impiété ! et comment osez-vous parler de la sorte ?

— Écoutez, mam'selle Flippart, voici Françoise, elle vous le dira mieux que moi, la pauvre enfant !

Et mademoiselle Castagnet, revendeuse, boiteuse et moliniste, ne mentait pas à coup sûr; car la grande belle fille que Gervais vit apparaître, et qu'il reconnut tout de suite pour en avoir fait rencontre quelques jours auparavant, était dans l'état le plus pitoyable du monde. Elle fondait en larmes, et de manière à inspirer la compassion des plus insensibles. C'était une belle Picarde, de haute taille, en jupon d'étamine noire, mantelet gris et chignon retroussé sous son ample bonnet à plis. Elle contenait avec ces deux mains et dans ses deux bras tous ses biens meubles et immeubles, à savoir certificat de son maître *comme quoi* elle était *honnête* fille, un petit paquet, deux cartons et un chauffedoux.

— Merci Dieu, mam'selle Françoise, vous entonnez donc le *De profundis* de départ en quittant votre monsieur le chevalier ?

— Vraiment oui, mesdames, il dit qu'il ne veut plus avoir un seul domestique; qu'il veut bêcher son jardin à lui tout seul, et qu'il cuira lui-même ses légumes. Il dit que ce n'est pas la peine de faire son lit, que je ne lui serais bonne à rien qu'à le distraire ; et tant y a que me voilà sur le pavé depuis qu'il s'est mis en tête d'acheter l'armoire à coucher du bienheureux M. Pâris.

— Mon Dieu, mam'selle, interrompit Gervais qui s'approcha timidement de Françoise votre maître vous a donc bien maltraitée ?

— Oh! que non pas, Monsieur, mais il m'a poussée à la porte le plus doucement possible, en me disant que c'était pour son salut.

— Il est vrai, ajouta mademoiselle Flippart, que M. le chevalier de Folard est l'homme le plus régulier... du moins depuis sa conversion.

— Régulier, régulier ! je le sais mieux que tout autre, reprit Françoise, moi qui le couchais à huit heures et demie tous les soirs depuis trois ans. Mais depuis que saint Pâris lui a tourné la cervelle il ne veut plus coucher que sur sa chaise ou sur le plancher de la chambre. Le jour, il prétend que son lit soit orné d'un matelas, d'un oreiller et d'une couverture, mais le soir tout cela disparaît, et il couche sur le bois tout cru. Croiriez-vous bien qu'il a eu la chose de payer douze louis d'or pour avoir la perruque de M. Pâris ? Avec cela qu'il n'en est pas moins sourd à tout jamais en attendant que par l'intercession du saint la surdité s'en aille. Miséricorde! si le cimetière Saint-Médard opère ce prodige-là, j'irai le dire à Rome.

— Mais, mon doux Jésus, mam'selle Françoise, n'avez-vous pas fait des économies chez ce vieux carême-prenant? fit doucereusement la Castagnet.

—. Mam'selle, je ne sais pas ce que c'est que duper ses maîtres ; d'ailleurs il y a bien assez de singes en rabat qui grugent le mien. Jarnigué ! quand je pense que ce qui va lui rester et profiter de mes gages engraissera la troupe de M. Pâris, j'enrage de ne pas trouver une condition où je puisse les berner et les faire endêver comme ils le méritent.

— Mam'selle Françoise, on vous en trouvera une condition, on vous en trouvera, c'est moi qui vous le dis. Promettez-moi seulement, ajouta la vieille Flippart, que vous ne soufflerez mot de ce que je vais vous dire à l'oreille.

— Je vous le promets, reprit Françoise en sanglotant bien fort.

La vieille bourgeoise, se levant alors sur les hauts talons de ses mules, parla quelques moments à l'oreille de Françoise. La belle Picarde inclina la tête en réprimant un léger sourire.

Et Gervais ne put savoir de quelle *condition* ces deux femmes avaient parlé.

Françoise descendit avec la demoiselle Flippart le bas de sa rue des Poules...

III. — UNE CONDITION.

Le jeune ouvrier rentra soucieux chez lui. Selon toute apparence, il dut se tenir longtemps à la fenêtre de sa boutique pour suivre des yeux le même chemin qu'avaient pris ces deux femmes, car l'un de ses apprentis vint l'avertir respectueusement que la croix en question était presque terminée, et qu'il n'y manquait plus que les attributs de la Passion, dont Gervais devait se charger. Le bois de la croix était en effet lisse et brillant, ouvragé avec soin comme pour une chapelle de Visitandines. Gervais congédia ses apprentis.

Resté seul, il essaya de se distraire de l'ennui d'un pareil travail par le souvenir exact de tout ce qui l'avait frappé jusqu'à ce jour; et, chose merveilleuse! les étonnements naïfs de Gervais le provincial s'effacèrent tous devant l'apparition miraculeuse de cette belle fille entrevue par lui l'espace d'une demi-heure; pour Françoise il oublia la ville de Paris et son magnifique aspect, il oublia le diacre Pâris et ses miracles. Il faut le dire aussi, jamais, de mémoire d'Amiénois venu à Paris, une si parfaite créature n'avait tenté un fils de province. Ce qui intéressait Gervais à cette figure, que son enthousiasme appelait déjà céleste, était plutôt la douleur honnête et naïve qu'il avait vue répandue sur chaque trait de la bonne et belle Françoise. C'était ce port majestueux d'une simple fille, et ce beau corps dont un déshabillé plus que vulgaire voilait chaque secrète beauté. Tout jusqu'au patois lentement criard de la Picarde, et sa colère grotesque contre son maître dans la scène précédente, avait enchanté le jeune menuisier. Dans quelques mots échangés à peine devant lui, il avait appris que Françoise était de Péronne, et ce nom seul, le nom de sa ville natale, avait rejailli comme un rayon de gloire et de grâce nouvelle sur le front de sa déesse. De ce moment-là Gervais conçut l'idée de devenir son sauveur. La condition future de cette belle fille l'effrayait. De quelle condition avait en effet voulu parler la demoiselle Flippart? A Paris il y a tant de métiers étranges !... Gervais en ce moment était l'Amadis le plus tourmenté de la rue des Poules et de tout le quartier Saint-Marcel...

Vous dire les projets qu'il imagina pendant les jours qui suivirent serait au-dessus de votre patience, lecteur ; contentez-vous de savoir que Gervais travailla avec plus d'ardeur que jamais, et que le 27 au matin les attributs de sa croix, commandée pour ce jour même, étaient parachevés et bien placés.

Quand la nuit tomba, Gervais, comme de coutume, s'échappa de sa boutique. Il avait remarqué depuis peu que c'était dans la direction de la longue rue Mouffetard que la demoiselle Flippart se rendait avec Françoise. Les premiers jours, il pensa que la conseillère mystérieuse de la belle Picarde la conduisait peut-être dans quelque atelier de travail, magasin janséniste et suranné des modes et affiquets de Saint-Séverin, fabrique de bonnets étriqués et de chignons exigus. Mais, outre que Françoise lui parut souvent changer de maison, le tumulte et l'obscurité du faubourg lui fit maintes fois perdre sa trace. Il se résolut donc à faire ce soir-là une battue dans les règles, et sur les dix heures il se blottit sous l'auvent d'un layetier de ses amis, à la descente même de cette rue sombre.

Sur le pavé tortueux et glissant de ce faubourg il entendit bien longtemps craquer les lourdes voitures des rouliers et les épaisses charrettes des marchands de farine, tandis que les cloches de Saint-Médard sonnaient un glas sinistre, ou que plusieurs chaises et voitures étrangères sans nul doute à ce quartier longeaient le coin du cimetière à sa gauche. Onze heures étaient sonnées : le silence le plus profond régnait, et les lanternes de corne du layetier étaient éteintes.

Le froid de la nuit et l'impatience tourmentaient déjà le menuisier. Peu à peu l'aspect ténébreux du faubourg s'étant accru des ombres réelles de la nuit Gervais distinguait à grand'peine quelques silhouettes, que le seul fallot de cet angle renvoyait à la muraille; tout à coup cependant il tressaillit...

Une femme, une seule femme venait de traverser le ruisseau; il parut bientôt à Gervais qu'elle était suivie à quelque distance, car elle attendit l'espace d'une seconde la vieille qui l'accompagnait.

Gervais, ignorant sans doute des ruses et contre-ruses espagnoles, n'aurait pas dû supposer que cette dernière figure pût cacher une duègne; ce fut pourtant ce que soupçonna son génie inquiet, car il pressa le pas et se disposa à couper le chemin à la vieille. Mais la vieille demoiselle gagna de toute sa vitesse sa belle compagne à coqueluchon noir, mantelet, dont, par parenthèse, chaque cerceau était rabattu et gonflé comme un ballon sur celle qui le portait.

Gervais, malgré les ténèbres, avait reconnu la vieille demoiselle Flippart; il se rangea de l'autre côté du mur et se mit à suivre les deux ombres.

Les épaules blanches de Françoise n'étaient pas tellement couvertes par le rabat de sa calèche que le vent n'en dérangeât parfois l'ampleur et que la lune, y tombant d'aplomb, n'en fît ressortir la forme. Gervais demeura plus que surpris du long chemin que prit son fantôme. En arrivant au tournant d'une petite rue, ou plutôt d'une ruelle, les deux femmes pressent leur marche; la demoiselle Flippart pousse le ressort d'une porte, Françoise entre, et le guichet se referme au même instant.

— Singulière façon d'entrer! pensa le jeune homme.

La maison devant laquelle il se trouvait était bien autrement singulière. A la lueur d'un faible rayon de lune Gervais lut, sur un écriteau peint au premier étage de cette bicoque : RUE DE L'ESPÉE DE BOYS.

Quelques poules étaient endormies sur le fumier de cette rue. La petite église Saint-Médard coudoyait ce pan de mur, le cimetière suivait sa prolongation.

Bien que le jeune menuisier crût entendre alors quelques bruits étranges et sourds, l'apparence obscure de la maison n'avait rien qui pût lui faire croire à d'autres mouvements nocturnes que ceux qui signalent communément cette heure. Quelques lumières échancraient pourtant les croisées du second étage.

Un faible roulement de carrosses ébranlait aussi le coin de la rue Mouffetard.

Tout à coup de grands éclats de voix frappèrent les solives de cette vieille maison. Il y eut d'abord comme un mugissement confus, puis des cris horribles auxquels succéda bientôt un profond silence. Gervais effrayé tâtonna le ressort caché de la porte sans réussir à le trouver...

De violents coups de maillet, un murmure confus et de nouveaux cris se firent entendre.

Le menuisier fit alors sauter la serrure, et rencontra les marches d'un escalier sale et glissant.

Arrivé au premier étage, la crainte de se voir surpris le retint. Il ignorait par qui la maison était habitée ; tout ce qu'il put découvrir, c'est que la fenêtre de ce palier sombre donnait en plein sur un endroit éclairé. Cet endroit, dominé par l'arrière-corps de la maison, était le cimetière Saint-Médard.

Et quelque vif que fût le désir de Gervais d'entrer dans la pièce voisine d'où partaient ces bruits étranges, il demeura.

La fenêtre à laquelle il se trouvait accoudé formait alors le cadre du singulier tableau qu'il avait devant les yeux. Le petit cimetière Saint-Médard lui parut aussi étincelant qu'une émeraude sous un lustre : mille lumières s'y croisaient dans tous les sens, les unes tremblotantes et maigres, d'autres actives, rayonnantes, et ces dernières portées au poing de grands laquais, parmi lesquels il y en avait plusieurs à la livrée de M. de Montgeron. Un d'eux plantait force gros cierges dans cette terre avec la bêche à l'entour d'une tombe, laquelle était formée d'une grande dalle de pierre de liais, inclinée, reposant sur quatre dés de marbre, et tournant le dos au grand autel Saint-Médard. Le menuisier distingua une troupe de mendiants déguenillés, prétendus muets, rachitiques, boiteux, paralytiques et convulsionnaires avant tout ; la plupart s'étendant sur le dos dans toute la longueur du tombeau miraculeux, en défaisant leurs jarretières et leurs haut-de chausses avec une sorte de frémissement respectueux et de familiarité risible, pendant qu'un prêtre de cette église leur psalmodiait un psaume en faux bourdon, quelques-uns faisaient à la lettre la cabriole sur le saint-sépulcre, pendant que d'autres se donnaient et recevaient d'affreux coups de bûche dans l'estomac. Les cris aigus, les râlements sourds et comprimés par une oppression déchirante, les yeux retournés dans leur orbite, enfin les soubresauts diaboliques et l'écume qui sortait de toutes ces bouches fanatiques avaient quelque chose de tellement hideux que notre bon Gervais en suffoquait. Et néanmoins on voyait là de vieilles dames qui faisaient cercle autour de ces misérables, avec un air de componction édifiante et de satisfaction mystique. Quelques jeunes femmes et des filles se donnaient en spectacle sur ce tombeau d'une si indécente manière que les yeux les moins chastes en auraient été blessés. Nombre de malades s'y étaient fait, ce soir-là, porter en chaises avec leurs potences, leurs matelas et leur charpie, ce qui donnait à ce pacifique enclos l'air d'une ambulance militaire. Pandant que des dames fort étrangement agenouillées faisaient toucher des livres et des linges aux dés du saint tombeau, d'autres s'arrachaient quelques vieux rabats et des guenilles qu'un juif prétendu janséniste vendait comme reliques du bienheureux diacre *mort dans l'odeur d'un saint appel* (au futur concile). Gervais entendit crier très-distinctement :

Divers moyens de rogner les ongles au Pape, par un frère appelant de la communauté des Tailleurs.

Et aussi :

Le catalogue raisonné des miracles de saint Pâris, vérifié par messire Esprit Feydea, seigneur de Marvilles et lieutenant-général de la police du royaume.

Peu à peu, et sans devenir pour cela un esprit fort, le provincial s'accoutumait à ce spectacle ; sa malice picarde s'enhardissait, il allait même jusqu'à entrevoir que quelques-uns de ces frénétiques suspendaient leurs mouvements pour laisser passer les dames avec une courtoisie toute charmante, que d'autres n'étaient peut-être pas aussi impotents que l'indiquaient leurs béquilles. Et toutefois le trouble de son imagination était alors si réel, que sa raison se trouvait près de succomber.

Le brouhaha de cette parade grotesque finit pourtant par cesser ; les lanternes de papier peint et les torches de résine s'acheminèrent par la petite rue ;

les brouettes et les porteurs s'éloignaient, pourtant ce jeune homme n'en demeurait pas moins cloué dans sa rêverie au rebord de cette fenêtre.

Tout à coup il entendit de nouveau à l'intérieur ces bruits confus dont il aurait voulu pénétrer la cause. Ils retentirent avec plus d'éclat, et pour cette fois c'était au dessus même de sa tête. Cette fois aussi Gervais reconnut des cris et des sanglots étouffés, suivis de murmures étranges et de chuchotements. Il y avait encore eu des coups de maillets fortement et distinctement appliqués.

Arrivé au troisième étage, Gervais, prêtant l'oreille, entendit au milieu du bruit une voix de femme. Son sang se glaça, car il crut la reconnaître cette voix.

Le silence qui suivit avait quelque chose de lugubre, et Gervais avait les doigts crispés à la rampe de l'escalier.

Encore! encore! murmurait la voix, *mon doux Jésus! Dieu d'amour, que c'est doux! Je voudrais mourir ainsi! Je veux mourir, mourir, mourir.*

Et Gervais, qui perdait la tête en entendant de telles paroles, se sentit animé d'un sentiment d'irritation si jalouse et si poignante qu'il en appliqua sur la porte un vigoureux coup de pied.

La porte s'ouvrit.

Ce qu'entrevit alors ce jeune homme aurait sans nul doute glacé le plus hardi courage. La chambre circulaire où il entra de la sorte était vaste et tendue de noir, haute de voûte et inégale de sol, de manière à former vers le fond une sorte de monticule. L'espace par lequel on arrivait à ce théâtre, qui n'était autre qu'un calvaire, était caillouté de forts galets teints de sang, lesquels conduisaient à une sorte de renfoncement obscur dominé par une croix...

Sur cette croix une femme était clouée... Le sang jaillissait de ses mains diaphanes au feu des cierges; autour d'elle, il y avait des hommes à genoux. La croix et la femme ne pouvaient manquer d'être reconnues par Gervais, et certes lorsque le menuisier avait confectionné cet instrument de piété, il ne soupçonnait guère que le sang de sa maîtresse devait le rougir!

Que l'on s'imagine donc l'étrange effroi du jeune homme en voyant Françoise étendue sur ce gibet! Ce corps palpitant et demi nu était celui de Françoise, ces cris de torture et de langueur étaient les siens! Françoise elle-même semblait prendre à tâche de le regarder, chaque fois qu'elle répétait *Pâris!* et *Pie Jesu!* Car ces deux mots formaient tout le vocabulaire de cet étrange martyre : c'était son hymne et son oraison jaculatoire! Encore une fois, Gervais ne comprenait pas pourquoi ce crucifiement nocturne, cette croix et ces assistants; Gervais se crut visionnaire, endormi, ensorcelé. Cependant on chantait des hymnes, les spectateurs se frappaient le dos et les mains avec des cailloux, d'autres couchés à terre y recevaient des coups de bûches atroces; après quoi on leur dansait sur le ventre et la poitrine, tandis qu'ils s'efforçaient de crier continuellement : *C'est doux! c'est doux! Encore! encore!* C'était une confusion de cris, de sanglots et de cantiques ; tout cela seulement était d'un aspect mille fois plus sauvage que celui du cimetière. Les genoux de Gervais tremblaient sous lui...

Si cette crainte subite d'un péril affreux ou d'un piége inconnu faisait battre ainsi le cœur et les artères de Gervais, jugez un peu de la stupeur des assistants quand ils le virent entrer échevelé et furieux dans leur salle ! Gervais courut sur-le-champ à la victime, en renversant tout ce qui s'opposait à son passage. On le retint, car il avait blessé M. Carré de Montgeron qui s'occupait à catéchiser un médecin belge... Je ne sais alors par quel pouvoir sa résolution faiblit et ses bras fléchirent ; il ne dit plus un mot, resta pensif dans la plus cruelle et la plus indéfinissable des extases. Devant ce beau corps de jeune fille mat et blanc comme le plâtre, ces lèvres fermées et ces membres en convulsion, l'œil du jeune homme nageait stupide et hagard ; à peine eût-il alors prêté quelque attention à ceux qui l'environnaient. Cette *pieuse* assemblée (qui n'avait rien pourtant des premiers fidèles des catacombes!) se composait généralement de conseillers au parlement de Paris, perruques fidèles et croyantes, attendu que le miraculeux diacre avait jadis eu monsieur son père à la seconde chambre des enquêtes. Madame la baronne de Montmorency se trouvait dans ce grenier dégoûtant, et à chaque contorsion de la pauvre martyre, dont la sueur et le sang couvraient les membres, madame de Montmorency faisait un grand signe de croix. Le pauvre Gervais remarqua surtout avec un étonnement naïf une grosse petite mignonne de quarante à cinquante ans, qui était *appelante* au futur concile, et qui se nommait madame Chagriat de la Geslays. Elle se faisait donner force coups de bûche sur le ventre, en disant avec un ton de volupté langoureuse et d'ingénuité enfantine : *Nanan! c'est du nanan! ze veux du nanan! touzou du nanan! nanan* (1) !

Quand Gervais entra, un courtisan moqueur faisait la remarque que cette belle fille, ainsi élevée en croix entre M. l'abbé Jacquemont et M. Pâris de Montmartel, ressemblait au Christ entre deux larrons. Cette singulière fête (car par quel mot signaler les réjouissances de ces gens-là?) donnée dans la maison même du vieux chevalier Folard, à la demande du victorieux M. Carré de Montgeron, fier de sa démarche près de Louis XV, avait attiré un immense concours de monde; et en tête de ces enthousiastes on apercevait le chevalier. C'était vraiment un spectacle digne de pitié que celui qu'offrait ce vieillard, parfaitement distingué d'ailleurs par ses connaissances et la dignité de son caractère, l'Homère des écrivains stratégiques, le père de cet art illustré depuis par les Ségur, les Turpin, les Maizeray, etc., recherchant lui-même le ridicule avec toute la ferveur d'un néophyte et d'un

(1) Historique.

enthousiaste! couché de la façon la plus grotesque au milieu de cette chambre, et se faisant sauter sur le ventre par un gros sacristain de Saint-Médard, en soutane et en surplis! Le bon chevalier avait aussi reconnu Françoise et rendait grâce à Dieu de ce qu'il nommait sa *conversion*. Quelques vieilles femmes du quartier égayaient aussi de leur visage, aussi raide que leur parure, cette jonglerie mystique. Le malheureux menuisier ne comprenait rien au but de cette torture. Françoise, la belle Picarde, eut un instant le regard tourné vers lui. Alors aussi Gervais eût baisé chaque trace de son martyre; Gervais, s'il n'eût été retenu, aurait tendu pour elle ses bras au marteau; il pleurait et rugissait comme un lion. Un si admirable corps de fille cloué sur une croix faite par lui! Et puis à quoi bon cette agonie? Pourquoi ces stigmates, à la vue desquels les spectateurs applaudissaient à deux mains? surtout, pensait le jaloux Gervais, pourquoi cette nudité devant un si grand concours de messieurs? Et qu'est-ce qu'un saint qui donne des convulsions aux gens qui n'en ont pas, au lieu d'en guérir ceux qui en ont?...

En dépit de ces réflexions judicieuses de Gervais, les psaumes continuèrent, et l'abbé Jacquemont jeta une pincée de la sainte terre à l'assemblée. A cet instant aussi, Françoise, qui en avait reçu sa part, rendit le sang par la bouche avec tant d'impétuosité et d'abondance, ses douleurs, ses cris et ses convulsions furent tellement horribles que Gervais, prêt à tout en-

treprendre, brisa un carreau de la fenêtre, et cria :
Au guet! Au guet! Par ici, Messieurs du guet!...
Par ici!

A ce cri la confusion devint affreuse. Les ministres du nouveau culte, épouvantés d'un tel cri, et craignant sans doute que le corps du délit ne fût trop facile à saisir, se mirent à s'enfuir pêle-mêle, et s'échappèrent par les deux portes. Gervais resté seul monta sur le Calvaire, abattit la croix, en détacha la belle Picarde, et colla ses lèvres sur les siennes...

Françoise le remerciait du regard et de la voix.

— Françoise! s'écria Gervais d'un air exalté, veux-tu me prendre pour époux sur cette croix?

— Essuyez ce sang, mon cher pays, reprit la martyre en riant, ce n'est que du jus de mûres...

— Comment! c'est cela que mademoiselle Flippart appelle une condition!

— Oui, monsieur Gervais, et sachez que je suis entrée dès ce soir dans la troupe des malades de saint Pâris!

— A trente sols par jour! mon jeune ami, reprit la demoiselle Flippart, qui bassinait d'eau fraîche les bras de sa protégée; c'est à présent le seul métier où l'on fasse bien ses orges! Mais fuyons bien vite, car les sergents de M. de Marville s'en vont monter... Remettez votre mantille et votre capuchon, Françoise, voici vos trois écus! Mais votre mantelet, Françoise! Songez bien que pour la semaine prochaine il faut vous ménager, ma chère enfant, vous ferez la femme hydropique!

IV. — LE MIRACLE.

Le lendemain, Gervais, sans savoir comment, se trouvait à la Bastille.

— C'est une méchante affaire! jeune homme, lui disait en toussant un petit vieillard qui entrait dans la chambrette où le roi venait de lui payer son gîte, avec un fort bon déjeûner. Le petit vieillard était coiffé d'une vieille perruque rousse ; il avait un rabat très-sale, et de plus il était décoré d'une large croix de Saint-Louis.

— Vous avez renversé l'excellent conseiller, M. Carré de Montgeron; vous avez de plus, mon cher frère, injurié le culte des saints, et calomnié les convulsions, en appelant le guet à votre aide... Vous avez...

— C'est-à-dire, monsieur le chevalier, que le guet, en me voyant m'enfuir avec un grand manteau, m'aura pris pour quelqu'un des vôtres, car il m'a fort obligeamment conduit en chaise jusqu'ici. On veut à toute force que je sois un convulsionnaire ; peste soit de votre monsieur Pâris !

— Fort bien! jeune homme, j'aime à voir que vous ne désespérez pas. Ne désespérez jamais, *vos qui spirituales estis*, dit le Psalmiste. Voyez, j'ai couvert aujourd'hui mon chef de la perruque du bienheureux martyr, et je porte en surplus le rabat du vénérable

M. Quesnel. En un mot, mon frère, continua le vieux chevalier en baissant la voix, j'attends aujourd'hui un miracle, un miracle pour aujourd'hui même !

— Celui de ma délivrance !...

— Oui, oui, cher frère, reprit le Végèce français, de plus en plus sourd ; aujourd'hui, 23 mars, expire la neuvaine que j'ai faite pour retrouver ma traduction de *Polybe*. Vous l'avez dit, c'est ce miracle que j'attends. J'ai fait vœu, vis-à-vis le grand autel de Saint-Médard, de laisser un très-bon legs à qui me la rendrait cet après-midi...

— Pour l'amour de Dieu, monsieur Folard, cria de tous ses poumons le jeune ouvrier, souffrez que je répare un peu le désordre de votre perruque.

Et Gervais, qui ne voyait en effet que ce moyen de couper court aux doléances inévitables du chevalier, s'apprêtait à démêler plaisamment la sainte toison...

Heureusement que la porte de sa chambre s'ouvrit. C'était le deuxième lieutenant de monsieur le gouverneur, qui venait pour lui demander poliment ses noms et prénoms.

— Gervais Robin, dit hardiment le jeune homme ; je suis menuisier, au quartier de l'Estrapade ; en tout cas, monsieur, je connais la consigne, ajouta-t-il, et je voudrais à cette heure n'avoir jamais quitté le service du roi dans le régiment de Picardie.

En même temps Gervais porta gaîment la main à sa tempe droite, balança ses hanches, et marqua le pas comme un fantassin.

— Bravo! bravo! jeune homme, s'écria le vieux chevalier de Folard en tenant sa canne haute. — Par file à droite, marche! Alignement, — ordre profond, — colonnes d'attaque. Pardieu! jeune homme, Moïse est le grand capitaine que j'ai le plus en estime ; car il avait découvert mon système *des colonnes*, ce brave Moïse! A présent rompez les rangs... Voici dix écus que je te baille, dit-il à Gervais ; tu vas être libéré ce soir, car j'aurai dans une heure ton laisser-passer, signé de monseigneur le garde-des-sceaux.

— Inutile, monsieur le chevalier, inutile, répondit l'officier de la Bastille ; car je ne sais... comment vous le dire... mais c'est vous qui devez remplacer le prisonnier...

Le lieutenant exhiba en même temps au vieux chevalier une large pancarte où pendaient les sceaux de monseigneur de Vintimille (1), archevêque de Paris, et de monseigneur le cardinal de Fleury. Il y était dit que les saturnales qui avaient lieu depuis

(1) Charles-Gaspard du Luc de Vintimille, archevêque de Paris, succéda en 1729 au cardinal de Noailles. Il était arrivé à Paris le 24 mai, et n'avait reçu le pallium que le 7 septembre. Tout le temps que dura le ministère pontifical de M. de Vintimille, il ne désira rien tant que d'apaiser les haines et les persécutions dont le schisme fournissait le prétexte.

« Ma foi, Monseigneur, écrivait-il au cardinal de Fleury (22 mai « 173.), je perds la tête dans toutes ces malheureuses affaires qui « affligent l'Église. J'en ai le cœur flétri, et je ne vois nul jour de « soutenir cette bulle en France que par un moyen, qui est de nous « dire, à la franquette, les uns et les autres, ce que nous entendons « par chacune des propositions de la bulle *Unigenitus*, etc., etc. »

Il mourut à Paris, le 13 mars 1746, à l'âge de quatre-vingt-onze

trois ans, au sujet du diacre Pâris, devaient cesser, et que, sur le rapport de monseigneur de Vintimille au roi, M. de Montgeron et le chevalier de Folard devaient être détenus trois jours au moins à la Bastille, par ordre de Sa Majesté.

Le vieux chevalier frappa du revers de sa main le papier fatal; puis, se relevant non sans une sorte de fierté:

— J'avais reçu mon épée du roi; s'il la demande, c'est que peut-être monseigneur de Fleury ne ferait pas mal de s'en servir contre les Anglais.

L'arrivée d'un nouveau détenu, M. de Montgeron, ne contribua guère à égayer le dépit du chevalier. M. Carré de Montgeron était pourtant à cette heure le conseiller le plus défrisé du monde parlementaire; il avait la démarche et le ton d'un homme qui sent trop tard combien le ridicule compromet un magistrat. Toutefois il se donnait des airs d'importance et d'exigence, en disant bien haut qu'il ne s'expliquait pas comment le parlement ne venait pas le réclamer, lui, messire Basile Carré de Montgeron, conseiller en la deuxième chambre des enquêtes.

Le vieux chevalier était depuis un quart d'heure enseveli dans le monologue le plus sérieux et le plus réfléchi du monde avec la perruque du bienheureux

---

ans. « N'est-il pas étrange, disait l'abbé de Grécourt, que ce prélat, dont l'existence a été si tourmentée, ait pu la prolonger jusque là? Voilà un fier miracle pour lui, qui ne croyait pas aux nôtres! » (On sait que Grécourt croyait à ces jongleries.)

(*Note de l'Auteur.*)

Pâris, qu'il venait d'ôter et à laquelle il demandait un second miracle, indépendamment de celui par lequel il comptait retrouver sa traduction de Polybe. Quant au menuisier Gervais, il étudiait sans doute en pareil moment l'architecture décorative de son appartement; car il regardait d'un œil aussi luisant que celui d'un furet la boiserie de cette immense chambre... Malheureusement l'architecte du lieu, par un art infernal, avait uni le *solide* à l'agréable, et toute évasion était impossible à espérer. M. de Montgeron ne se mettait guère en peine de consoler le guerrier sexagénaire que M. le cardinal de Fleury confinait avec lui dans cette prison. Ce conseiller, assis à une petite table de bois de chêne, était agréablement occupé à transcrire quelques vers et quelques malicieuses pensées jansénistes dont l'idée lui était venue en route. Il faut vous dire que M. de Montgeron était renommé pour ces aimables plaisanteries. Que ce fût lui ou d'autres qui fissent ces vers, toujours est-il qu'il en *poussait* parfois et de soupirans et de tendres au possible. Lorsque la porte de la prison s'ouvrit de nouveau, le conseiller se relisait à lui-même cet anagramme :

A ANGÉLIQUE.

Oui, ce qui me plaît entre mille
Et rend mon cœur dévot saintement amoureux,
En purgeant la délectation de mes feux,
C'est que dans votre nom je trouve l'Évangile (1).

(1) Comme on peut s'en convaincre par l'à-propos suivant, ces

La belle Françoise, qui survint alors, entra toute gauche et toute effarée jusqu'à son vieux maître ; elle rougit en voyant Gervais.

— N'ayez aucune crainte de vos effets, mon cher pays, dit-elle à l'oreille du jeune garçon ; j'étais là quand le guet vous vint happer, et je me suis assurée moi-même, de bon matin et d'après votre désir, de la seule chose que vous vouliez leur soustraire. Ce coffret vient de m'être remis en mains propres par la demoiselle Léonarde, votre hôtesse... Prenez-le ; il est encore enveloppé dans la nappe où vous l'aviez mis.

Gervais, sans donner aucune sorte d'attention à ce que lui remettait Françoise, la fit asseoir le plus près possible de l'oreille du chevalier.

— Monsieur, cria Françoise; je viens vous dire que je me suis en vain essoufflée auprès de vos anciens amis, M. le comte de Saxe et M. le maréchal de Boufflers, pour que vous ayez votre grâce. Je vous apporte dans ma jupe un casaquin lâche et des jupes à la vigneronne. Maintenant écoutez bien, cria-t-elle de son mieux ; c'est moi qui vais endosser votre vieux pour-

---

vers ne valent pas ceux que M. de Boufflers écrivait à la même époque, et à l'occasion des mêmes disputes mystiques, à une jolie janséniste :

> N'allez pas, comme avec Quesnel
> En usa le Saint-Père,
> Me faire un procès criminel :
> Je crains votre colère...
> Pour mes tendres réflexions
> Quelle heureuse fortune
> Si de cent *propositions*
> Vous en acceptiez une !
>
> (*Chansons*, etc.

point et me coiffer de votre vilaine perruque. Vous passerez avec ce panier de légumes sous le premier guichet et tout ainsi sous le second. Quand vous serez au troisième, vous laisserez tomber quelques uns de vos fruits, ce qui fera rire et courir les porte-clés, et vous vous esquiverez vivement par l'avant-cour...

— Palsambleu! Françoise, cela est renouvelé de la prise d'Amiens, folle que tu es!

> Amiens, superbe frontière,
> La reine de l'Amiénois,
> Ville magnifique et pas chère,
> Puisqu'on l'a prise pour des noix.

— Mais, ma chère Françoise, je n'en ferai rien, moi le chevalier de Folard, qui combattais à la Cassine de la Bouline, en 1688! Entends-tu cela, Gervais, mon garçon? Ventrebleu! que j'avais alors bon air avec mon pourpoint à la housarde, l'épée courte en pointe et le bonnet d'ours! j'aurais fait trembler l'ennemi rien qu'à me voir passer. Et dire qu'à l'heure qu'il est me voici dans une chambre de la Bastille! Holà! que cherches-tu donc, toi, dans ce coffret-là?

Gervais regardait alors en effet et sans savoir pourquoi le coffret du Havre sous toutes ses faces.

— La peste ou le feu exterminent les coffrets! cria de nouveau Folard; sans cette invention damnée j'aurais encore de quoi confondre mes ennemis et mes critiques avec mon manuscrit de Polybe!... Imagine-toi, Françoise, qu'un damné sergent auquel j'avais expressément recommandé mon coffre me l'a perdu. C'était en 1600....

— Mon excellent maître, dépêchez-vous, vous n'avez pas un moment à perdre, dit Françoise, en le pressant de s'habiller en jupe à la vigneronne.

— Puisque vous refusez, voisin, dit alors inopinément M. le conseiller de Montgeron, qui guettait l'heure de sortir comme un chat une souris, j'aurai moins de scrupules : donnez-moi le casaquin, mademoiselle Françoise ; voici deux pistoles pour vos beaux yeux...

Mais il fallut le geste d'assentiment que donna son maître pour que Françoise consentît à cette substitution si contraire aux intérêts de M. de Folard. Ce ne fut pas à coup sûr l'incident le moins comique de cette journée de prison que de voir le conseiller s'évader dans un accoutrement semblable. Le vieux chevalier riait tout haut de cette toilette, qui lui eût pourtant servi à gagner lui-même la clé des champs. Telle était la singulière préoccupation de ce vieillard, que, sur la fin de sa vie, il éprouvait une crainte perpétuelle de ce qu'on pourrait dire de lui ; il se croyait calomnié dans l'opinion, critiqué et maltraité de toutes les manières. Le ridicule de ses démarches extatiques en faveur de M. Pàris l'effrayait peut-être en secret sur le jugement qu'on devait porter de ses *Mémoires militaires*.

— C'est cela, s'écria-t-il ; ici du moins je n'entendrai pas croasser l'envie, je ne serai pas contraint de lire les discussions du colonel Guischardt contre mon système de colonnes; je vivrai content, et l'on dira de moi : *Non sibi, sed patriæ vixit.* Les malheureux ! s'ils devaient pourtant profiter de ma captivité pour renouveler leurs attaques et leurs pamphlets contre ma tactique ! Ne me cache rien, Françoise; as-tu reçu pour mon compte quelque brochure de Prusse ou d'Allemagne ? Le roi Frédéric, je le sais, m'en ménage une... Ah ! si j'avais seulement mon premier *Polybe* surchargé de notes à la marge, et qui devait me faire admettre dans la société royale de Londres ! Par saint Quesnel ! je donnerais bien mes deux pensions du roi à qui le retrouverait !

— Le pauvre homme ! murmura Gervais, examinant son maudit coffret d'un air désolé; il a la tête aussi vide que ce diable d'étui-là.

— Et voilà pourtant ce qu'il nous rabâche depuis deux ans, dit Françoise attirant à l'écart le jeune menuisier; mais en dépit de tout cela, c'est un brave gentilhomme. Avec un faible patrimoine et quelques écus sur la cassette du roi, M. le chevalier trouve le moyen de faire du bien. Si tous ces jongleurs ne lui avaient pas renversé la cervelle... J'aime à croire que ce qui doit se passer ce soir au cimetière de Saint-Médard achèvera de le dégriser. M. de Vintimille en doit faire clore les portes !...

— Silence ! silence ! cria d'un ton lentement solennel le prisonnier, tirant d'un tiroir de table un grand almanach...

— Silence, Françoise, c'est aujourd'hui le quatrième jour, le jour auquel expire ma neuvaine au bienheureux! Allume-moi ces deux chandelles que voici devant l'appui de la fenêtre. Bien cela! Fais-moi donc le plaisir de t'agenouiller à côté de moi... Bien encore! Maintenant soulève délicatement de tes deux doigts la perruque sainte et mets-la sur ce grand bâton qui se trouve fiché au mur assez convenablement. Françoise, tu es vraiment fort intelligente! Je te veux du bien; prends ce petit livre et récite avec moi les litanies que tu sais.

Sancte Jansenius,
Sancte Cyran, } *Ora pro nobis:*
Sancti Arnaud et Quesnel, orate pro nobis.
BEATE PARIS, *ora pro nobis.*

Le chevalier et Françoise, son acolyte, venaient à peine de prononcer cette dernière invocation, qu'elle fut suivie d'un violent coup de marteau.

— *Miraculum!* s'écria M. de Folard en voyant les éclats du coffre que l'impatience longtemps contenue de l'examinateur Gervais venaient de réduire en mille pièces...

— *Portentosum miraculum!* s'exclama-t-il de nouveau en ramassant à terre un petit cahier oblong et très-sale.

— La voici ma délicieuse traduction de Polybe, la première, l'ancienne, la seule véritable que j'ai écrite à l'arrivée de M. de Vendôme. J'en reconnais chaque bribe et chaque rature. *Béate Paris*, vénérable bienheureux, c'est à vous que je la dois!

— Par exemple, il est joli celui-là! s'écria Gervais; c'est grâce au coup de marteau par lequel j'ai fait jaillir le double fond! Figurez-vous, ma payse, que c'est mon père, ancien sergent, qui gardait ce maudit coffre dans sa chambre depuis dix ans. « Tu vas aller à Paris, me dit-il un jour, prends ce coffre que je n'ai jamais ouvert, et porte-le au chevalier de Folard. Par ma foi, j'avais oublié le nom de votre maître, et de plus le coffre était vide... Voilà une fière occasion, mademoiselle Françoise, de lui demander vos gages et la permission de notre hymen... »

— Robin... Pierre Robin, sergent... grommelait le vieux chevalier qui avait l'air de lire ce nom sur l'une des pages... C'est bien à lui que j'avais confié cela!

— Et voilà son fils, M. Gervais... Voyez donc, monsieur le chevalier!

A ces derniers mots que Françoise jeta de toute la force de son larynx, dans le cornet du sourd, la physionomie du vieux Folard s'illumina joyeusement.

— Gervais Robin, dit-il au jeune homme, écoute bien ce que je m'en vais te dire : il y a, dans ces pages que je viens de retrouver, un certain billet de Frédéric, qui peut-être ne te sera pas indifférent. C'est une pension viagère de trois mille livres. Seulement, pour la toucher à ma place, mon bon ami, il te faut partir ce soir même avec Françoise pour Berlin... Tu feras mes baisemains à Son Altesse de Prusse, Frédéric, et tu reviendras bientôt, n'est-ce pas? Quant à

Françoise, j'aime à penser qu'elle croit à cette heure aux miracles du bienheureux Pâris?

— Au feu! au feu! cria Gervais en se précipitant alors sur la perruque fichée au bâton du mur.

Effectivement, c'était une des chandelles allumées en guise de cierges qui venait de mettre le feu à la sainte relique.

Le chevalier de Folard, qui recevait en cet instant même ses lettres de grâce que le maréchal de Richelieu venait de solliciter et d'obtenir pour lui, eut la douleur de traverser sans perruque le guichet de la Bastille, et quand on pense que la perruque qu'il avait à regretter était celle du saint diacre, on croira fort aisément qu'il aurait préféré ne pas sortir de prison au prix d'un pareil sacrifice.

Ce soir-là, par un clair de lune magnifique, Gervais était serré comme sa valise dans le coche de Sainte-Menehould qui devait le mener à Berlin, et Françoise, la belle fille, dormait complaisamment sur son épaule... Lorsque le coche pesant longea les murs de Saint-Médard, Gervais ne put se défendre d'un étonnement singulier, en voyant la solitude de cet endroit. Le cimetière était régulièrement fermé, et deux hallebardiers le gardaient comme un prisonnier d'État. Gervais crut distinguer pourtant une perruque qui sauta le mur assez prestement après avoir déposé sur la porte de derrière un large écriteau. Le menuisier pensa peut-être que c'était la perruque du bienheureux Pâris qui revenait s'agiter, gambader et se convulsionner elle-même au cimetière de Saint-Médard. Comme il y avait à ce même endroit un embarras de moellons et de pavés, Gervais avança la tête en dehors du coche et lut très-distinctement ceci :

De par le roi, défense à Dieu
D'opérer miracle en ce lieu.

Et il reconnut M. de Montgeron sous cette perruque qui fuyait au grand galop, la perruque et le conseiller, l'un portant l'autre.

Cette épigramme termina la guerre et les miracles jansénistes.

LA FIOLE DE CAGLIOSTRO

I

Sans vouloir décider si ce dix-huitième siècle dont on vous a tant parlé eut foi dans tout ce qu'il entreprit, on peut avancer, du moins, hardiment, qu'il essaya de toutes choses, pareil à ces malades usés passant indifféremment par le vice et par la vertu pour arriver à quelque crise bienfaisante. Cette société moqueuse qu'on a trop vantée, comme trop salie, voyant qu'elle allait finir, commença par se moquer d'elle-même avec le sang-froid d'un homme ruiné qui mêle ses cartes et refait encore son brelan, quand il reste seul à la table de jeu et que tout son bien est englouti. Et, d'abord, elle se laissa engluer aux promesses de Law, dont la friponnerie ministérielle est encore un doute, au milieu de toutes les friponneries du temps. Elle tendit sa main à la magie, aux contes bleus, aux présages. Imprudente, et se dépensant elle-même en futilités, quand elle eût pu revenir à des idées justes, elle fut enthousiaste pour des folies et dédaigneuse pour des raisonnements. Le sourire glacé et sardonique de Voltaire semblait la poursuivre jusque dans ses jeux ; Laclos lui-même ne parvint pas toujours à la distraire. Que vouliez-vous faire d'un siècle blasé, s'arrêtant lui-même et tout d'un coup au milieu de ses admirations et de ses sympathies les plus vives, pour admirer les tours de force d'un bateleur, ou les forfanteries d'un charlatan ? Quel homme pouvait se faire entendre de cette foule toujours ivre ? quelle femme, belle et chaste, eût pu s'en faire respecter ? Ce siècle eut pourtant deux bien grands noms, deux noms de démon et d'ange, Marie-Antoinette et Mirabeau !

En vérité, l'on ne conçoit pas que toutes les femmes d'alors ne se soient pas réglées sur ce grand et noble modèle, tous les hommes sur ce génie ardent et fougueux. C'étaient là deux admirables ambitions, l'une de devenir un homme de tribune, car à part sa fièvre et ses erreurs, le nom de Mirabeau est un poids écrasant pour nos petits hommes d'aujourd'hui ; l'autre d'imiter la grâce et la majesté naïve de cette jeune reine si belle, si noble, si calomniée ! Eh bien ! cette époque insouciante passa gaiment au milieu de ces deux contrastes si opposés, sans guère prendre garde aux enseignements profonds qu'ils lui donnaient. Mirabeau, le doigt levé, prédisait vainement une chute inévitable ; la reine donnait en pure perte à la France le spectacle de son innocence céleste et de ses vertus attrayantes.

La plus vieille de toutes les dames d'atours de la reine, madame la comtesse de Briars, venait de prendre sa retraite ; elle habitait son hôtel de la rue de Braque, au Marais, hôtel voisin des Archives de France. La comtesse de Briars avait cinquante-trois ans. Malgré les ressources ordinaires

> Pour réparer des ans l'irréparable outrage,

on ne pouvait lui accorder qu'un compliment, banal s'il en fût, et presque injurieux, osons le dire, c'est qu'elle avait dû être fort bien dans sa jeunesse. Ses joues, recouvertes dès le matin de l'incarnat le plus vif et le plus rosé, ses falbalas solennels et constamment empesés comme sa personne, son coqueluchon noir singeant la mantille, et ses petites mitaines à ruche jaune, tout cela, il est vrai, formait bien le portrait d'une belle dame d'atours (et certes! ce n'étaient pas les coups de pinceau qui lui manquaient), mais, en s'approchant, tout le travail de la palette se faisait sentir : on comprenait les difficultés de l'artiste à se *composer* chaque matin de la sorte, et le chevalier Richettini, son neveu, disait qu'il ne connaissait pas d'émail ou de pastel qui valût sa tante.

Avec cela, tous les goûts d'une très-jeune fille, la danse, les promenades, les soupers, et les bals de l'Opéra. Comme la comtesse n'était plus dame d'atours, elle n'avait plus qu'elle à parer. — Richettini, avancez-moi ce fauteuil-là. Richettini, mon épingle bleue ; je veux mon vertugadin, Richettini ; mon Dieu ! que vous êtes gauche à me relever la calèche de mon manteau ! Et mille autres reproches adressés heure par heure à ce pauvre chevalier Richettini.

Richettini, bien qu'il fût Italien et neveu, deux grandes causes de servilité, trouvait parfois le métier très-fatigant. Il ne pouvait être à la fois coiffeur, habilleur, lecteur de sa tante et son neveu, par dessus le marché ! Neveu c'est-à-dire ce quelque chose de criard ou de soumis, de libertin ou de sage, suivant l'occurrence, état malheureux, bâtard quand il n'est pas relevé par la perspective nécessaire de cent mille livres de rente !

C'était à peu de chose près ce que la comtesse devait laisser à Richettini. Des actions en bon papier sur la Compagnie des Indes, des contrats sur la ville, et de plus, un magnifique palais dans la *Strada Nuova* de Gênes, telle était l'indemnité promise par la mort de sa tante à Richettini.

Vous avez pu voir que ce pauvre jeune homme achetait bien cette fortune par le plus ennuyeux service que puisse faire un mortel. Promenades obligées, soirées d'office, opéras de commande, et réceptions d'étiquette, tout concourait à fausser la vie du chevalier dans son principe, car ce Richettini était le plus joyeux compagnon qui se fût vu. Je suis loin d'approuver les gens qui boivent ; mais je dois dire que Richettini buvait comme un dieu. Il faisait des armes comme la chevalière d'Éon, mettait sa poudre comme le comte de Saint-Germain, perdait mieux que Lauzun et était même en train d'écrire un dictionnaire à l'usage des jeunes gens de famille qui désiraient se *perfectionner* dans la science du monde, comme il le disait lui-même dans une sorte d'*avant-propos à son ouvrage.*

Je ne puis résister au désir de vous faire connaître l'un des articles de ce code curieux, code apocryphe pour nos jours, s'il n'eût pas été revêtu des signatures de tous les roués de l'époque, roués si défigurés depuis dans les vaudevilles de la rue de Chartres.

« *Montre.* — Un homme qui est versé dans la science délicate du monde doit se former dans deux ans une boutique d'horlogerie d'un grand prix; et, pour cet effet, il doit observer de ne jamais venir à l'heure indiquée au rendez-vous d'une femme qu'il a subjuguée; la prudence veut qu'il arrive toujours avant ou après : *avant*, il feint d'avoir beaucoup attendu et part : *après*, l'heure propice est passée, on vient l'après-midi ou le soir : la dame éclate, on s'excuse sur l'horloge de son quartier, on entend ce que cela veut dire, et l'on dit à l'amoureux auquel on présente une montre : Tenez, monsieur, vous serez peut-être plus exact une autre fois. Ce manége, *répété tous les huit jours,* meuble la boutique et entretient le commerce avec l'étranger. Si on veut aussi *négocier* en pendules, etc., etc. »

Vous voyez, d'après ce paragraphe, de quel genre était la science de Richettini. Ses principes n'étaient guère fardés, et il devait avoir, en les mettant en pratique, toutes les montres de Baillon; s'il n'était pas exact en fait de rendez-vous, après cela, il eût fallu lui envoyer le carillon de la Samaritaine.

Aussi, je vous assure, était-il assidu à ses rendez-vous galants : c'était le plus grand mauvais sujet de son quartier. La comtesse de Briars, sa tante, le trouvant spirituel et fort bien fait, avait beau l'attirer dans ses salons ou plutôt l'y clouer les jours d'étiquette, Richettini pirouettait sur le talon gauche et finissait par échapper à sa bonne tante pour aller courir le jeu du *faro*, jeu vénitien fort en vogue à cette époque chez certains seigneurs, entre autres le duc d'Orléans qui perdait, dit-on, de mauvaise grâce. Richettini, à son entrée dans cette société, avait déjà tous les vices et toutes les qualités de son temps : brave, élégant, débauché, joueur, fripon de mots, pipeur de sophismes, discoureur élégant dans un salon, alchimiste, bouffon dans cet autre, recherché et décrié dans tous. Il plaisait, effrayait, amusait et se laissait enchaîner lui-même facilement au milieu de ces vices parisiens, lui Génois, qui n'avait pas même vu Gênes, sa patrie : Italien à la façon de Casanova, de Sbrigani et de Cagliostro !

J'oubliais de vous dire que, dans ces temps, c'était grande fureur que le nom de Cagliostro. Le signor Alessandro Cagliostro (1), faisait retrouver à Paris tout ce qui s'y perdait, santé, vertus, or potable, papiers de famille, ambassades et capitaineries. On ne devenait

(1) De faux Mémoires ont paru sur cet aventurier. Il n'y a qu'un homme qui possède en France des matériaux certains à ce sujet : c'est le spirituel arrangeur des Mémoires de madame de Créquy.

grand homme que par la baguette de ce digne Italien. Les femmes et les vieilles femmes surtout croyaient à l'omnipotence de ses remèdes. La comtesse de Briars n'était pas sa moins fidèle adepte ; elle avait trop de bonnes raisons pour cela ! Cagliostro s'entendait à faire de l'or ; il guérissait et rajeunissait au besoin. Or, la comtesse était à la fois avare, coquette et très-légèrement boiteuse ; défaut que je suis loin de blâmer dans ma tante, ajoutait Richettini, moi à qui l'on reproche d'aller *de côtés et d'autres !* Ce misérable jeu de mots avait fait fortune, parmi les roués, dans un temps où l'on faisait fortune avec un mot.

Richettini voulait mieux, lui ; il voulait ce que voulaient alors les gens ruinés, s'enrichir avec de l'or. Il étudiait la chimie tout le temps qu'il n'étudiait pas les cartes ; il allait chez le seigneur Cagliostro, à titre de compatriote, il avait pour cette science un respect profond, une superstition d'Italien. La société de sa tante entretenait du reste Richettini dans ses idées ; la tante, comme dans la comédie du grand Cophte de Goëthe, ne parlait que du *maître ;* c'était sous ce nom que l'on désignait Cagliostro. Les alambics formaient alors le complément nécessaire aux meubles d'une jolie femme ; les fourneaux et la chimie vous prenaient à la gorge en passant par un boudoir.

Celui de la comtesse était follement bigarré de tous ces appareils fantastiques. De longs récipients où bouillonnait encore une liqueur bleue, des fioles, des trépieds d'argent, des livres hébraïques semés de losanges en papier d'or; en un mot tout le luxe de doctrine déployée par les adeptes. Jugez comme les soirées de la comtesse et ses concerts devaient être gais avec cette odeur de soufre !

Par une de ces soirées pédantes et tristes un valet annonça : — Le chevalier Richettini.

Il y avait là bon nombre de figures ridées, surannées, prétentieuses. Elles se penchèrent toutes vers le chevalier dès qu'il entra.

Il entra; mais cette fois morne et le regard hébété, ses manchettes froissées et sales; il avait perdu au jeu et sur sa parole quatre mille florins !

Quand il entra, le caquetage de ce grand salon tomba tout d'un coup. Il devenait évident que rien dans ce cercle ne pouvait lutter d'intérêt avec cette pâle figure. Pour lui, il alla droit à sa tante, qui ne l'avait jamais vu si bouleversé ; et lui demanda de vouloir bien renvoyer tout ce monde, afin de causer tous les deux. La comtesse pensa que son neveu était fou... Ce qui aurait pu la confirmer dans cette opinion, c'est que tout le temps de la soirée, il s'obstina à garder le silence le plus profond, et qu'il s'assit sur un sofa, vis-à-vis d'elle, en la regardant avec des yeux extraordinaires. La première pâleur une fois passée, Richettini était vraiment redevenu ce qu'il était, le plus beau et le plus élégant cavalier de ce vieux salon, salon d'abbés et de douairières au ton grave, salon qui avait l'air ce soir-là de parler latin. La comtesse de Briars, parée plus que de coutume, pour ce jour de réception, n'était certes pas la dernière à reconnaître le charme de Richettini. On eût dit que ce personnage tout de broderies et d'insolence, posait devant une galerie avide de le contempler. Quand ils furent tous sortis, et qu'il ne resta plus qu'eux seuls dans ce salon, la vieille folle et le jeune fou se regardèrent.

— Vous ne me dites rien, Richettini?

— Palsambleu! ma tante, fit-il en sortant tout d'un coup de sa rêverie, vous avez là des mouches à damner un cardinal...

— En revanche, vous avez, vous, des manchettes à faire croire que le roi de pique déteint.

— C'est-à-dire que vous me croyez joueur...

— Je vous crois mon neveu, Richettini, c'est-à-dire un fou, dont je ne vois que les bonnes qualités! Vous êtes étourdi, mais brave, honnête, j'en suis sûre...

Richettini fronça le sourcil à ce mot.

— Oui.

— Honnête, reprit la vieille dame, et plus honnête peut-être que tous ceux qui vous entourent. La jeunesse d'aujourd'hui, Richettini, ne venez pas m'en parler. Des gens de noblesse qui gaspillent leur âme et leur bravoure! des teneurs de brelans, des seigneurs à petites-maisons,

Talons rouges à pied, poudre sur leurs habits,
Pincés comme un danseur et d'eux seuls très-épris,
Verbiageant sur tout, tantôt pour, tantôt contre ;
Leur premier compliment est d'étaler leur montre :
Meuble cher et pesant, où cent colifichets
Montrent moins un seigneur qu'un marchand de cachets

N'est-ce pas, Monsieur, que j'aurais dit la comédie ? continua la vieille dame en se redressant. Ah! c'est que je n'ai pas toujours habité ce vieux Marais. A Versailles, à Trianon, je jouais des proverbes avec le chevalier de Boufflers! il me fit un jour un quatrain sur un coquetier de porcelaine que je marchandais ; ces vers coururent la cour... Les seigneurs d'alors étaient vraiment bien aimables! Mais vous ne m'écoutez pas, chevalier! Allons, je le gage, vous avez quelque chose à m'avouer; vous avez encore perdu à votre jeu du faro?

La vieille dame disait ainsi, parce que ce damné Richettini regardait de temps à autre la pendule avec dépit. Enfin, n'y pouvant plus tenir, le chevalier se leva et lui dit : — Je perds quatre mille florins.

Si cet aveu, qui coûtait beaucoup à Richettini, ne charma guère sa tante, du moins faut-il convenir qu'elle ne laissa rien percer de son dépit. Tout au contraire, elle approcha doucement son fauteuil de celui de son neveu, et d'agaceries en agaceries en vint à cette phrase, qu'elle laissa tomber précise et solennelle : — Il n'y a plus que ce parti-là, Richettini !

Le chevalier prit son chapeau et se leva.

Or, le parti que proposait la comtesse était bien simple : c'était de se faire épouser par son neveu.

Richettini, vous aimez le jeu; eh bien! jouez ma fortune. Vous aimez le luxe, Richettini, eh bien! parez de fleurs le vieil hôtel ; amenez au Marais toutes les chaises et les carrosses de Versailles. Ah! vous jouez

quatre mille florins, mon petit gentilhomme de neveu!
eh bien! je mets tout à votre disposition; mes écrins,
mes contrats, mon palais de Gênes ; car vous aurez un
magnifique palais, Richettini ! un palais italien comme
votre nom, un palais de fresques, de statues, de belles
dorures ! tout cela si vous m'épousez, Richettini ! Je
suis vieille, boiteuse, très-coquette et un peu méchante.
J'aurais contrarié constamment vos goûts si vous
m'eussiez épousée à quinze ans. Eh bien! à l'heure
qu'il est, je vous passerai tous vos caprices; je serai
une femme bonne, soumise et presque jeune pour vos
goûts. Vous n'aurez pas à craindre avec moi les infi-
délités de mon vieux temps. Épousez-moi donc, mon
petit neveu Richettini.

Une autre voix disait à l'oreille du chevalier :

Tu seras le plus malheureux des hommes si tu
épouses la comtesse, ta tante Elle sera aussi longue
à te faire son héritier, que tu seras vif à désirer sa
mort. Elle est acariâtre, te contredira dans tes goûts.
Je t'avertis, en outre, qu'elle a de fausses dents et
qu'elle abuse du rouge. Elle a toujours autour d'elle,
tu le sais, une meute de chiens et de présidents qui
font des vers. Dans sa jeunesse elle était quelque peu
vive, et ne manquait pas d'amants ; elle t'entretiendra
à satiété de leur mérite ; elle voudra aussi tout régler
chez toi, et ce sera un enfer. Maintenant, décide-toi.

Le pauvre jeune homme manquait devenir fou. Jamais forteresse, contre-escarpe ou circonvallation du
temps de Vauban, n'avait intimidé le courage d'un

homme plus que l'*ultimatum* de cette tante implacable, car c'était bien un *ultimatum* véritable, et il y eut mieux : ce projet s'enracina tellement dans l'esprit de la comtesse, qu'elle lui écrivit en *dernier ressort :* «Mon « cher neveu Richettini m'épousera, église des Petits-« Pères, le trentième du mois prochain. »

Elle ajoutait : « J'ai été ce matin chez le seigneur « Alessandro Cagliostro. Il m'a promis de me rajeu-« nir, et m'a fait voir son cabinet, qui est charmant. « Que je désirerais avoir seize ans pour chanter : *Les* « *jeux, les ris et les amours*, ou encore :

> J'ai la marotte
> D'aimer Marotte.

« ou même encore : *Amant novice en amour.*

« Songe donc, Richettini, que je pourrai rajeunir ! « Songe que le seigneur Alessandro a fait de ces cho-« ses ! Ce sorcier est un habile homme, va !

« Adieu ! je te couvre de baisers, cher petit mari.

« Ta tante et femme,

« JULIA DE BRIARS. »

Richettini tomba malade sérieusement. Sa bourse était à sec, ses amis fort avares ou ruinés, ce qui arrive presque toujours. Il avait joué contre un Italien, qui le menaça, à Versailles, de l'étrangler ou de le faire mettre en prison, si, dans quinze jours, il ne lui rendait ses quatre mille florins. Richettini voyait bien que sa tante voulait le prendre par famine ; il ne lui arrivait plus rien de sa terre de Senlis, où elle s'était pour ainsi dire retranchée. Les idées les plus sinistres l'assiégaient. Lui qui poursuivait alors le *grand-œuvre*, il demandait en vain des inspirations à ses alambics. A moins de prendre du poison, comment pouvait-il s'en tirer !

Il y avait bien une autre voie; mais elle répugnait au chevalier... Outré de dépit, exaspéré, il s'en alla pourtant, après boire, trouver un jour le comte de Cagliostro.

Il avait pour habitude, depuis quelque temps, de passer ses matinées entre le comte et son élève.

Le comte n'y était pas; Cagliostro, ce jour-là, avait été prié d'une orgie au Palais-Royal, où tous les laquais et les princes du sang de l'endroit buvaient follement à sa santé. Richettini ne trouva dans le laboratoire ou capharnaüm du maître qu'un petit homme à figure rousse, aux cheveux crépus, au teint de brique, et qui, dans ces demi-ténèbres, réalisait assez la figure démoniaque de Melmoth. Il arrangeait des petites bouteilles étiquetées de vert, de blanc et de rouge, les cachetait, les enveloppait et les classait par ordre avec soin. Cela n'empêchait guère que le désordre du laboratoire ne fût grand; le chevalier se heurtait à des crocodiles et à des phoques; il effleurait de sa basque d'habit brodé les squelettes et les fossiles du seigneur Cagliostro. Ce Cagliostro qui vous faisait souper avec votre aïeul, ou votre bisaïeul à votre choix, avait une collection de morts fort agréable. On y voyait de charmants petits squelettes auxquels il ne manquait que la livrée et les rubans roses de page ; d'autres, fiers et grands, fort capables de tenir encore en leurs cinq doigts osseux la redoutable épée de M. de Guise ou de Jean Chandos. Plusieurs belles dames en cire, endormies dans de vastes et longs fauteuils, faisaient illusion à un tel point dans ce grand laboratoire, qu'on se penchait assez volontairement pour aspirer le souffle parfumé de leur haleine. Un énorme jambon et une bouteille de vin de Xérès bien coloré, prouvaient du reste assez en faveur des besoins physiques du comte. Le comte de Cagliostro, énorme mangeur, devait dîner seul à cette table servie, que l'élève regardait de temps à autre avec une grande convoitise.

Richettini demanda au petit homme le nom d'une poudre qui brûlait dans un grand trépied orné du portrait de Mercure Trismégiste.

— C'est la poudre de projection, l'élixir qui brave la faulx du temps, la fiole divine des métamorphoses, dit l'élève.

— Et vous avez sans doute d'abondants résultats de ces belles expériences ?

— Le matras qui est sur le sable régénérateur contient six millions ; ce creuset sous cette lampe électrique renferme un diamant de quatre pouces de diamètre ; celui-ci...

— Passons dit Richettini, ce que je viens demander n'a rien de commun avec ceci. Il me faut...

Le chevalier n'osa d'abord achever.

—Vous faut-il, Signor, de l'aqua-tofana pour votre

maîtresse, des pilules pour votre singe, ou du laudanum pour endormir un recors ? Avez-vous besoin de l'*aria melliflua*, de l'*aria sympathica*, ou même de la substance prolifique? Dites un mot et je mets sens dessus dessous tout ce cabinet ; car je vous aime, signor Richettini, et depuis quelques temps, pardieu ! il y aurait conscience à ne pas vous aimer, vous êtes si triste...

— Triste, mon pauvre Alcandre, soupira Richettini cabriolant alors au milieu de vingt fioles différentes; Alcandre semblait attendre que la baguette de Richettini le fixât. Ce petit homme, valet du plus habile escroc de la terre, avait, je vous l'ai dit, une figure des plus ingrates. Richettini en prit texte pour lui demander ce qu'il ferait dans le cas suivant :

— Il s'agit, dit il, d'un mariage, et d'un mariage avec la plus horrible créature de l'univers. Imagine-toi, Alcandre... Mais tu n'as pas besoin d'imaginer, tu n'as qu'à te regarder toi-même dans ce miroir. Que ferais-tu s'il te fallait épouser une figure comme la tienne?

L'élève fit une grimace de mandarin.

— Oui, reprit le chevalier, s'il te fallait te marier contre ton choix, échanger ton bonheur contre les caprices d'une femme exigeante, coquette, édentée...... Que ferais-tu?

Le petit homme, hochant la tête pour toute réponse, tira d'une armoire une fiole jaune. Un léger craquement de porte se fit entendre au seuil du caphamaüm.

— Alerte, dit l'élève, en refermant l'armoire précipitamment, et en regardant à peine l'étiquette ; alerte,

Monsignor ; voici du monde qui nous vient. Sortez par la tapisserie que voilà, et n'oubliez pas ce que je vais vous prescrire, Chevalier...

Il se pencha et parla bas quelque temps à Richettini.

— Bon, dit le jeune homme, deux ou trois gouttes... je m'en souviendrai. Motus !

Il lui jeta trois louis d'or, c'était ce qui lui restait.

. . . .

Le surlendemain il y avait foule à l'église des Petits-Pères. Richettini, en frac mordoré, donnait le bras à sa tante. La cérémonie achevée, la vieille comtesse l'emmena triomphalement, et quand ils furent remontés dans la voiture :

— Richettini, dit-elle, l'émotion me suffoque. Un si beau cortége, une si belle fête ! je crois que je vais me trouver mal. Elle demandait de l'éther... Richettini tira sa fiole.

— C'est cela, se dit-il, avec de l'opium j'en serai quitte. Ce diable d'élève m'a dit que cela faisait dormir longtemps !... Tenez, chère tante, dit le chevalier en présentant la fiole magique à ses lèvres...

La comtesse en avala deux gorgées. Le sommeil, un sommeil complet étant survenu, Richettini la fit porter dans sa chambre, tira sur elle les rideaux du lit, puis il remplit ses poches de bijoux et d'écrins, renvoya ses gens, et partit le soir même, en prenant la route de Gênes...

— Au palais Serra ! criait-il dans la voiture, en ronflant sur ses cousins...

II

Ce fut par une admirable soirée de printemps que le chevalier Richettini entra dans Gênes. A cette heure, vraiment, les trois dômes de Carignan resplendissaient à la lune du côté de la vieille ville ; la tour du palais et celle de Saint-Laurent, élégantes et blondes sous les reflets de l'astre, contrastaient avec la flotille noire du Môle-Neuf et les fortifications grisâtres des collines. La *strada nuova*, grâce aux longs jardins qui la bordent, embaumait cette nuit douce du parfum de ses orangers ; ce fut dans cette rue que le chevalier descendit.

Oui, dans cette rue, et dans ce palais Serra qui semblait un grand tombeau, car personne ne lui répondit d'abord. Ce fut un vieux majordome, à demi-sourd, qui en tira les verroux au chevalier.

— Qui demandez-vous ?

— Mon palais, car c'est le mien, répondit Richettini.

Le vieillard pensa que c'était quelque seigneur en train de battre les rues, peut-être même les passants.

— Ce palais, Seigneur, est celui de la comtesse de Briars... Il appartenait jadis au vieux sénateur Richettini, dont elle a hérité, il y a douze ans. Voilà pour l'instant tout ce que je puis vous dire, et maintenant, continua-t-il en fermant la porte au nez même du chevalier, je vous engage à dormir chez vous...

— Insolent !

Mais comme il lui sembla nouveau de demeurer la nuit close à la porte même de ce palais devenu le sien, le chevalier en prit bientôt son parti. A quelques pas de là, une jalousie entrebâillée semblait échancrée par une gerbe de lumière. Richettini s'approchant avec soin entendit un bruit de dés. Il n'en fallut pas davantage pour qu'il montât.

C'était un *casino* d'assez mauvaise apparence. Il y avait là des gens de toute sorte, des coupe-jarrets, des banquiers juifs, et de pauvres seigneurs au frac taché ; l'Italien Richettini ne se trouvait pas de trop au milieu de ces gens-là.

On parlait, on s'injuriait, on jouait et l'on tenait vraiment dans cette chambre des paris fort animés. Le croupier du pharaon ne leva pas même les yeux quand le chevalier entra en faisant craquer le parquet sous ses bottes poudreuses. Il était vêtu en postillon plutôt qu'en seigneur. Parcourant d'un coup d'œil la table de jeu et les figures qui la composaient, il se trouva soudain au niveau de cette société. Il joua bientôt avec une élégance qui charma ce monde de joueurs; il joua et perdit cinquante louis fort galamment. On se demandait dans tous les recoins du casino quel pouvait être cet homme. La cantatrice ne fut pas un quart d'heure sans entamer conversation avec lui.

Richettini, chose étrange ! se délassait par le jeu de la fatigue du voyage. Neuf heures sonnant, il songea pourtant qu'il était temps de regagner le palais Serra et de s'y installer cette fois en maître et prince. Son costume, je l'ai dit, était loin d'être splendide. Quelques joueurs en faisaient des gorges chaudes. Ce signor, disaient-ils entre eux, nous a tout l'air d'un fripon. Il parle génois comme nous, et n'est pas connu d'un seul *fachino* de Gênes. C'est peut-être un espion.

Ce mode de conversation en *aparté* déplut à Richettini. Comme il était homme à se *dessiner* pour un mot, il mit l'épée à la main dans la salle même, ce qui fit pousser un *fa* aigu de terreur à la cantatrice ; mais Richettini n'en continua pas moins et en déconfit jusqu'à trois d'une manière très-prompte. Les Génois se turent, le trouvant aussi fort à l'escrime qu'au pharaon.

— Décidément, c'est un gentilhomme, dit l'un d'eux, un brave Génois qui chasse de race ; il manie l'épée mieux que Floretti, notre bravo.

Richettini regardait alors la cantatrice qui avait poussé ce si beau *fa*, quand le chevalier se mit en garde. Elle était belle sinon jeune, majestueuse autant qu'une reine de tragédie. Richettini l'ayant priée de chanter un air de Cimarosa à ces messieurs, elle s'y prêta volontiers.

Richettini, prenant congé des joueurs, arriva bientôt au beau palais bâti par l'architecte Allessi Galeazzi. Il s'en déclara, à l'aide de son contrat, le propriétaire. Si vous ne savez pas ce qu'est un palais de Gênes, quelle magnificence d'ornements et de dorures s'y trouve prodiguée, ce n'est pas moi qui me chargerai de vous le dépeindre. Contentez-vous de savoir que le salon de ce palais, l'un des plus beaux qui soit en Italie, avait reçu de M. le président Dupaty le nom de *Palais du Soleil*, dénomination fastueuse qui ne dut pas coûter beaucoup à M. Dupaty, dont toutes les phrases détachées ont l'air d'être dorées sur tranche.

C'était surtout par l'élégance des proportions, la richesse des glaces, des flambeaux, des meubles, l'or des colonnes et des broderies, que ce salon du palais de Serra se faisait distinguer entre tous les salons de Gênes. Je vous laisse à concevoir l'étonnement du vieux majordome qui se vit sommé par Richettini d'obéir et d'introduire humblement le chevalier. Richettini fatigué se jeta sans plus de façon avec ses bottes sur les coussins.

— Signor, dit le majordome, je vous ferai observer que ce sopha vaut à lui seul mille louis.

Il disait vrai. C'était un fort beau sopha, incrusté d'arabesques en nacre, et qui possédait à son milieu un médaillon ovale de moyenne grandeur, *Cupidon ailé* par le Valentino.

Richettini le congédia en le priant de lui faire grâce à l'avenir de ses remarques. La vie de l'Italien Richettini dans ce palais fut vraiment une grande impiété. Il buvait, jouait, et ne s'embarrassait guère de ce que les philosophes et les professeurs de rhétorique nomment le *remords*.

Les sciences occultes avaient d'ailleurs en ce temps une telle influence qu'elles dominaient les consciences fortes ou faibles, et qu'à force de s'entretenir avec les esprits, on finissait très-réellement par n'en avoir plus peur. Cela était si vrai, que le chevalier qui, un siècle avant, eût écrit à Rome pour demander sincèrement une indulgence, écrivit à Cagliostro.

Il lui écrivit et causa dans sa lettre *comme un ami s'épanche dans l'âme d'un ami*. Il lui peignait sous les couleurs les plus tristes la mort de sa tante, finissant par dire qu'il ignorait en tout point celui qui l'avait causée. Cagliostro répondit au chevalier qu'il lui conseillait de rester à Gênes, puisque, dans sa lettre, il lui écrivait que l'air y était excellent; que pour lui, Cagliostro, les affaires devenaient plus embrouillées, et que quelque jour il irait peut-être lui demander un asile. Le comte Cagliostro terminait en envoyant *à son ami* quelques secrets et remèdes, tous écrits de sa main, dans un petit livre doré.

Le chevalier, le soir dont je viens de parler, lisait quelques-uns de ces aphorismes.

« *Rajeunir*, c'est-à-dire prendre ou recouvrer une
« nouvelle forme. *Pour rajeunir*, il faut d'abord ren-
« dre visite *au maître*, ou correspondre avec lui par
« lettre : il se charge, moyennant 3,000 livres, de
« vous *renouveler* si bien que l'on prendrait une mère
« pour la sœur de sa fille, un père pour son fils, etc., etc.

— Voilà qui doit causer une terrible confusion dans les familles, pensa le chevalier ; et dire que ma tante passait son temps à se laisser prendre à ces sots contes ! Je crois volontiers à la puissance de mon maître et ami Alessandro pour beaucoup de choses; mais, *per Dio!* moi dont les cheveux tombent déjà, je ne crois pas à ma rénovation future. — Antonio, continua-t-il nonchalamment, m'as-tu servi à souper?

Antonio, premier valet de chambre du chevalier, répondit que l'on dressait en ce moment dans le grand salon du palais.

C'était là une des idées singulières de Richettini, de souper souvent lui tout seul, dans ce grand salon doré. Il faisait cacher des musiciens sous un rideau, et se plaisait à écouter leurs plus belles symphonies. La musique italienne, la plus forte passion de ce jeune homme après le jeu, lui semblait divine dans cet appartement si riche, si illuminé! Tout ce qu'il avait vu dans sa vie parisienne, sa vie d'opéra et de concerts, semblait alors se refléter dans les grandes glaces de ce magnifique salon : c'était une illusion, un miroir magique! Imaginez Leporello, la serviette sous le bras, attendant le bon plaisir de son maître, chantant à demi-voix ou très-haut, sérieux ou fou, suivant le bon plaisir de son seigneur : tel était l'orchestre que s'était créé Richettini. Ce soir-là, le chevalier, tout pensif, écoutait à peine la musique. C'était pour lui l'un de ces moments de vide et de désenchantement profonds, moments de souvenirs et de remords peut-être où l'on invoque en secret la solitude. Il fit un signe : on se tut. Antonio souffla les bougies, et Richettini, rentrant dans sa chambre, monta d'un pas morne le premier degré de son estrade. Cette estrade conduisait à un lit en fuseaux dorés, riche meuble de la renaissance. Des figures étranges de dryades et de génies en couvraient les colonnettes. Le chevalier fut très-surpris cette fois, en tirant les rideaux, de trouver sur ce lit une jeune fille....

Pour elle, elle n'eut garde de se déranger. Sa petite tête posait sur l'oreiller comme si ce lit eût été le sien. Ses cheveux, du plus beau cendré et sans poudre, étaient noués sur sa tête avec un ruban lilas; sa robe était blanche, ses petits brodequins verts. Ainsi couchée, elle ressemblait à cette princesse nonchalante de Perrault, éveillée après un sommeil de cent ans.

A un second geste plus empressé du chevalier, elle se leva précipitamment et ne put, en se levant, dissimuler toutefois une imperfection sensible : elle boitait légèrement.

Sa taille n'était pas contrefaite malgré cela. Ses yeux étaient grands, fendus en amande.

— Eh bien! chevalier, dit-elle avec une petite voix douce.

Le chevalier, hébété, la regardait.

— C'est moi, chevalier, ne me reconnaissez-vous pas? je suis votre femme.

Richettini, se frottant les yeux, s'avisa de lui demander son nom.

— Julia de Briars, dit la demoiselle à robe blanche.

— Ma tante! s'écria Richettini. Vous avez pris, petit masque, le nom de ma tante !

— Je ne prends point le nom d'une autre ; je suis

Julia, la tante du chevalier Richettini... Et votre femme, monsieur, reprit-elle impérieusement.

Richettini recula.

— Est-ce un fantôme? une apparition? murmura-t-il bien bas en la parcourant des pieds à la tête. Dans tous les cas, elle ressemble trait pour trait au pastel qu'elle m'a donné dans le temps, ce fameux pastel où elle est peinte en Diane à l'âge de sept ans, et que j'ai mis quinze à seize fois en gage! Vive Dieu! mais c'est une fort jolie femme que ma tante! Elle boite aussi bien que feu madame de Briars!

Cette remarque confirma bientôt, et comme malgré lui, le chevalier dans une aussi lugubre persuasion. Il ne lui resta plus aucun doute lorsqu'elle lui dit :

— Savez-vous bien que cela est d'un effet merveilleux, Richettini? Et rien que deux gorgées, deux gorgées de cette céleste fiole! Seulement, Monsieur, j'ai été bien surprise à mon réveil! Vous n'étiez plus là, et je vous cherchais partout. Je cassais, pour vous appeler, toutes mes sonnettes. Mon oncle le commandeur voulut alors me mettre au couvent. Grand merci, répondis-je, grand merci, mon bien bon oncle. Je veux mon chevalier, mon charmant époux Richettini!

Par exemple, reprit-elle en considérant le chevalier, je vous trouve bien changé, mon bon ami. Il me semble que vos cheveux étaient moins courts et vos dents beaucoup plus blanches. Et puis, dites-moi, comment se fait-il que vous soyez ici à minuit? Il n'y a que les bourgeois et les tuteurs qui se couchent à cette heure-là ! Minuit, chevalier, mais c'est l'heure des rêveries ! Allons donc, Monsieur, allons nous promener plutôt en barque sur le golfe, et jetez par la fenêtre ce vilain bonnet de nuit ! Le bonnet du chevalier prit en effet le chemin de la fenêtre... Richettini, qui s'était fatigué beaucoup dans la journée, trouva ce tour de sa femme très-déplaisant. Sa femme avait beau être jolie, elle annonçait déjà un fort mauvais caractère. Elle se mit à chanter et à faire du train comme un enfant. Il ne pouvait concevoir d'où provenait cette étrange métamorphose. Ma tante rajeunie, et rajeunie par l'opium ! murmurait-il entre ses dents. Voilà de quoi surprendre à coup sûr plus d'un sorcier, quand ce serait le seigneur Cagliostro lui-même !

J'oubliais de vous dire qu'à l'arrivée du chevalier, Julia lui avait remis un coffret. Dans ce coffret, le chevalier trouva vingt-cinq lettres de femmes, d'amis, de créanciers, de sorciers, de tout ce qui composait alors la cour des d'Orléans ; car le dix-huitième siècle est tout entier au Palais-Royal. Il y avait bien six mois que Richettini n'avait reçu des nouvelles de France. Au milieu de toutes les lettres, le chevalier choisit machinalement celle-ci. Elle était cachetée avec un sceau cabalistique, et Richettini ne tarda pas à reconnaître l'écriture d'Alcandre, l'élève du sublime Cagliostro. Voilà quel en était le contenu :

« Erreur, mon cher chevalier, erreur odieuse ! Ar-
« rêtez, s'il en est encore temps, l'effet de cette mau-

« dite étourderie ! Au lieu d'opium, je vous ai donné,
« par distraction, la *fiole qui rajeunit*. A l'heure qu'il
« est, votre tante a peut-être sept ou huit ans. Le sei-
« gneur Cagliostro me charge de vous dire sous le se-
« cret qu'il prend une part bien sensible à votre infor-
« tune. Il ne peut y remédier. Il paraît que, lorsqu'une
« pareille métamorphose réussit (et nous savons cela
« par le grand Hermès), tout ce qu'une personne a fait
« pendant sa vie première, elle le recommence exacte-
« ment à cette résurrection. D'après cela, vous n'au-
« riez guère de chances d'être heureux avec madame
« de Briars. Je vous supplie de me pardonner, ô mon
« cher Richettini !

 « Votre désolé ALCANDRE. »

Cette lettre foudroya le chevalier. Il entrevit clairement que le *raro antecedentem scelestum* d'Horace allait commencer, et que le Ciel se vengeait. Il fit de
son mieux pour que Julia n'en vît rien, et se garda
bien de lui dire qu'il avait voulu l'envoyer dans l'autre
monde. La prédiction de l'élève s'accomplissait cependant.

Le chevalier s'aperçut bientôt que Julia était la
femme la plus maussade de la terre, pleine de coquetterie et de caprices, exigeante, malicieuse et gâtée
comme une perruche. Ainsi que l'élève le lui annonçait, la vie ancienne de sa tante ne tarda pas à le
poursuivre dans la vie nouvelle de sa femme. Le palais de la comtesse regorgea sur l'heure de poëtes et

de mousquetaires à l'eau rose, brodant à l'aiguille, écrivant et parlant toutes les langues, et tournant en ridicule tous les maris. Le chevalier, dont les goûts commençaient à être sages, dit vainement à Julia qu'il craignait les oisifs, les beaux esprits, ceux qui ont tout lu et qui veulent tout savoir ; qu'il préférait causer en tête-à-tête avec elle au lieu de s'étudier à parler sans rien dire, à définir sans clarté et à raisonner sans conclure. Elle lui objecta qu'un philosophe ayant osé dire : *La vertu est un défaut d'occasion,* elle voulait, à force d'occasions, faire rougir le proverbe. Elle s'y prit de manière à éblouir d'abord Richettini ; son salon fut le rendez-vous des gens aimables. On y fit de bonne musique pour de la musique française. M. de Boufflers et un petit officier à parements rouges et argent, nommé Dorat, s'en venaient lui dire des vers, mais Richettini s'endormait parfois avant la fin.

Sa femme le conduisait dans les spectacles, et lui faisait danser le menuet à l'exterminer. Quand elle avait vingt-cinq ans, le chevalier approchait déjà de la cinquantaine. Des rhumatismes l'obligeaient de recourir à Tronchin. La comtesse, par son caractère acariâtre et ses goûts, le faisait mourir à petit feu. Il eut trois duels pour sa femme, duels où toujours il fut blessé, ce qui l'affligea dans le plus profond de son amour-propre. Bien plus, il lui arriva de jouer et de n'avoir plus un sou vaillant ; sa femme mangeait le tout en dentelles et en folles dépenses. Il arriva alors au chevalier de regretter vingt fois par heure son état de neveu, et d'appeler à son aide Cagliostro pour se concerter avec lui ou son élève. Mais Cagliostro n'était plus, Alcandre avait été pendu, et il n'y avait plus de sorciers en titre à Paris ; Law lui-même venait de mourir bien misérable à Venise.

Ce siècle finissait par s'éteindre, dévoré par cette hydre appelée *philosophie*. Le chevalier ne balança pas, et, rassemblant quelques nippes, il dit adieu un beau soir à son riche palais de Serra. A dater de ce moment, il se rejeta dans sa vie de joueur ; mais une querelle s'étant élevée au Casino, entre Richettini et quelques parieurs, l'un d'eux en profita pour l'attendre à la sortie. Il se cacha sous la porte d'entrée et le dagua de trois grands coups de stylet, d'après la vieille méthode italienne. Richettini tomba mort en criant : *Demonio* !

Quant à la comtesse, de même qu'elle avait eu les travers d'une vie de dissipation et de plaisirs, elle en pratiqua plus tard les sévères expiations. Le couvent, cette grande ressource morale du dix-huitième siècle, la reçut. Sur la fin de sa vie elle reconquit et conserva le privilége commun à toutes les grandes dames d'alors ; d'une société charmante, remplie d'indulgence parce qu'elle avait connu le monde ; d'instruction et d'esprit parce qu'elle l'avait bien vu.

Le tombeau de la comtesse de Briars est à l'église dell' Orto.

CAVALCADA

I. — LA TROUPE EQUESTRE.

— *Viva Dio!* s'écria notre guide Andréa, un tout petit homme brun, coiffé d'un turban malais, plein d'astuce et de loquacité italienne, lequel nous servait de page depuis trois grands jours dans cette bonne ville de Livourne; *Viva Dio!* nous voici donc enfin dans une ville d'Italie qui n'a pas un monument; dans un port de mer sans basilique ni musée; dans une ville de Turcs et de mariniers, où l'on cause affaire au grand soleil et sous les tentes des rues. Ici on oublie les ruines pour le coton, et la tour penchée de Pise pour l'indigo!

Il disait vrai; c'est une singulière exception que cette ville au milieu de ce grand pays de marbre qu'on appelle l'Italie. Livourne est un bazar ouvert aux admirateurs fatigués de Pise; une ville sans casino, sans noblesse et sans palais. Il est écrit que les brocanteurs vous y poursuivront dans les cafés, les filles dans les rues ; que les grands seigneurs s'y promèneront en veste et les marmitons en frac. Après tout, l'air de la mer y est excellent; le champagne assez français, et c'est le port d'Italie où l'on fume les meilleurs cigares.

Au mois de juillet 1831, reprit Andréa, j'étais à Livourne. Ainsi que Gil Blas de Santillane, me trouvant alors de condition chez le prince Téodoro, j'employais, à l'exemple de cet indolent modèle des serviteurs castillans, *vingt-quatre heures de la journée* à traîner mes basques neuves sur le port, flairant les histoires et les pastèques, flâneur à remarquer une tache d'huile sur la jaquette d'un rameur, à compter les pierres de la porte Colonella, ou à savoir le nombre d'amis de Rome dépêchés par la première tartane.

Le prince Téodoro San-Luca ne me chargeait guère que de ses cartes de visite, de ses achats d'étoffes et de robes persanes (dont il raffolait, le digne jeune homme!); il me faisait aussi porter ses billets aux petites Grecques du quartier des Arméniens.

De la sorte, je tenais auprès de cette Excellence l'emploi de Juif et de messager d'amour, honorable emploi, comme chacun sait : vendant le plus cher possible mes nippes d'étoffe et mes petites Grecques, ce à quoi il ne trouvait rien à redire d'après le soin que j'avais que le tout fût de première qualité.

Je connaissais donc mieux que personne le prince Téodoro. Pour connaître un prince, il faut le surprendre au saut du lit, en robe de chambre et sans laquais. Celui-ci me recevait souvent de la sorte, peut-être à cause de mes fonctions honorables auprès de lui, et alors nous traitions de puissance à puissance, messieurs !

Il occupait ici le grand palais qui est devant vous et que l'on appelle la Casa del Principe. C'est la résidence la plus ordinaire du Grand-Duc.

Vers la même époque, et par un temps de pluie horrible, le signor Guerra, l'écuyer, fit son entrée dans Livourne. Je dis son entrée, car celle du signor Guerra (1), en dépit de ce mauvais temps, avait d'incontestables prétentions au grandiose. Il traversa au pas la Via-Grande et tout le quartier du Port. Sa troupe se composait de douze hommes, de deux femmes, d'un dentiste en bottes à l'écuyère, d'un timbalier et d'un clown. Suivait un maigre personnage en lunettes, à cheval comme les précédents, l'air profondément rêveur et absorbé dans ses calculs. Il portait aux deux côtés de sa selle orange d'énormes boites de forme bizarre, et de plus une immense ombrelle, en sa qualité d'artificier.

Ce cortége équestre, trempé jusqu'aux os, chevau-

(1) 'Guerra n'est pas un nom de convention ou un nom de *guerre*. Le seigneur Guerra est tour à tour le Franconi de Rome, de Florence, de Sienne, de Livourne, etc., etc. Il jouait en 1832 au *Tombeau d'Auguste*, à Rome, emplacement qui lui avait été accordé. C'est un fort bel homme, un peu mûr, qui, par ses costumes et la majesté classique de ses poses équestres, trahirait plutôt un confident de la Comédie-Française.

chait dans le plus pitoyable état du monde : les deux femmes ensevelies dans leur amazone fanée, et tenant leur voile abaissé jusqu'au genou... Le pied de la plus petite me parut le pied le plus mignon de la terre.

L'artificier, dont je rattachais alors les boîtes à l'aide de quelques ficelles, m'apprit qu'elle se nommait Cavalcada.

Un rayon de soleil descendait alors mollement sur son visage... Il me parut brun, mais légèrement pourpré : ses cheveux étaient relevés à la romaine à l'aide d'une spadelle ; la courbe de son front était charmante : cette fille pouvait avoir seize ans.

Au premier abord, j'hésitais à la croire Italienne. Après une Milanaise, ne connaissant rien de plus distinctif, en fait de beauté, qu'une Juive, je présumais intérieurement, à voir la finesse de ce joli nez d'écuyère, que la petite pouvait être un enfant de synagogue, enlevée, puis enrôlée forcément dans la troupe du signor Guerra ; et je ne sais comment les larmes m'en venaient aux yeux, lorsque soudain je la vis lever en selle le pan de son amazone, et rattacher avec sa petite main brune, délicate autant qu'une main d'Indienne, une jarretière d'argent au-dessus d'un bas de soie rose...

En vérité, ce mouvement parut si naïf, si exempt d'astuce et de coquetterie féminine, que peu de gens, je pense, le remarquèrent, à moins que ce ne fût le prince Téodoro, dont je surpris les regards à la fenêtre du café en face de moi.

L'idée me vint alors, en voyant cette jarretière, que Cavalcada pouvait être Castillane, Italienne, Espagnole ou Juive : je voulus en vain me circonscrire dans ces trois types : la charmante enfant réunissait dans sa personne les grâces fabuleuses de toutes ces contrées.

D'autant surtout qu'elle se gardait bien de saluer à droite et à gauche, comme font d'un air niais les reines du cirque, elle n'avait pas d'oripeaux et de velours à sa selle. La selle de la pauvre enfant était bordée d'une frange de crotte : Cavalcada portait, en guise de mules, de vieux brodequins troués, et, dans ce costume si humble et si maltraité, elle était pourtant divine.

La troupe s'étant alors arrêtée au détour de la grande rue, et la pluie venant à recommencer, j'eus quelque peine à la retrouver, perdue qu'elle était dans un nuage de fumée. Elle venait d'allumer elle-même son petit papelito (1), comme une véritable fille de Bohême.

Quand elle partit au golop, il se fit un grand silence... et bientôt je n'entendis plus que le bruit de la mule blanche et celui de son rosaire aux lourdes médailles d'argent.

— *Animo!* avait-elle dit à sa haquenée luisante de pluie en lui faisant faire une gracieuse courbette.

Pour le signor Guerra, habillé en Manlius, affer-

(1) Cigare roulé en papier, fort en usage à Cadix.

missant son casque romain et tendant son parapluie, il ne cessait de dire aux curieux attroupés :

— *Ecco la bella! il fior Cavalcada!*

Ce jour-là fut vraiment un jour fantasque. Le soleil perça la nue au moment où la troupe rentra dans l'auberge del Giardino.

— Allons, dit Guerra, en descendant sous la porte, maître Iræneus, aidez donc mademoiselle Cavalcada à descendre!

Mais Cavalcada se trouvait déjà, d'un seul bond, de l'autre côté d'Iræneus... L'artificier gratta tristement son front chauve, aussi rouge qu'une feuille de vigne à l'automne, contracta ses sourcils brûlés et se contenta de dire :

— Voici bien la courbe pyrorique que décrit la grande fusée Vasca, dans le livre du savant Sélig!...

Puis, s'approchant de la jolie fille, il tira d'une petite sacoche du blé cuit et une tranche de stracchino (1).

— Ma douce élève, continua-t-il, prenez donc garde! votre amazone est trempée, et nous n'avons pas de feu dans nos chambres. Ne voulez-vous pas mon manteau?

Iræneus, si vieux et si chétif qu'il fût, le digne Allemand! se débarrassa de sa cape bleue pour en couvrir l'écuyère, à qui personne ne parlait.

Dînons, reprit Guerra, et réchauffons-nous, mes

(1) Fromage de Milan.

fils. Avant tout, tenez-vous prêts pour lundi. Je m'habille en Vespasien, et Cavalcada sautera les cinq barrières. *Musica! violoni!*

Et le timbalier, conjointement avec le dentiste, porteur d'une clarinette, donna, au seuil, un concert effroyable de mémoire d'homme! Les écuyers, avec leurs trompettes, s'en mêlèrent, d'où il résulta un plaisir de plus pour le peuple de Livourne, et deux incisives de moins, que le commissaire du quartier se fit extraire par le dentiste pour donner le bon exemple.

II. — UN PRINCE.

Le dîner fini et les sorbets consommés, Téodoro dit vraiment des choses merveilleuses sur les confidents de tragédie :

Que le confident, injustement banni de la scène à l'heure qu'il est, laissait une lacune sensible ; que les assassins, les amoureux et les héros en étaient réduits à se parler seuls, ce qui rendait le monologue démesurément prolixe ;

Que cette suppression du confident était injuste et dictée par l'arbitraire ;

Que le confident demeurait, après tout, aussi indispensable au héros que son mouchoir ;

Que le Misanthrope était peut-être le seul qui n'eût

pas de confident, parce que le Misanthrope hait les hommes : encore trouve-t-il moyen de prêter quinze minutes la clé de son cœur à Philinthe, tant il est dans la nature de l'homme de s'épancher.

Le prince conclut par dire qu'il donnerait tout au monde pour un confident, dût-il s'appeler Ergaste, mal porter sa toge et déclamer la tragédie impériale... comme celle qu'il avait vu jouer récemment à Paris.

— Un confident, s'écria le prince, un confident !

En cherchant des yeux, il fut très-surpris de se voir seul... Il demeura consterné. Sa table offrait un désordre complet ; le ravage des plats était grand, les verres renversés ; son argenterie avait l'air d'une armure de chevalier livrée au pillage. Les pauvres daphnéas de sa terrasse gardaient sur leur calice la mousse encore frémissante du champagne... Les bougies se mouraient aux candélabres.

Rien qu'à voir cette table et la figure défaite du prince, on comprenait que Téodoro venait de se prêter à une orgie, qu'il en avait été le maître et seigneur, tant il était triste !

Triste comme un débiteur qui se trouve seul vis-à-vis d'un créancier !

Triste comme un galant ramenant une bonne fortune du bal masqué, quand celle-ci ôte son râtelier, ses fausses hanches et son rouge ; .

Triste comme un pacha rassasié ;

Triste comme un prince, enfin !... car je ne sache pas au monde d'existence moins fortunée que celle de ces hommes auxquels la fortune a dit : « Prends cette clé d'or et sois heureux; ouvre avec elle, comme dans un conte de fée, chaque cœur qui te résiste ; courbe tout sous le joug ou la fantaisie de la passion; marche, incessamment trompeur ou dupé ; n'oublie pas surtout que ta vie est une médaille que chacun a le droit de prendre et de regarder sous toutes ses faces, que tu ne t'appartiens pas, que ton chambellan te sait; après cela, sois heureux ! Car ta noblesse est incontestable, ton nom et tes aïeux sont gravés partout ; tu as cinq palais en Italie, deux millions en France, et l'ordre du Christ en Portugal! »

Téodoro, le triste possesseur de ces avantages, Téodoro, jeune encore, soupirait pourtant cette fois profondément.

— Allons, disait-il, les voilà qui m'abandonnent ! Ils s'en vont par ces quatre portes dorées, ceux qui se disent mes amis, les uns rejoindre le jeu, d'autres leurs maîtresses, quelques-uns leur lit, très-peu leurs femmes. Ils s'en vont le cœur léger, se parlant l'un à l'autre et se contant leurs folies, comme je faisais autrefois ! accrochant, les joyeux masques qu'ils sont! chaque fille à leur manche, comme une épingle ; buvant à tous les comptoirs d'amour, sans qu'il y ait là oncle ou tuteur pour leur dire : Vous gâtez votre habit de prince, vous salissez vos nœuds de rubans, mon ami! Que dira l'archiduc, votre tuteur, et l'archiduchesse votre tante? Prenez-y garde, vous serez mis demain dans la gazette ! »

Le prince Téodoro ne conversait peut-être ainsi librement avec lui-même que parce qu'il n'y avait là ni chambellan ni valets. La toilette de cette Excellence était fort simple : une veste blanche et un pantalon à pieds, semblable à celui d'un commis-marchand de France ; des pantoufles et un cigare de la Havane.

Il demeurait seul, froissait tous ses papiers épars devant lui, et n'appelait pas même un secrétaire... Pour concevoir un pareil isolement, il faut savoir que c'était un parti volontaire et arrêté chez ce jeune homme. A vingt-six ans, Téodoro se trouvait déjà blasé ; il avait en horreur sa condition et les embarras de l'étiquette. Le soin qu'une Altesse ordinaire apportait à la tenue de sa maison semblait à Téodoro un supplice de toutes les heures : il avait pourtant une magnifique écurie, des chevaux de main pur sang, des piqueurs et des équipages d'excellent goût, l'archiduc, son oncle, aimant encore mieux le voir se ruiner en chevaux qu'en femmes.

Du reste, insouciant et paresseux, porteur de bagues comme un prince italien, et lavant ses mains par jour dans vingt essences, pinçant encore assez bien de la guitare et déclamant de l'Alfieri sur un sofa ; l'un de ces heureux enfin auxquels un familier lit les journaux pendant qu'il essaie de regarder un album de France, un singe de Goa, ou le bout de ses babouches.

Mais l'âme, l'âme de ce jeune homme envié ? Oh ! plaignez-la, plaignez-la ! si vous avez comme moi sondé sa plaie ! La plaie de Téodoro était large, âpre et dévorante, un de ces ulcères cachés à tous. Téodoro ne se mourait pas d'ennui, mais bien d'imagination.

Oui, c'était mieux que l'ennui, cet hôte si facile à tuer, cet hôte qui n'est après tout que le fléau des âmes vulgâires ! C'était mieux que l'ennui, ce qu'éprouvait ce jeune homme si altéré de caprices et d'expériences nouvelles en fait d'amour, qu'il fallait dorénavant pour lui que chaque amour eût sa forme et sa livrée, qu'on le reconnût entre mille à la faveur d'un contraste, afin que nul ne pût s'y méprendre, et qu'on dît, rien qu'à le voir passer par la ville : — Rangez-vous donc, voilà le caprice de Téodoro !

C'était, si vous le voulez, une fièvre étrange, une poétique de plaisir ardente et neuve ; mais enfin, tel était le rêve de Téodoro. Il était las de cette vie uniforme de jouissances ou de réserves, las d'aimer à demi, et de ne pas aimer une fois avec son cœur ; las des douairières et des princesses. Les cantatrices en robes à queue l'effarouchaient ; la cantatrice lui semblait trop tenir de la princesse. Tous ces amours, il les trouvait étroits, mesquins et prévus comme les rimes d'un *libretto* d'opéra. Jamais, enfin, Téodoro n'avait trouvé moyen d'appliquer son cœur en l'intéressant à son plaisir : ses plaisirs étaient surveillés et à la gêne comme ceux des princes.

Pauvre jeune homme ! Je ne sais vraiment pourquoi on les fait toujours raides et guindés, ces princes d'Italie..... La vie de ces nobles, au contraire, est une éternelle ironie de leur rang : ils semblent prendre à tâche de vous le faire oublier.

J'ai vu, à Milan, le prince Litta renvoyer ses gens, et allumer lui-même trois grands flambeaux après souper ; j'imaginais qu'il allait s'agir d'une bouillotte : c'était pour nous faire visiter ses écuries. Il marchait le premier, tête découverte, et nous expliquant chaque généalogie de cheval, arabe ou anglais, aussi humble et aussi patient qu'un palfrenier ! Je vivrais cent ans que je ne pourrais oublier cette politesse de grand seigneur.

Téodoro lisait beaucoup de romans, montait à cheval et faisait des armes à merveille.

Tout d'un coup, il soupira en regardant un petit soulier..... un soulier vert moucheté d'étoiles d'or.

J'ignore si ce fut pour compléter le conte de Cendrillon ; mais la pendule de ce grand salon si vaste et si triste de solitude, malgré ses flambeaux, sonna minuit.

— Je viens vous surprendre, dit une petite voix faible. — En même temps, on tirait doucement les anneaux de la portière. — Fi donc ! continua-t-elle : votre salon sent le tabac.

— Senorita, n'as-tu pas la clé du boudoir ? Écoute cette chanson :

>   Eres duena de el lugar,
>   Vandolera de las almas,
>   Iman de los alvedrios ;
>   Lendha alhaza !

— Monsieur l'amoureux, on chante mal ici : la fumée vous prend à la gorge.

Il déposa sa guitare.

— A propos, ils m'ont bien grondée ce matin, reprit-elle, le savez-vous, Téodoro? vous m'aviez pris ma pantoufle.

— Voici en échange, chère amie, un médaillon de Richter, le portrait de votre esclave incrusté en diamants par le meilleur bijoutier de Londres.

— Le portrait, dit-elle avec une petite moue toute galante, fait grand tort aux diamants !

III. — LE CIRQUE.

Si vous ne connaissez pas à Rome l'enceinte de *la Trombola*, le joli cirque choisi à Livourne par le seigneur Guerra, l'écuyer, à quelque cent toises du port, aurait pu vous en donner une idée. Ce cirque en plein air, entouré de gradins de bois, semé d'un sable luisant et décoré de belles guirlandes en papier vert, offrait ce jour-là le coup d'œil le plus singulier.

A l'intérieur, les écuyers de la troupe, en habits de généraux français et couturés d'or jusque sur leurs sottes ; le dentiste en frac, et le clown en veste rouge ; l'un préparant ses tenailles et ses cymbales, l'autre visitant d'avance ses bâtons de chaise et la nacelle d'un éléphant énorme en baudruche, qui devait l'enlever jusqu'aux frises; puis un petit homme claudicant comme un Cyclope à l'autre extrémité de ce cirque, et pressant de toutes ses forces les soufflets de son réchaud, au milieu d'un tas de *courantins*, *caprices* et *chandelles romaines*. Ce personnage, c'était l'artificier allemand Iræneus.

Quant à l'assemblée, le seigneur Guerra, appuyé contre l'une des barrières, s'en montrait véritablement satisfait, tout en faisant, par contenance, de petites mèches à sa longue chambrière, et puisant du tabac dans sa boîte de chrysocal, digne, ma foi, d'un capitoul!

Les plus belles dames de Livourne assistaient à ce spectacle. Il y avait là d'agaçantes figures de bourgeoises que lorgnaient fort les officiers de la flotte anglaise; des juives au voile blanc, conduites par de vieux rabbins, des *marchese* attendant le bateau de Naples, et de longs séminaristes à petits boutons violets sur leur belle soutane noire. De temps à autre, le clown poussait un cri rauque, sautait quatre chaises, et retournait tomber sur les épaules du dentiste. La grosse caisse faisait un vacarme continu.

Je doute fort qu'il y ait eu, même sous la Ligne, une chaleur comparable à celle qui pesait alors sur ces pauvres écuyers.... Imaginez que le seigneur Guerra lui-même, faisant l'écart sur ses deux chevaux et rattachant sa toge de Vespasien, avait le front perlé de sueur, comme un premier rôle de mélodrame. Vespasien aurait donné Rome pour un sorbet!

L'assemblée subit d'abord avec une véritable résignation les premières manœuvres : l'ancienne Vénus de la troupe dansa sur le fil d'archal; les ballons d'Iræneus et l'éléphant en baudruche lui succédèrent.

En Italie, où l'on tire des feux d'artifice en plein jour, la science d'Iræneus parut pâle; Iræneus était Allemand et fort jalousé de ses camarades. Ses premières fusées n'eurent aucun succès; ses transparents crevèrent pour la plupart, et deux de ses courantins allèrent éborgner un gros médecin de Sienne : l'artificier se retira furieux.

Pourtant on le vit reparaître bientôt, et s'accouder, comme un simple spectateur, contre l'une des barrières... Un nègre en petite veste orange venait d'entrer dans le cirque, menant par la bride un beau cheval zain coquettement empanaché de rubans et de longues plumes. Les rênes étaient en laine blanche semées de roses-pompons, l'étrier fort court, de velours noir, avec un petit soulier. Ce petit soulier allait, pendant et presque honteux, battre les sangles de la selle. Tout à coup elle parut.

Elle, c'est-à-dire celle que vous devinez déjà, celle que tout le cirque se pencha pour regarder; elle était à cheval et courait.. .Ses cheveux rasaient les gradins et les colonnes; sa houssine coupait l'air.

Cavalcada portait un costume d'Indienne : une jupe fort courte rehaussée de plumes et de coquillages, des cercles d'or aux mains et aux pieds, un colier de corail, et une bourse à houppes de soie jaune : dans cette bourse étaient contenues de petites boules.

Tout d'un coup elle se pencha comme Atalante, jetant et ramassant ses boules d'or, les faisant briller, tourner en cercle, les chassant, les agaçant, les arrêtant à sa voix. Le cheval allait toujours : Cavalcada, penchée comme une gaze flottante, blanche et belle à fasciner tous les yeux; le cheval mouillant d'écume ses belles rênes, et le petit soulier battant toujours...

Quand vint l'entr'acte, entr'acte ordinaire à cet exercice, elle fit un signe, et le nègre frotta de blanc la semelle de son cothurne.

Cela fait, il retourna s'asseoir au rang de tous les palefreniers du cirque.

Cavalcada était devenue l'idole de cette assemblée. Les officiers anglais engageaient déjà des paris : l'un voulait qu'elle fût juive, l'autre qu'elle n'eût que douze ans, un troisième qu'elle sût lire, un quatrième se faisait écrire pour elle un sonnet par un abbé.

Au milieu de cette confusion, je pus distinguer un grand jeune homme qui lui présentait, à l'angle du manége, un verre de limonade. Ce jeune homme était habillé de noir : un bout de jabot et de petites manchettes en dentelles, vraie tenue de gentleman. Son regard exprimait alors plutôt la sollicitude que l'empressement. Cavalcada, qui lui avait donné à tenir l'une de ses mitaines à ruche rose, la lui reprit avec une sorte d'autorité. Quant à lui, et jusqu'à la fin de l'exercice, il demeura seul, le front posé contre la boiserie, et sans parler à ses voisins ou la perdre de vue une seule minute... Lorsqu'elle eut fait ses trois saluts, il respira.

— Voici le prince Téodoro qui s'assied, me dit mon voisin de gauche.

— Ce jeune homme serait le prince Téodoro?

— Lui-même.

— En vérité, je ne l'eusse pas reconnu, moi qui fut jadis à son service : comme il est changé, bon Dieu ! quelle pâleur !

— La couleur des amoureux, Signor. Il est fou de cette petite saltimbanque, per Dio !

— Vous parlez de cette jolie écuyère?

— Eh, Signorino ! il la trouve encore plus jolie que vous, puisqu'il veut, dit-on, en faire sa femme dans un mois...

Je regardais mon voisin, et parcourus son visage avec un sentiment de défiance ironique. Il me donna de fort bonnes raisons pour valider cette folie. C'était un gros homme violet comme un œuf de Pâques, porteur d'une chemise rayée, d'un gourdin énorme et d'un abdomen proéminent. Je le reconnus pour un ancien cuisinier du prince, réformé comme moi à la suite d'une grave indigestion arrivée au duc d'O.....

— Allons boire, lui dis-je, vous me conterez cela.

En causant de la sorte, nous vîmes Son Altesse qui venait de remonter en voiture. Quelques écuyers de la troupe, dont le clown et le dentiste, aidaient à rentrer les échafaudages.

Quand Guerra s'en vint frapper à la petite loge en

planches de Cavalcada, Iræneus, qui remplissait auprès d'elle et par goût les fonctions de premier valet de chambre, Iræneus répondit qu'il l'avait depuis une heure cherchée vainement : elle était partie dans le carrosse du prince.

L'équipage venait en effet d'ébranler les dalles de la rue. De tous ces hommes attroupés en curieux autour du carrosse, il n'en resta qu'un seul, enveloppé dans une mauvaise couverture d'écurie ; maigre et jaune à faire peur, malgré la couleur noire de son teint et l'animation stupide de deux gros yeux d'un blanc mat. Il déploya au clair de lune une longue lettre qu'il tira d'un mauvais carnet, la parcourut et la médita longtemps...

C'était le nègre Crobbi.

IV. — LES AMOUREUX.

La passion de Téodoro était réelle : il aimait Cavalcada. On fut très-surpris de voir dans la ville une prima donna d'étrier et de tours de cerceaux captiver un prince et l'enchaîner *à son char*, pour me servir d'une comparaison classique de manége.

Le signor Guerra fut raisonnablement flatté de cette alliance de sa maison avec celle des Lan-Luca : cette distinction ne valait-elle pas un brevet ou des armoiries pour sa troupe ? On n'appelait plus chez lui la petite que *Principessa*.

Ainsi qu'il arrive à toutes les folies de prince, celle-ci fut connue d'abord, puis censurée amèrement : chaque bourgeoise de Livourne donna là-dessus son avis comme un juré. Les femmes envièrent Cavalcada en la méprisant bien haut ; les hommes prétendirent que le prince devenait républicain et dérogeait... On alla jusqu'à dire que cette écuyère de seize ans était peut-être sa fille. Téodoro, loin d'en faire pendre aucun les laissa parler tous et se contenta d'être heureux : le bonheur fait la clémence des princes.

D'ailleurs, je crois l'avoir dit, il n'avait jamais aimé. A force d'ennui, il en était venu au scepticisme, demandant à croire, et ne croyant pas ; traitant le plaisir en hôte défiant, et barricadant son cœur pour n'être pas victime d'une surprise. Cette politique d'homme usé, misérable et fausse, le seul regard d'un enfant la renversa.

Oui, Cavalcada, naïve et jolie, fantasque, et plus belle encore des défauts mêmes de sa jeune organisation ; Cavalcada, ignorante de toutes les rouéries de la civilisation galante, espèce d'exception piquante et folle au milieu de ce qu'on appelle le grand monde, Cavalcada parut à ce jeune homme un délicieux essai en fait de contraste, un hochet d'amusement dont il s'empara tout aussitôt.

Et d'abord, il lui fit lui-même *sa* cour. Je dis lui-même, car d'ordinaire ils aiment par ambassadeur ceux que le ciel a fait assez malheureux pour être princes. Ils arrivent toujours pour trouver leur passion faite :

quand ils viennent, la place est rendue et on leur remet les clés. Un cachemire, un écrin, plaident pour eux, quand ce n'est pas un officier d'ordonnance. Mais Téodoro! il n'eut point recours à ces mensonges; il fit son siége lui seul, et comme un simple soldat. Le premier jour, il attendit la petite au sortir de son auberge; elle devait se rendre au cirque, et, à la porte même, un vieil écuyer tenait deux chevaux en main : c'était le bonhomme Iræneus... L'amoureux prince glissa en tremblant un petit billet dans la manche de la charmante amazone, puis il s'échappa comme un écolier à travers le jardin de l'hôtel même; la nuit baissait, et, à le voir frôler le mur, vous eussiez dit un voleur. Soyez donc prince, pour vous faire ainsi vous-même votre Figaro!

Ce qui le piqua au jeu, il faut le dire, c'est que l'écuyère ne faisait aucune attention à ses billets. Les enfants n'aiment guère que ce qui les éblouit: Cavalcada était loin de soupçonner un prince aussi beau que ceux des contes de fées dans l'auteur de ces messages obscurs qui la venaient chercher, tantôt sous le péristyle du cirque, tantôt sous les tentes de la grande rue, ou les citronniers de l'auberge del Giardino.

Riche de paillettes et d'or, bercée de mille rêves ambitieux comme ses rôles, la jeune fille ne voyait en lui qu'un pauvre étudiant de Sienne. Chacune de ses épîtres était pour elle un long ennui : la pauvre enfant ne savait pas lire!

Il y a dans cette ignorance première un charme d'ingénuité si vrai, que Théodoro se surprit lui-même à garder huit jours son déguisement comme un héros d'opéra-comique. Il se contentait d'aller à la promenade et de suivre de loin la troupe grotesque de Guerra, en montant lui-même le cheval le plus simple et le plus modeste de ses écuries. Sa première crainte fut d'abord une crainte jalouse, son amour trembla d'avoir à joûter avec celui d'un ignoble rival, caché au sein de cette troupe même : Cavalcada pouvait être promise à quelque bateleur équestre dont il ignorait la passion obscure; et puis cette enfant n'était-elle pas soumise au bon plaisir de Guerra, son maître? Théodoro la plaignit et l'étudia donc ces huit grands jours. Au bout de ce temps, il en était fou, malheureux!

Et dès ce moment aussi il se montra à elle dans sa vraie tenue du prince, impérieux, brillant, redevenu lui. Il fit passer et repasser, au pas, devant l'auberge, sa livrée et ses chevaux ; il donna vingt sérénades pour elle, et finit par ce seul mot qui mit fin à toute cette pompe de galanteries, en accréditant auprès d'elle la matrone la plus respectable de la troupe, madame Guerra, qui lui dit un jour d'un ton mielleux, après l'exercice : — Mademoiselle Cavalcada, le prince vous attend ce soir.

Cavalcada ne se contint pas de joie : aimer un prince, un beau prince, en être aimée ! Elle fut conduite à l'hôtel Théodoro. Hélas! elle ne vit qu'un homme ennuyé de tout, comme les gens qui s'amusent; un malade aux joues rosées, aux cheveux lisses et soyeux ; d'autant plus triste qu'il savait mieux que personne la cause de son mal, qu'il se fardait, s'usait et se mourait tous les jours. Théodoro lui fit d'abord très-grand'peur.

Il la reçu, lui, comme un ange envoyé du ciel ; il se mit presque à ses genoux. Jamais peut-être la folie d'un homme n'alla plus loin. Il la servait lui-même, les premières fois, dans sa chambre ; il renvoyait son valet, son secrétaire et ses gens.

Seul alors, il ôtait doucement la spadella de sa résille, la dégrafait et la déchaussait.

Quand elle repartait en chaise, à la nuit, il suivait ses porteurs à distance jusqu'à l'auberge ou à la porte du cirque ; puis il revenait, précédé par un seul homme, jusqu'au palais.

Ceci dura cinq semaines.

Quand elle devait paraître dans un exercice, il arrivait juste au moment de son entrée, sortait immédiatement après, et ne parlait à qui que ce fût ; et jamais, sachez-le bien, il ne s'applaudit tant de n'avoir pas d'ami, car il l'eût à coup sûr sacrifié et perdu pour cette fille.

Le premier reproche que lui fit le monde fut de ne point la tirer de son état. Pourquoi ne pas réparer un tort de fortune ? Que ne donnait-il à cette enfant une éducation choisie ? Comment supposer qu'il l'aimât longtemps, et qu'il fût seulement huit jours sans en être las ?

Et mille autres hypothèses d'envies bourgeoises et méchantes.

À cela Théodoro répondait par sa passion même ; il aimait cette femme précisément à cause de son métier, drame quotidien d'émotions, d'angoisses, de périls. Il l'aimait parce qu'elle occupait son âme, qu'elle le faisait heureux ou chagrin, tremblant, misérable ou envié.

Il souffrait donc et l'aimait ainsi.

Qu'on battît des mains en la voyant franchir une barrière et quand son cheval hennissait, Théodoro voyait, lui, toute autre chose : il avait la fièvre et croyait toucher les mains froides de Cavalcada. S'il n'est pas au monde de scènes plus fertiles en joies ou en terreurs que celles d'un cirque ; pensez un peu ce que devait être l'amour de Téodoro ! Cet amour dansait à chaque instant sur un précipice comme sa belle écuyère ; il n'avait pas le temps de réfléchir, pressé qu'il était, ainsi qu'un cheval sous le fouet du maître ; il arrivait au but, haletant et l'œil en feu, après mille obstacles et mille morts.

Mais aussi quelles extases ! Presser dans ses bras une pareille victoire, d'écheveler une femme si belle, entendre son cri d'amour au milieu de tous les cris d'ivresse et des trépignements de cette salle, la sentir brûler et palpiter sous sa main ; puis, quand elle remonte sur son coursier, trembler et la voir encore, être pâle et incertain de nouveau, frémir, courir avec elle, applaudir et triompher ! Théodoro se fût vraiment bien gardé d'en faire une grande dame, la sauteuse lui plaisait trop.

Que vous dirai-je ? Le seul caractère de Cavalcada

entretenait ce prestige. Imaginez une jolie fille de seize ans, avec sa jeunesse en fleur, boudeuse par instans, et s'animant jusqu'à la colère ; ignorant ce qu'était l'amour, la pauvre enfant ! mais belle et suave à le faire naître toujours ; recueillie tantôt comme une Madeleine du Corrége, tantôt bondissante comme une brune vendangeuse d'Ischia ou d'Agrigente.

Oh ! elle n'avait garde de respecter l'étiquette, celle-là ! Elle contredisait le prince qui n'avait pas avec elle un seul instant monotone. Ce jour-là, c'était pour lui demander sa voiture ; cette autre fois, pour qu'il lui cédât sa place à l'église : que vous dirai-je ? mille et mille fantaisies. Un soir que la marquise A... avait hautement déclamé contre elle, Cavalcada sut bien s'en venger au cirque : elle profita de la rapidité d'un galop pour faire jaillir la poudre du manége jusque dans la loge de la marquise.

Téodoro riait de toutes ces folies. L'important pour ce jeune homme c'était de voir son ennui métamorphosé en passion, son insouciance en désirs : il était heureux de vivre. Ce qui l'étonnait le plus c'est que cet amour n'avait rien de bas et de répugnant. D'ordinaire, ces reines de manége, déesses de l'Olympe pour un quart d'heure, sont filles de couturières ou de portiers... belles, quelques secondes peut-être, sous leurs oripeaux d'emprunt ; mais, leur rôle achevé, bien tristes et bien misérables créatures ! Un mauvais foulard succède pour elles aux cachemires du Thibet et aux diadèmes de l'Inde. Or, Cavalcada n'avait qu'une mante noire, une petite robe de soie, mais toujours propre : elle n'avait pas de mère ou de tante, c'est-à-dire ce quelque chose de hideux enveloppé dans un châle, qui se colle en guise d'enseigne à chaque démarche d'une pauvre jeune fille... Cavalcada n'avait pour soutien et ami qu'Iræneus.

Sans l'arracher à cette condition si pauvre, le prince songea pourtant à faire choix pour elle d'un logement. Cette demeure était proche du palais : une petite maison à toit plat, ornée d'une terrasse aux géraniums parfumés. Son rez-de-chaussée fut meublé bien vite; il était rare que le prince n'y vînt pas souper. Quelques jours après l'inauguration du logis, et comme ils allaient se mettre à table, Téodoro fut très-surpris de trouver une grande figure, la serviette en main et debout derrière sa chaise.

C'était vraiment le plus disgracieux fantôme de nègre qui se pût imaginer : de grosses lèvres saillantes, un buste difforme agrafé dans un vieux frac blanc à boutons d'or, et pardessus le marché, de la poudre sur ses cheveux crépus; oui, de la poudre, comme s'il eût voulu faire ressortir le bistre de son teint. Pauvre marchandise humaine, perdue, avariée! eût dit un acheteur du Cap-Vert.

Téodoro ne put réprimer un léger frisson... Cet homme, qui le salua dès l'entrée avec respect, gênait le prince. Son front se rembrunissait déjà, et quand le nègre fut sorti :

— Cavalcada, connaissez-vous bien cet homme?

— Pour l'avoir, cher prince, à mon service depuis ces trois jours. C'est à la fois mon paléfrenier et mon laquais. Il est fort laid, rattache à merveille les sangles cassées, met fort bien le blanc sous la semelle, ramasse le mouchoir, et me protége contre les fureurs de Guerra.

— C'est tout?

— Je vous dirai encore qu'il s'est présenté à moi en me demandant si j'étais vraiment *l'amoureuse du prince*. Il tenait singulièrement à éclaircir ce fait-là. L'orgueil de ce noir était peut-être flatté. Il m'a dit même vous connaître.

— Oui, je l'ai vu... autrefois... il y a longtemps. Il te faut le renvoyer.

— Pourquoi donc?

— Il me déplait.

— Téodoro, vous renvoyez ce pauvre nègre parce qu'il est laid, peut-être même ennuyeux... mais c'est de la tyrannie!..... A ce compte-là, Monsieur, renvoyez d'abord votre intendant : je ne vais pas une fois chez vous qu'il ne me fasse la grimace...

— Si vous m'aimez, vous ne le garderez pas...

— Encore un coup, que vous a-t-il donc fait? dit-elle, fort sérieuse cette fois.

— Ce qu'il m'a fait! s'écria Téodoro avec une véritable exaltation, ce qu'il m'a fait! Ah! vous voulez le savoir! eh bien! je ne lui pardonnerai de ma vie.

— Qu'est-ce donc?

— Il m'a sauvé... oui, sauvé, quand j'eusse mieux

aimé mille fois qu'il ne me sauvât pas, et que son bras fût, du moins, utile à une autre !... Ecoute, Cavalcada.

J'avais dix-neuf ans ; j'habitais à Gênes, trois mois de l'été, un palais à quelques brassées du golfe. Le golfe de Gênes, au clair de lune, est un magnifique écrin ; la mer étincelle alors de mille pierreries flottantes : c'est l'heure de son incendie de phosphore. J'avais une barque à l'entrée du port, une belle barque à rideaux de velours et d'armoiries, dont j'eusse fait ton hamac, si alors je n'eusse connu un autre ange que toi, Cavalcada ! C'était là le lieu de nos rendez-vous. La barque, conduite par un homme de ma maison, traçait chaque soir son léger sillon autour du golfe ; chaque soir Flaminetta en sortait plus belle, au feu des étoiles. Ce commerce d'amour dura deux mois. Son père, riche bourgeois de la ville, grâce à ma prudence, n'en sut rien d'abord. J'aimais Flaminetta comme on aime à dix-neuf ans : un premier amour ! Elle était musicienne et fort jolie, Allemande encore plus qu'Italienne, pleine de remords et d'effroi surtout, car elle craignait que je ne la quittasse un jour.

J'écrivis au père que mon parti était pris, que je ne voulais qu'une chose... l'épouser. Ma résolution était sincère et me coûtait peu. Epouser une femme de mon choix, sans qu'un contrat de politique vienne me l'imposer, a toujours été le seul vœu de ma vie. Son père me fit réponse. Il traitait, dans cette lettre, ma passion de caprice ; il paraissait ignorer mes relations amoureuses avec sa fille, et me refusait formellement. Nous fûmes désespérés. L'homme qui me remit ce message était le nègre Crobby, le même qui est chez toi à cette heure. N'écoutant que mon amour, je résolus d'enlever Flaminetta. Je convins de tout avec Flamelle, le soir même, dans un petit hôtel à côté du port, où buvaient quelques marins. A la tombée de la nuit, je m'avançai vers la barque ; elle était chargée de provisions, d'après mes ordres, et devait cingler vers Albinga. Notre projet n'était connu que de l'un de mes gens... à la place duquel je fus très-surpris de trouver Crobby. Il me raconta qu'instruit de tout, l'archiduc, mon oncle, devait faire courir une tartane à ma poursuite. Mon domestique avait eu peur, et l'avait chargé, lui Crobby, excellent pilote, de nous conduire. J'abandonnai notre fortune à sa manœuvre. Le temps était fort gros sur le matin. J'ignore par quel accident nous découvrîmes, à quelques toises de la côte, un large trou, voisin de notre petite cabine. Le vent soufflait, et la vague allait nous couvrir : elle entrait déjà dans notre frêle embarcation...

— Eh bien, dit alors Cavalcada vraiment effrayée.

— Eh bien ! alors je saisis Flaminetta que bientôt mes doigts lâchèrent. Le flot venait de me couvrir entièrement. En cet instant, Crobby me souleva et m'arracha à la mer ; et, bien que je criasse de toutes mes forces : Sauve, sauve Flaminetta ! il me porta, lui, toujours haletant, au dessus du flot, et me déposa, à moitié mourant, sur le rivage. Quand je repris mes sens, je demandai vainement Flaminetta, vainement!... elle était morte.

— Mais enfin il vous a sauvé, lui?

— Que m'importait-il? C'était bien de moi qu'il s'agissait! Je me fusse sauvé sans lui. Et quand je le vis ouvrir deux grands yeux d'un air hébété, en me montrant du doigt la vaste mer, je fus sur le point de le tuer, cet homme! Le lendemain, je lui fis compter 300 florins, et il reçut l'ordre de ne plus jamais se présenter devant moi. Concevez-vous maintenant que je le haïsse? C'est presque un linceul noir que cette figure; et, Dieu me protége! je n'eusse pas cru rencontrer chez toi un si lugubre valet!

Elle reprit après un silence de quelques minutes :

— Voilà une histoire qui m'a rendue bien pensive.

— Pourquoi?

— Parce que je me dis que cette Flaminetta que vous vouliez épouser devait être plus belle que moi, Téodoro, plus aimante surtout pour captiver ainsi!... Elle était donc bien belle?

— Beaucoup moins que vous. D'abord vous êtes plus jeune.

— Vous voulez dire plus simple... une de ces petites filles, comme le crie tout haut votre marquise d'A..., qu'on fait entrer par une porte et sortir par l'autre ! As-tu dis cela, Téodoro? Cette femme répète en tous lieux que tu l'as dit.

— Propos de douairière, mon ange.

— Toujours est-il que vous ne m'épouserez pas

comme votre Flaminetta. Vous allez me jeter un jour
à la porte, Téodoro. Vous ne m'aimez pas, monsieur!

— Ne dis pas cela, enfant, ne dis pas cela. Si je
t'aime! mais je donnerais pour toi mon palais génois
de Servi, mon titre de neveu et de seul héritier de
l'archiduc!... Damné d'archiduc! continua-t-il en se
promenant d'un air sombre; s'attacher à mes pas
comme l'ombre de Banco, entraver mes amours, vouloir me déshériter!...

Ici il y eut un léger claquement d'assiettes près de
l'office.

— Nous ne sommes pas seuls? dit vivement le
prince.

— Seuls, oh! bien seuls, mon Téodoro. Peut-être
Crobby range l'argenterie à cette heure.

Téodoro, dont l'agitation croissait, lui dit alors :

— Cavalcada, m'aimes-tu?

Elle attendait sans doute cette question pour l'em-
brasser. Ils se tinrent ainsi longtemps muets dans la
chambre à demi sombre, échangeant de douces paroles et de longs soupirs. Les cheveux de l'écuyère
baignaient sa petite robe blanche ; son cou était rouge,
tiède encore d'ardents baisers, quand Téodoro s'approcha de la fenêtre, une fenêtre élevée de quelques
pieds au-dessus d'un petit banc caché par des tournesols.

— Cavalcada, soupira l'amoureux jeune homme, il
en sera ce que je t'ai dit. Nulle oreille humaine ne
doit entendre ce secret, nulle au monde; car tout

m'oblige à le cacher : dans quatre jours tu seras ma femme.

— Ta femme! ta femme! Dis-tu vrai! Oh! ne va pas me mentir, mon prince!

— Enfant, tu es mon second et mon dernier amour. Oui, tu seras ma femme. Si tu m'étais ravie, j'en jure par Flaminetta! jamais une autre femme ne recevrait de moi le titre d'épouse. C'est à Monténéro que nous irons, à Monténéro, aussi riche en indulgences que la *Casa Santa* de Lorette. C'est devant la Vierge que je veux te nommer ma femme.

— Téodoro!

— Mais nous irons seuls, bien seuls; j'aurai soin d'avoir deux chevaux prêts; mon intendant préviendra le prêtre.

— Dans quatre jours?

— Quatre jours... Et de là, cher ange, nous irons habiter mon palais Servi, dans la plus belle rue de Gênes.

— Oh! oui; mais non pas à Gênes ; vous venez de me rappeler Flaminetta!

— Superstitieuse!

Et ils se parlèrent bien bas.

— Voici qui est étrange, dit Téodoro en se penchant à la fenêtre : ces tournesols ont remué... cacheraient-ils quelqu'un?

— Quelle idée, mon cher seigneur! ce sera la brise du port : il fait si froid cette nuit!

V. — LE CHARBON BLEU.

Cette même nuit, Iræneus travaillait. Entouré de récipients et d'alambics, masqué de suie, d'antimoine et d'huile de térébenthine, l'artificier s'animait lui-même au travail par des chansons allemandes et un large broc de vin du Rhin.

Tout à coup un léger bruit ébranla sa mince cloison, et vint interrompre ses préparations pyrrhiques. Il se leva ; et, ramenant sur son front quelques mèches de cheveux roussis, il courut ouvrir. Dans l'homme qui entrait, Iræneus reconnut le nègre Crobby.

Si Crobby, comme on l'a pu voir, n'était pas aimé du prince, en revanche, il était fort avant dans les bonnes grâces d'Iræneus. En protégeant l'enfance de Cavalcada, cette belle jeune fille, l'artificier semblait accomplir un vœu ; il se fût noyé (quelque horreur qu'il eût de l'eau par état) pour éviter un faux pas à l'écuyère. Seulement, hélas ! ses abstractions continuelles, relatives au charbon de chêne et au salpêtre, l'avaient rendu incapable de surveiller une telle éducation. Chimiste avant tout, perpétuellement distrait et enseveli dans ses chères études, Iræneus avait été charmé de trouver Crobby, Crobby, patient et ingénieux tuteur en livrée de domestique, Crobby, son remplaçant en fait de soins et très-désintéressé dans son service, à ce qu'il semblait à ce bon Iræneus ; Crobby enfin, présenté et accepté le même jour dans la maison de Cavalcada !

Venait-il lui apporter des nouvelles de l'écuyère, ou bien causer en ami sur la dernière solennité du cirque ? Après tout, cette visite ne pouvait que le gêner, attendu que le lendemain il devait diriger lui seul un feu d'artifice nautique sur le bassin du canal. C'était *le Typhon*, frégate anglaise, qui donnait ce plaisir à la ville de Livourne.

Iræneus avait donc été prévenu, mais si tard qu'il n'avait pas trop de sa nuit pour ses couches de suif et ses cartonnages de liége. Il se rassit en priant Crobby de ne pas le faire languir.

— Je n'aurai garde, maître, car ce dont il s'agit est pressé : *Avez-vous un charbon bleu ?*

Iræneus exigea du nègre qu'il répétât jusqu'à trois fois cette question, dont son orgueil de savant se trouvait pétrifié ; l'intelligent Iræneus était comme vous et moi : il ignorait ce qu'était ce charbon bleu.

Le nègre vint à son aide :

— Oui, un charbon bleu, c'est-à-dire, une composition fulminante comme il s'en fait à Quitto, cher maître : *un peu d'alcool, deux gros de soufre, de l'eau de rose et du storax calamite.*

— Vous êtes savant, Crobby ?

— Je le crois ; j'ai la recette : ceci se trouve tout simplement tiré du livre latin de Cranach : *Liber ignium ad comburendum hostes tam in mari quam in terrâ*. Vous n'avez jamais lu le livre de Cranach (1) !

— Et vous donc, M. Crobby, comment se fait-il qu'étant domestique, vous sachiez si bien le latin ! dit Iræneus fort piqué de la citation.

— Oh ! répondit-il avec son rire guttural, c'est que, voyez-vous, à l'heure qu'il est, un *domestique comme moi* doit savoir un peu de tout. Quand je me mets en maison, *moi* (et il appuya sur ce pronom), on peut être sûr d'avoir un homme bien instruit.

Et c'est précieux, murmura Crobby en touchant sa cravate d'un air digne.

Puis, comme sur la table de l'artificier, c'est-à-dire sur deux grandes planches, il remarqua des boîtes de tôle et de cuivre, des feux d'étoupe, du salpêtre et du pulvérin, le nègre, sans plus tarder, releva ses manchettes, s'empara de la résine, et commença son travail devant Iræneus stupéfait.

Car l'artificier, en voyant cet homme noir, si résolu et si sûr de lui, debout et le front penché sur ses propres fourneaux, crut vraiment à l'apparition du diable..: Crobby, consultant le papier qui lui servait de recette, acheva bientôt ses préparations, remit en place les soufflets, et disparut avec ce seul mot : Merci !

— C'est Beelzébuth ! s'écria Iræneus, Beelzébuth ou Miriadek Mehmoth, le prince des fusées ! Je vous demande un peu ce qu'il va faire de cette cartouche-là ! Vive Dieu ! le métier va mal, si les démons se mêlent

(1) *La Pyrotechnie*, par Cranach, 1572.

de l'artifice ! Était-il livide en soufflant sur mon réchaud ! il avait des cornes sous ses gros cheveux crépus. Mon maître, Cranach, où es-tu, mon divin maître ?

Irænus eut alors un véritable accès de fièvre ; il courut comme un serpenteau dans chaque recoin de sa chambrette ; le pauvre petit homme chantait dans son délire :

>   Moi seul connais les chandelles
>   Que vit Jupin dans sa cour
>   Un jour ;
>   En voila des étincelles,
>   Des artichaux
>   Servi chauds !
>   La lara lara lara lara là !
>
>   Quand Phaéton culbuta,
>   Le bouquet avait cent gerbes ;
>   Les soleils étaient superbes ;
>   Pas un marron ne rata.
>   La lara, etc.

Puis, il se remit au travail, et acheva trois grandes genouillères, deux plongeons, et un superbe soleil d'eau pour la fête de la frégate.

. . . .

Monténéro est à deux milles de Livourne. Sur cette route, aussi noire que l'aile d'un corbeau, et que les pluies de cette année ont rendue impraticable aux voitures, deux personnes chevauchent péniblement.

Leurs montures ruissellent d'écume ; on n'entend par intervalles que le cliquetis de leurs étriers. Ces deux personnes paraissent suivies à distance par un troisième cavalier que l'on peut présumer devoir être leur valet : il est couvert d'un chapeau à larges bords et d'un manteau de livrée.

Une portée de fusil avant la petite chapelle, ce cavalier s'étant attardé près des broussailles pour rattacher la sangle de son cheval, les deux personnes qui le précédaient l'appelèrent vainement jusqu'à trois fois en criant : Gironimo ! Gironimo ! Gironimo ! il ne répondit pas... Un coup de couteau venait de l'étendre raide mort.

Cavalcada et le prince, qui ne pouvaient concevoir ce retard, s'impatientaient.

— C'est un lent écuyer que votre Gironimo !

— Je l'ai pris, dit-il, parce qu'il est muet de naissance ; il verra seulement, et ne dira rien : c'est le témoin qu'il nous faut.

Les chevaux approchaient des grands ifs de la chapelle. Lorsqu'elle descendit, le prince dit à *celui* qui parut pour lui tenir l'étrier :

— Tu as bien tardé, Gironimo ! Frappe donc, et fais apporter des torches !

. . . .

La nuit, en effet, redoublait ses ombres ; le vent, devenu vif, avait peine à déchirer les brouillards. Un chapelain s'avança.

La bénédiction leur fut donnée dans cette chapelle. Pendant la cérémonie, Cavalcada se trouvait placée devant une statue de sainte Agnès. La figure de l'écuyère, glacée par le froid, était aussi pâle que cette statue.

Elle se releva princesse Théodoro! oui, princesse; car elle était déjà triste. Cavalcada, sans trop s'expliquer à elle-même cette tristesse, se prenait à regretter ses quinze ans, son beau cirque doré, et qui lui battait les mains chaque soir ! Au lieu de ce cirque, une misérable chapelle de grand'route, un moine inconnu et un valet à demi caché dans son manteau ! Triste hymen que cet hymen de nuit !

L'aube arrivait cependant. Celui qui avait répondu au nom de Gironimo s'était tenu à l'écart tout le temps de la cérémonie. Il sortit alors d'un petit bois d'aloès; il portait son même manteau de livrée, et avait son chapeau rabattu sur le collet.

La chapelle était voisine d'un lac hérissé d'herbes et de marécages, comme ceux de Nettuno. Les pas de quelques buffles faisaient crier les roseaux. L'écuyère posa son pied dans la main du valet ; pour lui, il abaissa, à l'aide de la rêne, le cou du cheval, et comme pour le flatter, lui passa sa main entre les oreilles.

Ce mouvement, fort simple en apparence, effaroucha étrangement l'animal. Il se cabra, bondit, secoua la tête, et la ramena jusque dans l'enfourchure de ses jambes grêles. Cavalcada, légèrement alarmée d'abord, imposa silence à sa peur, et lui fit sentir l'éperon.

Mais alors! alors, ce fut une inexplicable lutte. Le cheval fougueux, écumant, entraîna la pauvre fille en faisant pleuvoir autour de sa robe mille étincelles bleuâtres. L'explosion eut d'abord des flammes si courtes, que l'on crut que la violence de l'animal allait cesser. Tout à coup il sembla d'un seul bond se débarrasser de son fardeau, pour le lancer dans l'espace ; mais, retenue par l'étrier, Cavalcada, les cheveux pendants, balaya bientôt le sol. Le cheval allait toujours. Hélas! il courait par bonds furieux sur la montée ; sa crinière flambait au vent, ses naseaux roulaient du feu... Au côté droit de la selle se tordait quelque chose de blanc : c'était Cavalcada, Cavalcada déjà froide et les deux bras étendus. Elle était morte.

— Gironimo! s'écria le prince hors de lui, Gironimo!

Mais il était loin déjà celui qu'il nommait à tort Gironimo. Les paysans, qui ne tardèrent pas à accourir, arrivèrent à temps pour voir le cheval s'élancer haletant dans les marécages. Heureusement sa chute contre les saules le tua. Il tomba sans force au milieu de ces roseaux.

Dans son oreille droite on trouva le restant d'une cartouche d'artifice ; puis à quelques pas le cadavre du véritable Gironimo.

On sut le lendemain que Crobby venait de quitter la ville, et qu'en partant le soir, il avait payé très-exactement sa dépense à l'hôtel du Giardino. L'aubergiste affirmait lui avoir vu 500 piastres en or.

Peu de temps après nous lûmes dans le *Diario di Roma :*

« Le prince Téodoro san Luca a sollicité *lui-même*
« une conférence de son oncle l'archiduc. A la suite de
« cette conférence, le plénipotentiaire accrédité près la
« cour de Madrid a été chargé, au nom du prince, de

» demander en mariage dona Mariana de Roca Fuerte,
« fille du duc de Roca Fuerte, premier ministre et
« grand d'Espagne. »

Quelques semaines plus tard on lisait encore:

Partie officielle : « Les promotions suivantes ont eu
« lieu à l'occasion du mariage du prince Téodoro.
« Maître Iræneus est élevé à la dignité d'artificier *or-*
« *dinaire* de son altesse le duc de Modène. Il signor
« Guerra est nommé gouverneur en chef des écuries. »

Pauvre Cavalcada !

FIN.

TABLE DES MATIERES

	Pages.
LE PAUVRE DIABLE.	1
L'INFANTE	39
LES ÉPREUVES DE MARAT.	139
LA MARQUISE DE FLORY.	187
LES CONVULSIONNAIRES.	205
LA FIOLE DE CAGLIOSTRO.	253
CAVALCADA.	281

FIN DE LA TABLE.

F. AUREAU. — IMPRIMERIE DE LAGNY

www.ingramcontent.com/pod-product-compliance
Lightning Source LLC
Chambersburg PA
CBHW071328150426
43191CB00007B/660